Atouts compétences

BLOC 3

BTS NDRC

1re et 2e années

W0283881

Relation client et animation de réseaux

NOUVELLE ÉDITION

Sous la coordination de

Nadia Ben Hamouda

Professeur d'économie-gestion, classes de BTS,
lycée George Sand, Domont et Sup de Vente ESSYM, Paris

Laurent Audouard

Professeur d'économie-gestion, classes de BTS, lycée Les Palmiers, Nice

Mbarka Bouhouche Gabrys

Professeur d'économie-gestion, classes de BTS, lycée Guy de Maupassant, Colombes

Corinne Delaporte

Professeur d'économie-gestion, classes de BTS, lycée Guy de Maupassant, Colombes

Félicie Étourneau-Bonnefous

Professeur d'économie-gestion, classes de niveau Bac+2, IUT GEA de Rodez, Université Toulouse 1 Capitole

Stéphanie Girème

Professeur d'économie-gestion, classes de BTS, lycée Odilon Redon, Pauillac

Fabienne Imbert

Professeur d'économie-gestion, classes de BTS, lycée Alexis Monteil, Rodez

Nabil Moumou

Professeur d'économie-gestion, classes de BTS, lycée Guillaume Tirel, Paris et Sup de Vente ESSYM, Paris

Anne-Laure Rivière

Professeur d'économie-gestion, classes de BTS, lycée Évariste Gallois, Sartrouville

FOUCHER

SOMMAIRE

COMPÉTENCE 1 Implanter et promouvoir l'offre chez des distributeurs

COMPÉTENCE 2 Développer et piloter un réseau de partenaires

COMPÉTENCE 3 Créer et animer un réseau de vente directe

PRÉPARATION À L'ÉPREUVE

ISBN 978-2-216-16533-9

VOS RESSOURCES NUMÉRIQUES

16 vidéos d'ouverture de chapitre

32 quiz auto-correctifs

16 synthèses audio

DANS LE DÉTAIL

Pour animer la classe, une **vidéo** lance la réflexion autour de la thématique. Un **quiz autocorrectif** l'accompagne pour bien appréhender le contenu.

DÉCOUVRIR AUTREMENT

VIDÉO + QUIZ

foucherconnect.fr/22rcar01

Des **quiz autocorrectifs** pour vérifier et évaluer ses acquis.

SE TESTER

QUIZ

foucherconnect.fr/22rcar02

Une **version audio** mp3 de la synthèse pour bien mémoriser où que l'on soit !

RETENIR AUTREMENT

AUDIO

foucherconnect.fr/22rcar03

Et plus de **20 liens** (internet : vidéos, sites ; PDF ; Word ; Excel...) pour varier les supports et enrichir les ressources de l'ouvrage.

 # vidéo

Tu sais quoi de la signalétique ? ILV/PLV - 2,28 min

foucherconnect.fr/22rcar08

Toutes vos ressources sont accessibles *via* des flashcodes et des liens foucherconnect.fr

1

Comprendre les relations producteurs-distributeurs

COMPÉTENCE
> Valoriser l'offre sur le lieu de vente

pix
3.1 Développer des documents textuels

CONTEXTE PRO

Bon&Sain SARL
Localisation : Moisselles
Effectif : 8 personnes
CA : 150 000 €

Bon&Sain est une entreprise familiale implantée dans le Val-d'Oise, qui s'engage à produire des produits respectueux des qualités gustatives et écologiques. Initialement agricole, la ferme a développé ses activités en commercialisant dans un premier temps le lait des vaches de l'exploitation, puis en le transformant en fromage.

Depuis deux ans, les propriétaires ont décidé de développer une gamme de yaourts : une partie du lait ainsi produit est transformé en yaourts directement fabriqués à la ferme. L'exploitation a tout d'abord testé la commercialisation de ses yaourts au sein de la ferme et dans quatre épiceries locales. Forte de son succès, elle envisage aujourd'hui de développer son réseau de distribution.

VOTRE OBJECTIF

Vous avez été recruté(e) en qualité de stagiaire au sein de l'entreprise, et Mme Valaux, responsable commerciale de l'exploitation, vous missionne sur le développement du réseau de distribution des yaourts. Dans ce cadre, vous devez aider à sélectionner la stratégie de distribution et à préparer les futurs échanges avec les acheteurs.

DÉCOUVRIR AUTREMENT
VIDÉO + QUIZ
foucherconnect.fr/22rcar01

MISSIONS & RESSOURCES

MISSION 1 Sélectionner une stratégie de distribution

Suite à la participation de la ferme au Salon de l'agriculture, Mme Valaux vous informe qu'un acheteur d'une grande chaîne de distribution spécialisée en produits bio s'est montré intéressé par les yaourts de l'exploitation. Après vous être entretenu(e) avec Mme Valaux, celle-ci vous demande de l'assister dans la stratégie de distribution à privilégier.

À RÉALISER

1. Présentez le circuit de distribution actuel et futur de l'entreprise. RESSOURCES 1, 2
2. Sélectionnez une stratégie de distribution en précisant et en justifiant vos critères de choix. RESSOURCES 2, 3

MISSION 2 Préparer l'entretien de négociation

Mme Valaux vous informe qu'un rendez-vous a été fixé prochainement dans les locaux de l'acheteur. Elle vous demande de l'assister dans la préparation de cette entrevue.

À RÉALISER

3. Relevez et expliquez les sources de divergences possibles auxquelles vous pourriez être confronté(e) durant l'entretien. RESSOURCES 2, 4, 5
4. Rédigez un argumentaire de vente. RESSOURCES 2, 6

MISSION 3 Proposer une collaboration

Afin de pérenniser les futures relations avec ce distributeur potentiel, vous réfléchissez à développer des partenariats.

À RÉALISER

5. Présentez sous forme d'une note adressée à Mme Valaux une proposition de collaboration avec le distributeur en justifiant votre choix. RESSOURCE 7

RESSOURCE 1 Les canaux de distribution

NOTION

Le **canal de distribution** correspond à la voie d'acheminement du produit, du producteur au client final.

Canal direct : aucun intermédiaire

Producteur → Client

Exemple : producteur de plantes qui vend directement ses produits sur un marché.

Canal court : un intermédiaire

Producteur → Distributeur → Client

Exemple : producteur qui vend sa production de plantes à une jardinerie, le distributeur.

Canal long : deux intermédiaires

Producteur → Centrale d'achats ou de référencement → Distributeur → Client

Exemple : producteur qui vend ses plantes à une centrale d'achats qui distribuera l'offre dans les unités commerciales du réseau.

L'ensemble des canaux empruntés par le produit représente le **circuit de distribution.**
Les producteurs utilisent généralement plusieurs canaux de distribution afin de maximiser leur présence sur le marché.

RESSOURCE 2 Compte rendu d'entretien avec Mme Valaux

De : Mme Valaux
À : stagiaire
Date : 10/03/N

L'offre yaourts de la ferme est composée de deux gammes :
- les Classiques (100 g) : nature et fruités avec lit de fruits ;
- les Gourmands (180 g) : nature et brassés aux fruits.

Les yaourts sont conditionnés dans des pots en verre ; l'exploitation en produit chaque semaine 1 000, qu'elle commercialise en partie sur place à la ferme, le reste étant revendu directement à quatre épiceries locales.

Labellisés AB, les yaourts ont été à plusieurs reprises, et cette année encore, lauréats au Concours général agricole de Paris, où ils ont obtenu trois médailles. La ferme a également eu le privilège d'obtenir l'appellation « Restaurant et producteur artisan de qualité ».

La production de la ferme n'est à ce jour pas à son maximum. M. Ziad, responsable du site, estime que l'exploitation peut augmenter ses capacités et fabriquer jusqu'à 2 500 pots par semaine.

La ferme ne souhaite pas distribuer ses produits dans des points de vente qui ne partagent pas ses valeurs et son positionnement. C'est notamment pour cela qu'il a été décidé de ne pas approvisionner des magasins implantés à plus de 200 km de l'exploitation.

Prix de vente unitaires HT négociés avec les distributeurs locaux :

Gamme	Nature	Aux fruits
Classiques	0,32 centimes	0,40 centimes
Gourmands	0,65 centimes	0,70 centimes

RESSOURCE 3 Les différentes stratégies de distribution

NOTION

- **La distribution intensive**

[C'est] un mode de distribution qui consiste à faire distribuer un produit dans le plus grand nombre de points de vente possible. Elle est donc recommandée pour les produits ou services dont les consommateurs ont des besoins importants. L'objectif étant de faciliter l'accès et d'assurer la disponibilité permanente du produit auprès des clients. […] Cela permet d'installer la marque et le produit dans l'esprit des consommateurs, qui les retrouvent partout […], et d'avoir une couverture globale du marché. Le risque pour le producteur est de perdre la maîtrise de la distribution de ses produits : prix de vente, place et disposition du produit dans le point de vente. […]

- **La distribution sélective**

Dans ce cas, vous sélectionnez les points de vente qui vont distribuer vos produits sur des critères qui correspondent à votre positionnement. L'avantage de cette stratégie est de se concentrer sur quelques points de vente que vous pouvez contrôler. L'inconvénient est qu'il faut sélectionner ces points de vente et, en fonction de votre produit, former les personnels de vente.

- **La distribution exclusive**

Dans ce cas, vous accordez l'exclusivité de la commercialisation de votre produit à un territoire ou à un seul point de vente. Ce mode de distribution convient aux produits à prix élevé, à forte marge et à faible volume de production.

https://business-builder.cci.fr

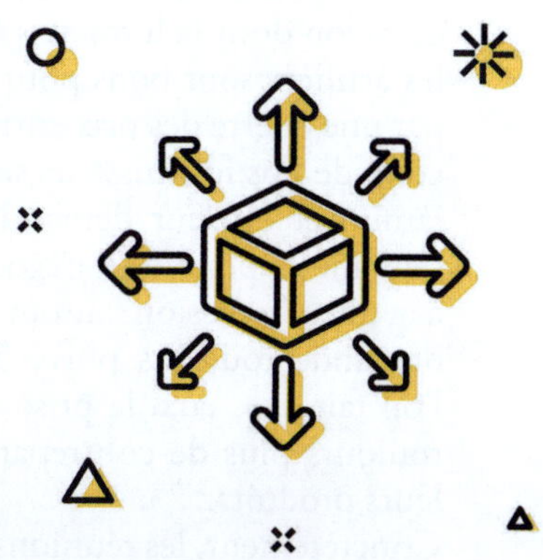

RESSOURCE 4

Les négociations entre la grande distribution et les producteurs

NOTION

Industriels et distributeurs se rencontrent tous les ans afin de négocier les contrats pour l'année à venir. Souvent conflictuelles, ces négociations fixent notamment les tarifs des produits achetés par la grande distribution. Ces moments sont importants pour les industriels-producteurs : en effet, être référencé dans la grande distribution assure les débouchés commerciaux de leur offre. Les enjeux sont donc vitaux pour les deux acteurs, mais plus encore pour les industriels, pour qui ces tractations relèvent souvent du parcours du combattant, l'appareil commercial français étant dominé par quelques distributeurs qui dominent le marché et y imposent souvent leurs règles.

Dans quel cadre ?

Les négociations durent tout l'hiver et se terminent le dernier jour du mois de février : les fournisseurs doivent envoyer avant le 30 novembre leurs conditions générales de vente (CGV) aux centrales d'achat des distributeurs. Ces négociations ne visent pas seulement à fixer le prix de vente des produits, même s'il reste la pierre d'achoppement, mais également à parvenir à un accord sur des critères de sélection importants tels que l'implantation des produits en rayon, les délais de règlement, etc.

Comment sont organisées ces négociations ?

Ces discussions sont encadrées par différents textes de loi. En effet, afin d'équilibrer les relations producteurs-distributeurs et de restaurer la confiance entre les acteurs, le législateur est intervenu à différentes reprises : la LME de 2008, qui plafonne les délais de paiement ; la loi Sapin 2 de 2016, qui oblige les fournisseurs à indiquer dans les CGV le « prix prévisionnel moyen » des principales matières agricoles qu'ils utilisent ; la loi EGalim qui majore le seuil de revente à perte de 10 % pour les denrées alimentaires de grande consommation ; et plus récemment, la promulgation de la loi EGalim 2 qui devrait notamment garantir une meilleure prise en compte des coûts de production des agriculteurs lors des négociations.
Si les parties ne parviennent pas à se mettre d'accord, le contrat ne peut être conclu et le produit n'est plus référencé chez les distributeurs. C'est ainsi toute une chaîne de commercialisation qui risque de s'effondrer pour le producteur.
Afin de limiter les pratiques abusives, la loi Macron de 2015 a pour objectif de dissuader les distributeurs de maintenir les pratiques abusives en modifiant le plafond des amendes : 5 % du CA contre 2 millions d'euros.

RESSOURCE 5

Les techniques de négociation des distributeurs pour faire plier les fournisseurs

NOTION

[...] La pression entre industriels et distributeurs est à son comble en ce moment. Comme tous les ans, ils ont jusqu'au 28 février pour établir les contrats des produits qui seront mis en rayons durant l'année. [...]
Affichette de déréférencement des produits « pour faire peur » placardée dans le box de négociation, simulacre de rayon dont la lumière s'éteint volontairement..., tous les artifices sont bons pour gagner ce combat, entretenu par une guerre des prix entre les grandes surfaces. « Beaucoup de nos fournisseurs sont en province, indique Benjamin, et on leur demande de venir plusieurs fois par semaine », pour une négociation qui ne se résume pas à « une discussion autour d'un prix d'achat. On leur demande toujours plus : 5 % du chiffre d'affaires que l'on fait avec eux, la prise en charge des promotions, et toujours plus de contrepartie pour la mise en avant de leurs produits... ».
Concrètement, les réunions de négociation s'apparentent à une pièce de théâtre... avec des acteurs aux échanges très fermes. « On arrive à six face au fournisseur, raconte Benjamin. À peine ouvre-t-il la bouche qu'on lui coupe la parole. L'un de nous joue au gentil, l'autre à l'agressif, le troisième prend des notes... ».
[...] Le box d'achat est « très clairement destiné à établir une influence psychologique », pour que l'industriel ait « des doutes permanents [...] sur sa pérennité [à travailler avec] l'enseigne », a expliqué Olivier Lauriol, fondateur du cabinet de conseil Arkose consulting. [...] Dans la négociation, tout est bon pour faire baisser les prix. [...] Et cela va jusqu'aux intimidations. « On peut aussi menacer le fournisseur de ne plus référencer ses nouveautés, même s'il lui a fallu des mois pour créer un nouveau produit », raconte Benjamin. Quand la négociation patine, il reste une dernière cartouche pour faire plier l'adversaire. « Quand on ne parvient pas à nos fins, c'est là qu'on va activer des leviers de blocages d'une référence déjà commercialisée », qui seront mis à exécution entre fin janvier et début février. [...] La pratique est interdite en France, où il n'est pas permis d'interrompre unilatéralement une relation commerciale avec un industriel sans respecter un préavis et la dénonciation d'un contrat (six mois de préavis en moyenne). [...]
Les discussions s'interrompent rarement après le 28 février. [...] Peu d'industriels osent dénoncer ces pratiques, tant ils risqueraient d'y laisser leur activité. [...]

lemonde.fr, Cécile Prudhomme, 01.02.2020

RESSOURCE 6 La certification Agriculture biologique

NOTION

Signe officiel de qualité, la certification Agriculture biologique (AB) atteste que le mode de production de l'entreprise respecte l'environnement (élevage, pesticides, etc.). La certification part d'une démarche volontaire de la part d'une entreprise, qui atteste qu'une offre (produit ou service) ou un processus respecte un référentiel préétabli.
En croissance, le marché est tiré par une demande de plus en plus importante. L'évolution du comportement des consommateurs ainsi que les différents scandales sanitaires ont permis à ce secteur de se développer. Plus sensibles à la préservation de l'environnement dans leurs actes d'achat et de consommation, les consommateurs trouvent donc dans le bio une réponse à leurs attentes : une agriculture plus saine, plus écologique ; le tout dans une démarche de développement durable.

CERTIFIÉ AB AGRICULTURE BIOLOGIQUE

RESSOURCE 7 Les différentes formes de partenariats

NOTION

L'ECR [*efficient consumer response*] est une démarche de partenariat entre industrie et commerce visant, par la connaissance en temps réel des ventes au point de consommation, à gérer en commun les approvisionnements, les promotions et les nouveaux produits.
L'ECR propose ainsi une collaboration efficace entre industriels et distributeurs de manière à réaliser de substantiels gains de productivité. [...] Son objectif est double : limiter les ruptures de stock (et les pertes de chiffre d'affaires qui en résultent) et partager les informations entre les acteurs des processus grâce aux TIC [technologies de l'information et de la communication]. À partir de la connaissance des besoins et des clients, l'ECR vise à optimiser les différents maillons de la chaîne logistique afin de rechercher l'apport de valeur ajoutée pour le client sur chacune des opérations.

D'après www.faq-logistique.com

Le trade marketing consiste à rechercher des domaines dans lesquels les intérêts d'un producteur et d'un distributeur ne sont pas antagonistes mais au contraire convergents, et à mener en commun des actions qui servent à la fois les intérêts de l'un et de l'autre. [...] Les principaux domaines dans lesquels se développe le *trade marketing* sont les suivants :
1. l'organisation logistique : par un échange d'informations et une harmonisation de leurs systèmes de transport, de stockage et même parfois de gestion informatique [...] ;
2. la coopération en matière de merchandising : un grand producteur national [...] peut aider efficacement ses clients distributeurs à tirer le meilleur parti de leur linéaire par un bon merchandising ;
3. les opérations promotionnelles conjointes : [...] on voit un producteur et une enseigne de distribution s'associer pour mener ponctuellement une opération promotionnelle spécifique.

A. De Baynast, J. Lendrevie, J. Levy, *Mercator*, © Dunod, 2021 pour la 13e édition, Malakoff.

La GPA [gestion partagée des approvisionnements] est une [...] stratégie de réapprovisionnement continu. [...] En adoptant une démarche collaborative, le fournisseur devient coresponsable de l'approvisionnement de ses entrepôts sur la base des données qui lui sont transmises. À partir des informations concernant les stocks et/ou les ventes transmises par le distributeur, l'industriel peut lui-même calculer ses prévisions de besoins et adapter sa production et ses ressources logistiques. Basée sur le partage de l'information, sur la coopération et l'adoption d'une stratégie « gagnant-gagnant », la GPA a pour objectif la réduction des stocks, la diminution des ruptures [...] et l'adaptation des moyens et des ressources aux besoins réels des consommateurs.

D'après www.faq-logistique.com

ENTRAÎNEMENT

SE TESTER
QUIZ
foucherconnect.fr/22rcar02

EXERCICE 1

Titulaire du BTS NDRC, vous lancez, avec deux camarades de votre promotion, votre propre marque de produits sportswear. Après avoir attentivement observé et analysé le marché et ses tendances, vous avez opté pour un positionnement « chic décontracté ». Vos produits sont fabriqués en France et bénéficient tous du label « Origine France garantie ». Forts d'un premier succès sur votre site marchand, vous souhaitez aujourd'hui développer votre présence sur le réseau physique.

1 Présentez votre circuit de distribution.

2 Indiquez le canal de distribution que vous privilégierez. Justifiez votre choix.

EXERCICE 2

Vous avez récemment intégré la marque Pampers en qualité de représentant en GMS (grandes et moyennes surfaces). Vous avez pour objectif de développer la présence de la marque dans les magasins dont vous avez la responsabilité. Suite à une entrevue avec le chef de rayon d'un hypermarché, ce dernier vous a indiqué la volonté de son directeur de magasin de développer le category management par la création d'un univers Bébé.

1 Justifiez l'intérêt pour votre marque de participer à la mise en place du category management chez ce distributeur.

2 Proposez des actions à destination du distributeur dans le cadre de cette mise en place.

Ressource **Le category management**

Le category management ou « management par catégories de produits » organise les points de vente en univers de consommation. L'assortiment est ainsi départementalisé.

Menée conjointement entre distributeurs et industriels, cette méthode d'optimisation des ventes a pour objectif de mieux répondre aux besoins de la clientèle, cette dernière retrouvant dans un seul univers toute une offre spécifique. Exemple : l'univers Bébé est composé d'une offre alimentaire, textile, soin, hygiène, etc.

La gestion d'un univers est confiée à une seule personne, le category manager, qui devra notamment assurer les fonctions achats et marchandising.

Le category management a un double objectif : améliorer les performances des distributeurs et des industriels et proposer une valeur ajoutée à la clientèle.

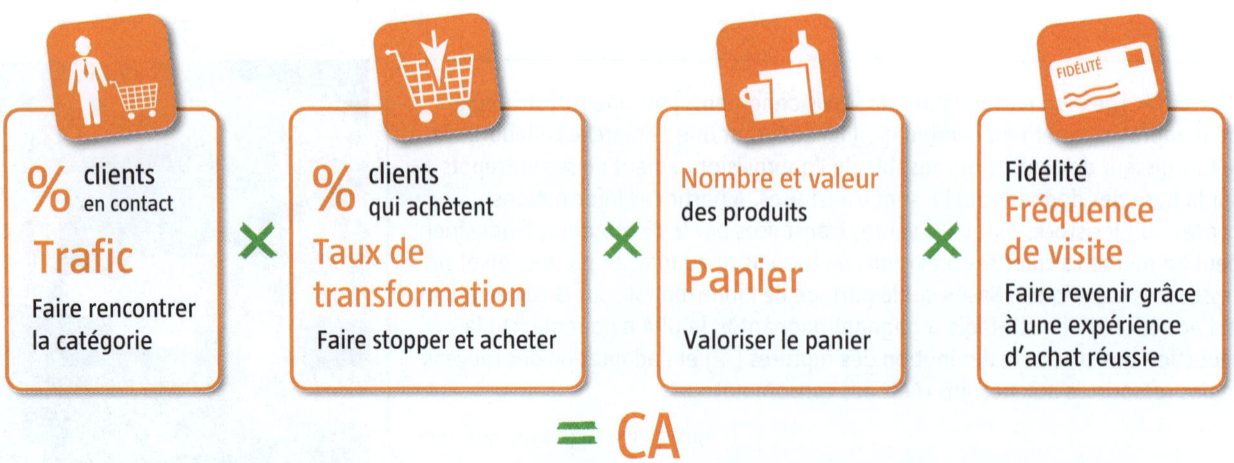

EXERCICE 3

Vous êtes stagiaire au sein de l'entreprise EquiBois, qui commercialise du bois de chauffage. Le commercial auquel vous êtes rattaché(e) vous indique que vous avez rendez-vous avec le chef de rayon d'une grande surface spécialisée avec laquelle vous travaillez déjà. En effet, cette dernière compte dans son assortiment votre produit Bois Bûche.

Le boom des ventes des poêles à granulés a eu pour effet d'augmenter la demande sur les granulés. Votre entretien a donc pour objectif de référencer votre produit Granulés Bois, issu de forêts gérées durablement et certifié NF Biocombustibles solides. Vous vous fixez comme objectif de placer trois palettes de 65 sacs de 15 kg, soit 0,98 tonne par palette, pour une première commande. Le prix de vente conseillé TTC est de 399 € pour une palette avec un coefficient multiplicateur de 2,15. Une marge de négociation (jusqu'à 8 % de remise) est possible si le chef de rayon commande plus d'une palette. Le prix du transport est compris.

1 Proposez un argumentaire de vente.
2 Traitez l'objection prix : « Vos prix sont trop élevés, ma marge n'est pas suffisante. »

Ressource **Le réseau ONF Énergie Bois**

Le réseau ONF Énergie Bois est composé de producteurs locaux et de professionnels reconnus comme experts dans le bois de chauffage. L'adhésion d'EquiBois à ce réseau depuis sa création lui permet d'affirmer des valeurs favorables à la promotion d'une énergie écologique et renouvelable.

EXERCICE 4

Lors de votre dernière période de stage, vous avez eu l'opportunité de participer aux consultations réalisées dans le cadre des États généraux de l'alimentation (EGA). Votre enseignant vous demande de présenter l'événement à la classe.

1 Présentez les EGA et leurs enjeux à partir d'une recherche sur internet.
2 Justifiez l'intervention de l'État dans ce domaine.
3 Démontrez l'importance d'une collaboration juste et équitable entre les acteurs.

Ressource **#EGalim – Charte d'engagement**

La charte d'engagement « pour une relance de la création de valeur et pour son équitable répartition au sein des filières agroalimentaires françaises » vise à confirmer les principaux éléments de consensus issus des ateliers nationaux du premier chantier des États généraux de l'alimentation. Elle a été signée par les représentants des acteurs de la production, de la coopération agricole, des entreprises de l'alimentaire et de la distribution le 14 novembre 2017 […]. Le contenu de la charte d'engagement :

« Nous […], partageons quatre objectifs stratégiques portés dans les États généraux de l'alimentation :

- relancer la création de valeur et en assurer l'équitable répartition ;
- permettre aux agriculteurs de vivre dignement de leur travail par le paiement de prix justes ;
- mettre à la disposition du consommateur une alimentation saine, sûre, durable, accessible à tous en veillant à maintenir notre souveraineté alimentaire ;
- poursuivre la transformation des systèmes agricoles et agroalimentaires afin qu'ils soient hautement performants sur les plans économique, social, environnemental et sanitaire.

Convaincus de la nécessité de travailler ensemble pour atteindre ces quatre objectifs, dans un environnement européen et international, prenant en compte les résultats des travaux des premiers ateliers nationaux des États généraux de l'alimentation, et notamment le constat partagé des effets négatifs des dérives de la guerre des prix, conscients que les propositions issues de ces travaux ne produiront d'effet réel et rapide que si elles s'accompagnent, dès maintenant, d'un changement de comportement de tous les acteurs, dans le respect des règles de concurrence, décidons de nous engager dans la présente charte. »

http://agriculture.gouv.fr

ENTRAÎNEMENT

EXERCICE 5

Fort(e) d'une expérience réussie dans la vente de jouets pour enfants, vous avez décidé de lancer votre propre magasin virtuel en BtoB en proposant des produits artisanaux fabriqués en France.

Afin de faire connaître votre offre et de vous positionner comme une entreprise proposant des produits artisanaux 100 % français, vous souhaitez dans un premier temps limiter votre stratégie de distribution aux enseignes spécialisées dans le made in France.

À la suite de vos différentes actions de prospection, une jeune entreprise souhaite collaborer avec vous, mais vous précise que sa structure étant nouvelle, elle souhaiterait bénéficier de délais de règlement de 60 jours fin de mois. Après plusieurs échanges, vous devez définir les CGV.

1 Justifiez la pertinence du positionnement souhaité.

2 Nommez et justifiez la stratégie de distribution envisagée.

3 Indiquez les éléments sur lesquels vont porter vos CGV, puis précisez si les délais de règlement sollicités sont conformes à la loi.

4 Listez les possibles divergences auxquelles vous pourriez être confronté(e) lors des futures négociations.

5 Proposez une collaboration avec ce distributeur.

6 Proposez des actions communes qui pourraient être réalisées en magasin. Justifiez vos choix.

DROIT

Ressource 1 Les délais de règlement : les règles à connaître

Les retards de paiement affectent la rentabilité et la compétitivité des entreprises. Pour y remédier, des évolutions législatives sont venues renforcer les pouvoirs de sanctions et de contrôle de la DGCCRF.

Le délai convenu entre les parties pour régler les sommes dues ne peut dépasser 60 jours nets, à compter de la date d'émission de la facture ou, à titre dérogatoire, 45 jours fin de mois, sous réserve que ce délai dérogatoire soit inscrit dans le contrat et ne constitue pas une discrimination manifeste à l'égard du créancier. Le délai de 45 jours fin de mois peut se décompter des deux manières suivantes : date de facture + 45 jours + fin de mois ou date de facture + fin de mois + 45 jours.

De plus, le délai de paiement des factures périodiques (prévues au 3 du I de l'article 289 du Code général des impôts) ne peut dépasser 45 jours à compter de la date d'émission de la facture.

À défaut de délai convenu entre les parties, un délai supplétif s'applique, d'une durée de 30 jours à compter de la réception des marchandises ou de l'exécution de la prestation demandée.

Les professionnels qui ne respecteraient pas ces dispositions encourent une amende administrative dont le montant ne peut excéder 75 000 euros pour une personne physique et 2 millions d'euros pour une personne morale avec une publication systématique de la sanction sur le site de la DGCCRF et sur un support habilité à recevoir des annonces légales. Une publication peut aussi être mise en œuvre sur tous supports possibles en fonction des circonstances (article L.470-2 du Code de commerce).

www.economie.gouv.fr

Ressource 2 Les différentes formes d'actions communes entre producteur et distributeur

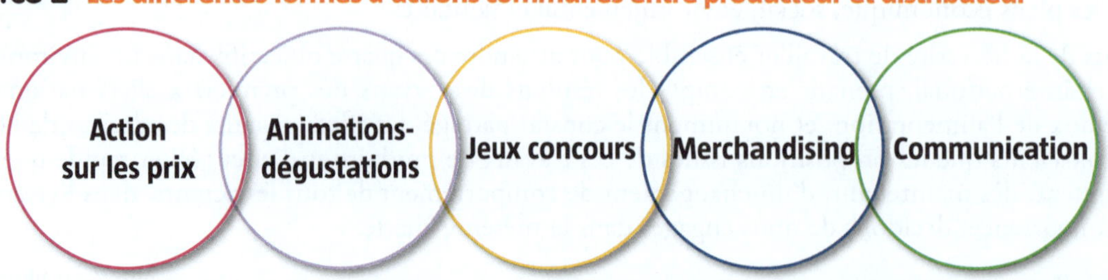

Synthèse 1

RETENIR AUTREMENT
AUDIO
foucherconnect.fr/22rcar03

1. Le canal et le circuit de distribution

Le canal de distribution correspond à la voie d'acheminement du produit, du producteur au client final.

Canal	Nombre d'intermédiaires	Exemple
Direct	Aucun	Producteur de plantes qui vend directement ses produits sur un marché.
Court	Un intermédiaire : le distributeur	Producteur qui vend sa production de plantes à une jardinerie, le distributeur.
Long	Deux intermédiaires : la centrale d'achats ou de référencement et le distributeur	Producteur qui vend ses plantes à une centrale d'achat qui distribuera l'offre dans les unités commerciales du réseau.

L'ensemble des canaux empruntés par le produit représente le circuit de distribution.
Les producteurs utilisent généralement plusieurs canaux de distribution afin de maximiser leur présence sur le marché.

2. Les différentes stratégies de distribution

Le producteur peut commercialiser son offre en direct, c'est-à-dire sans intermédiaire et/ou développer des relations avec des distributeurs. Une très large majorité de producteurs ont recourt à une stratégie de distribution en collaboration avec un intermédiaire.

Stratégies de distribution	Présentation
Stratégie de distribution intensive	Adaptée aux produits de type PGC (produits de grande consommation). Consiste à distribuer les produits dans un maximum de points de vente.
Stratégie de distribution sélective	Consiste à choisir un nombre restreint de distributeurs qui seront sélectionnés selon certains critères : surface de vente, positionnement, services proposés, compétences de l'équipe, degré de spécialisation, etc.
Stratégie de distribution exclusive	Consiste à choisir des distributeurs spécifiques qui bénéficieront d'une exclusivité géographique sur un secteur déterminé et/ou d'une exclusivité de produits.

3. Les principaux critères de choix

Différents critères sont à prendre en compte lors du choix par l'entreprise de sa stratégie de distribution :
- ses objectifs : quel produit ? pour quelle cible ? à quel prix ? ;
- la nature de son offre : le produit commercialisé peut nécessiter la présence d'une force de vente ;
- son positionnement : l'image voulue de l'entreprise dans l'esprit des consommateurs ;
- sa cible : les exigences de la clientèle en matière de conseils, de services ;
- ses caractéristiques : sa taille ou ses ressources financières ;
- la concurrence : l'entreprise peut décider de s'aligner ou de se différencier de la concurrence ;
- l'environnement, qu'il soit économique, social, politique, technologique ou réglementaire.

4. Les relations producteurs-distributeurs

A. Une relation déséquilibrée

Chaque année, producteurs et distributeurs se rencontrent afin d'entamer des négociations qui vont encadrer leurs relations commerciales pour l'année à venir, et notamment fixer les prix des produits achetés par la grande distribution. Ces tractations sont donc source de conflits.
La nature du conflit peut porter sur le prix, les conditions commerciales, les promotions, le merchandising, les délais de livraison et de réapprovisionnement ou encore l'implantation des produits en rayon.
À différentes reprises, le législateur est intervenu par différents textes de loi afin d'équilibrer et d'assainir les relations commerciales.
Les principales évolutions récentes et à venir sont :
- la loi de modernisation de l'économie (2008) ;
- la loi Sapin 2 (2016) ;
- les États généraux de l'alimentation (en cours).

B. Des formes différentes de collaboration

Afin de développer des relations plus équilibrées, industriels et distributeurs pratiquent des formes de collaboration qui leur permettent de pérenniser leur relation tout en partageant un objectif commun : la satisfaction du consommateur.

ECR (Efficient Consumer Response) → Démarche de partenariat entre industrie et commerce visant à gérer en commun, par la connaissance en temps réel des ventes au point de consommation, les approvisionnements, les promotions et les nouveaux produits.

Trade marketing → Il consiste à rechercher des domaines dans lesquels les intérêts d'un producteur et d'un distributeur ne sont pas antagonistes, mais au contraire convergents, et à mener en commun des actions qui servent à la fois les intérêts de l'un et de l'autre.

GPA (Gestion partagée des approvisionnements) → Stratégie de réapprovisionnement continu qui privilégie une démarche collaborative : le fournisseur devient co-responsable de l'approvisionnement de ses entrepôts sur la base des données qui lui sont transmises.

Category management → Le category management ou « management par catégorie de produits » organise les points de vente en univers de consommation. L'assortiment est ainsi départementalisé. Menée conjointement entre distributeurs et industriels, cette méthode d'optimisation des ventes a pour objectif de mieux répondre aux besoins de la clientèle, cette dernière retrouvant dans un seul univers toute une offre spécifique.

MOTS-CLÉS

★ canal de distribution ★ category management ★ circuit de distribution ★ conditions générales de vente (CGV) ★ efficient consumer response (ECR) ★ gestion partagée des approvisionnements (GPA) ★ stratégie de distribution ★ trade marketing

voir lexique page 189

2

Préparer et suivre les accords de référencement

COMPÉTENCE

> Valoriser l'offre sur le lieu de vente

pix

1.1 Mener une recherche et une veille d'information
1.3 Traiter des données

CONTEXTE PRO

3NC

Localisation : Paris
Effectif : 18 personnes
CA : 780 000 €

3NC est une société spécialisée dans la commercialisation de produits alimentaires orientaux à destination des entreprises.

Présentée dans un showroom situé à Paris, où les professionnels peuvent se déplacer, l'offre est sélectionnée chez des producteurs orientaux implantés dans différents pays (Algérie, Iran, Maroc, Tunisie, Turquie...) et est labellisée Max Havelaar. En effet, 3NC sélectionne avec soin ses fournisseurs locaux et leur garantit un niveau de rémunération décent. La clientèle de l'entreprise est principalement composée de revendeurs et, plus récemment, de chefs de rayon de la grande distribution.

M. Noé, directeur des ventes de l'entreprise, souhaite développer la présence de l'entreprise dans la grande distribution.

VOTRE OBJECTIF

Recruté(e) en qualité de stagiaire, vous allez travailler avec M. Noé afin de préparer les futures négociations avec actions à destination de la grande distribution.

DÉCOUVRIR AUTREMENT

VIDÉO + QUIZ

foucherconnect.fr/22rcar04

MISSIONS & RESSOURCES

MISSION 1 Préparer les accords de référencement

Un rendez-vous est prévu avec Mme May, une cheffe de rayon d'un réseau de distribution pour lequel vous avez effectué des recherches. Après étude de sa zone de chalandise, cette dernière souhaite intégrer des produits orientaux dans son univers vrac et plus spécifiquement des amandes décortiquées.

À RÉALISER

1. Expliquez l'importance pour l'entreprise de développer une relation de partenariat avec cet acteur de la grande distribution. RESSOURCES 1 à 3
2. Indiquez le type de décision privilégiée par ce réseau de distribution. RESSOURCE 2
3. Présentez et justifiez les éléments sur lesquels vont porter les accords de référencement. RESSOURCES 4, 5

MISSION 2 Appliquer et suivre les accords de référencement

L'entretien a été concluant. M. Noé vous annonce qu'un second rendez-vous est prévu afin de contractualiser cette collaboration. Mme May a décidé de passer une première commande pour un volume de 50 kg. De plus, une opération promotionnelle étant organisée dans deux mois, elle souhaite que 3NC y contribue en mettant en avant son produit.

À RÉALISER

4. Justifiez l'importance des conditions générales de vente dans la relation commerciale. RESSOURCE 6
5. Évaluez le montant de la coopération commerciale que vous consentirez et expliquez le recours à cette pratique pour le producteur et le distributeur. RESSOURCES 5, 7, 8
6. Calculez votre marge globale, votre taux de marge et votre taux de marque avant et pendant l'opération promotionnelle. Commentez vos résultats. RESSOURCES 5, 9 FICHE OUTIL 1
7. Mesurez l'influence des prix pratiqués par le distributeur sur les quantités vendues par ce dernier. Analysez les résultats en tant que producteur. RESSOURCE 9 FICHE OUTIL 1
8. Indiquez de quelle manière vous pourrez suivre les accords conclus avec le distributeur.

RESSOURCE 1 Le processus d'achat en BtoB

NOTION

Différentes étapes successives composent le processus d'achat :
- **Étape 1** > Reconnaître le besoin.
- **Étape 2** > Décrire le besoin et rédiger le cahier des charges.
- **Étape 3** > Rechercher les informations et les fournisseurs potentiels.
- **Étape 4** > Évaluer les alternatives.
- **Étape 5** > Sélectionner le fournisseur et passer la commande.
- **Étape 6** > Contrôler et opérer le suivi.

La rédaction du cahier des charges et le lancement d'un appel d'offres peuvent permettre à l'entreprise de communiquer sur ces éléments auprès des fournisseurs potentiels.

De nombreuses sources d'information sont disponibles : communication médias et/ou hors médias des fournisseurs, annuaires de professionnels, sites Internet d'entreprises, sites Internet spécialisés, contacts professionnels de l'entreprise, etc.

La relation étant axée sur la durée, notamment par la recherche de partenariat, la dernière étape du processus est très importante :
- pour le client : elle lui permet d'évaluer les performances du fournisseur (gestion de la relation commerciale, satisfaction du besoin, qualité du suivi, etc.) et de décider du maintien ou de l'arrêt de la relation ;
- pour le fournisseur-producteur : elle lui permet de vérifier que le besoin de son client est satisfait et de pérenniser la relation.

RESSOURCE 2 La décision de référencement dans la grande distribution

NOTION

Le référencement consiste pour un distributeur à vendre dans ses unités commerciales un produit ou une marque déterminée. La décision de vendre implique donc pour ce dernier d'acheter les produits chez ce fournisseur.
Les linéaires en magasin n'étant pas extensibles, les distributeurs doivent réaliser des choix quant aux références qu'ils vont proposer à la clientèle. Ces choix sont effectués en fonction de la politique du distributeur et notamment de sa zone de chalandise.
La décision de référencer peut se réaliser de différentes manières :

- **centralisation :** la décision de référencement est prise en amont par la centrale d'achats ou de référencement du réseau. Les choix sont donc imposés aux points de vente. Les managers n'ont pas de marge de manœuvre, même si une autonomie peut être laissée pour les produits frais par exemple ;
- **décentralisation :** une partie seulement des référencements est réalisée par la centrale d'achats ou de référencement du réseau. Les managers ont ainsi une autonomie dans leurs choix ;
- **mixte :** le référencement est double, au niveau de la centrale dans un premier temps, puis au niveau des magasins. Les managers ont ainsi la possibilité de ne pas suivre les choix de la centrale.

La décision de référencement peut être réalisée, selon l'importance du produit à référencer, soit entre la direction commerciale du producteur et la centrale, soit entre un représentant du producteur-fournisseur et un chef de rayon du distributeur.

RESSOURCE 3 Votre prise de notes sur le marché des produits orientaux

→ Marché composé de 4 millions de musulmans et qui frôle les 380 millions d'euros.
→ Marché boosté pendant la période du Ramadan : dépenses moyennes des ménages : 394 € contre 280 € le reste de l'année ; les GMS adaptent leur offre afin de répondre à la demande : pâtisseries orientales, fruits secs, viandes, etc. ; importantes opérations promotionnelles : le Ramadan est un événement calendaire à ne pas manquer pour les distributeurs.
→ Presque tous les segments enregistrent une croissance en volume supérieure à celle des produits non halal : liquide + 92,7 % ; surgelés sucrés + 31,5 % ; épicerie sucrée + 18,6 % ; traiteur libre-service + 18,5 %, surgelés salés + 17,2 %.
→ Le marché continue de proposer des produits inspirés du traditionnel : recettes italiennes, asiatiques, snacking, aide culinaire, etc.
→ Présence de plus en plus forte de produits en provenance de la Turquie.
→ Depuis la Covid-19, les GMS ont adapté leur circuit de vente : le halal est visible et s'affiche dorénavant en drive.

RESSOURCE 4 Les accords de référencement

NOTION

Les accords de référencement matérialisent la relation entre le producteur et le distributeur concernant une offre déterminée dans le cadre du référencement conclu. Ils portent principalement sur le produit, le prix et les conditions commerciales, les délais de livraison, le retour des invendus le cas échéant, les prestations (implantation en tête de gondole, animations commerciales…), le matériel (mobilier, gondoles…), etc.
Ces accords font l'objet d'une négociation entre le producteur, généralement par le biais de son représentant, et le distributeur, par le biais de la centrale ou du chef de rayon si le point de vente a une marge de manœuvre.

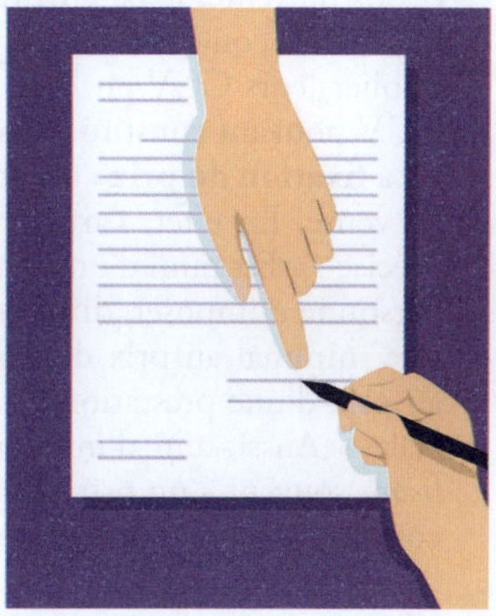

RESSOURCE 5 Compte rendu de la réunion commerciale

De : Stagiraire
À : M. Noé
Objet : Compte rendu de la réunion en date du 21/11/N

Lors de la réunion en date du 21 novembre, voici ce qui a été décidé.

- Recommander à la chef de rayon de se déplacer dans le showroom de l'entreprise.
- Veiller à choisir les endroits stratégiques du magasin, sous couvert de la chef de rayon, afin que les produits de l'entreprise soient facilement repérables dans l'univers. L'entreprise peut fournir du mobilier spécifique (PLV, ILV, gondole de présentation…).
- Ne pas hésiter à mettre les produits en rayon lors des visites afin de s'assurer d'une bonne visibilité.
- Organiser des animations commerciales (si le distributeur prévient 4 semaines à l'avance).
- Prix de vente unitaire au kg : 12,90 € HT. Une marge de négociation est envisageable selon les quantités achetées : remise maximum de 8 % à partir de 25 kg commandés.
- Une remise de 15 % peut être consentie dans le cadre de la coopération commerciale afin de financer des opérations de MEA[1]. Si le mobilier est fourni ou qu'une animation commerciale est réalisée à nos frais, la coopération passe à 7 % maximum.
- Dans la mesure où ce distributeur est un nouveau client, la remise maximale peut être accordée.
- Un prix moyen de vente conseillé doit être proposé afin de maintenir le positionnement de l'entreprise (commerce équitable) : 30 €/kg.
- Le CMHT appliqué par 3NC est de 1,96.
- Les commandes seront réalisées lors de la visite hebdomadaire du commercial de l'entreprise.
- Aucune reprise d'invendus, notamment du fait de la nature de l'offre.
- Le règlement est réalisé sous 30 jours fin de mois.
- Soyez curieux ! Pensez à poser des questions aux vendeurs, responsables, etc. Les informations récoltées nous permettront de comprendre le fonctionnement du magasin et surtout de nouer des relations privilégiées avec l'équipe.

1. MEA : mise en avant produit.

RESSOURCE 6 Les conditions générales de vente (CGV) et la fixation du prix

NOTION

- **Les CGV** : elles correspondent au cadre dans lequel va être nouée la relation commerciale entre producteur et distributeur. Elles visent à informer l'acheteur préalablement à toute transaction et représentent le socle des négociations. Les CGV mentionnent notamment le processus de vente, le barème de prix et de remises ainsi que les divers engagements des parties : logistique, conditions de règlement, etc. Le Code de commerce n'oblige pas les entreprises à publier leurs CGV en B to B, mais leur rédaction est fortement recommandée, l'absence de CGV pouvant constituer une présomption de discrimination.
- **La fixation du prix :** un producteur ne peut imposer un prix de vente. En effet, l'article L. 442-5 du Code de commerce précise : « Est puni d'une amende de 15 000 € le fait par toute personne d'imposer, directement ou indirectement, un caractère minimal au prix de revente d'un produit ou d'un bien, au prix d'une prestation de service ou à une marge commerciale. » Aussi, afin d'influencer les prix, les producteurs utilisent souvent « un prix public conseillé » ou « un prix moyen constaté », que les distributeurs sont libres de suivre ou non.

RESSOURCE 7 Marge avant, marge arrière

NOTION

- La **marge avant** correspond à la marge commerciale réalisée par le distributeur.

Marge avant = Prix de vente HT – Prix d'achat HT

- La **marge arrière** correspond aux avantages financiers versés par un fournisseur à un distributeur en échange de services (espace dans le linéaire, action de mise en avant en magasin ou sur prospectus, action de collecte ou de recyclage par le distributeur…). Elle est souvent source de conflits entre producteur et distributeur.

Marge arrière = Prix d'achat facturé par le fournisseur – Prix réel payé par le distributeur

Exprimée en pourcentage du prix d'achat, elle peut représenter jusqu'à 40 % du prix facturé.
Exemple :

Les marges arrière sont en partie financées par la coopération commerciale. La DGCCRF les définit comme « un contrat par lequel un distributeur rend à son fournisseur, moyennant une rémunération, des services spécifiques permettant de mettre en valeur le produit fourni et de le commercialiser dans les meilleures conditions possible (affiches, promotions, tête de gondole…) ».

RESSOURCE 8 Les principales évolutions du cadre légal

NOTION

En France, la revente à perte est une pratique interdite dans la distribution. Elle correspond à la vente en dessous du prix d'achat qui figure sur la facture.
Avant 1996, les marges arrière n'étant pas mentionnées sur les factures, les distributeurs les intégraient au calcul de leur prix de vente consommateur (PVC), ce qui leur permettait de proposer des prix bas. Cette méthode de calcul nuisant au petit commerce, le législateur est intervenu afin de rééquilibrer la concurrence en introduisant la notion de seuil de revente à perte (SRP). Le SRP correspond au seuil en dessous duquel il est interdit de vendre et il intègre les marges arrière dans le calcul du prix d'achat distributeur.

Loi Galland 1996
- Introduction du SRP.
- Les marges arrière ne sont plus prises en compte dans le calcul du SRP.

Loi Dutreuil II 2005
- Réintroduction progressive des marges arrière dans le calcul du SRP.

Loi Chatel 2008
- Réintégration totale des marges arrière dans le calcul du SRP.

RESSOURCE 9 Notes concernant l'opération promotionnelle

→ Mme May a prévu de nous commander 30 kg d'amandes décortiquées supplémentaires pour l'opération et sollicite un effort exceptionnel de notre part : le réseau demande à ses fournisseurs de participer à l'effort commercial consenti à la clientèle.
→ Pour ne pas perdre ce contrat, M. Noé accepte une remise supplémentaire exceptionnelle de 1 €/kg.

PVTTC/kg hors promotion décidé par le distributeur	Promotion sur prix de vente TTC appliqué par le distributeur	CM appliqué par le distributeur (hors opération)
28,99 €	– 2 €/kg	2,643

→ Quantités vendues pendant la semaine précédant l'opération : 8 kg.
→ Quantités vendues pendant la semaine suivant l'opération : 11,5 kg.

ENTRAÎNEMENT

SE TESTER

QUIZ

foucherconnect.fr/22rcar05

EXERCICE 1

Recruté(e) en qualité de commercial(e) au sein d'une entreprise spécialisée dans la commercialisation de produits de bricolage, l'un de vos distributeurs vous indique qu'il souhaite profiter des soldes pour liquider les stocks en rayon de l'ancienne collection de votre entreprise pour référencer votre nouvelle gamme. L'ancienne collection a été proposée à la vente il y a six mois mais payée il y a quatre mois. La remise qu'il souhaite proposer pourra s'élever jusqu'à – 60 %.

1 Indiquez les éléments à prendre en compte pour la fixation des prix de vente durant la période des soldes.

2 Déterminez s'il est possible de pratiquer un taux de remise de – 60 %.

3 Justifiez le rôle de la DGCCRF.

Ressource **Les exceptions à la vente à perte et la DGCCRF**

Instance placée sous la direction du ministère de l'Économie et des Finances, la Direction générale de la concurrence, de la consommation et de la répression des fraudes (DGCCRF) a pour principales missions d'informer le consommateur, de veiller à sa sécurité physique et à sa santé et de veiller au respect du jeu concurrentiel. Elle vérifie notamment la conformité des prix et plus précisément le respect du SRP.

Des exceptions existent cependant, qui permettent au vendeur de contourner l'interdiction de la vente à perte :

- les fins de saison ou l'entre-deux-saisons de vente ;
- l'obsolescence technique d'un produit ou le fait que des produits soient démodés ;
- les produits dont le réapprovisionnement a été réalisé à la baisse : le prix de vente peut alors être calculé sur la base du prix effectif de ce réapprovisionnement ;
- l'alignement sur un prix plus bas légalement pratiqué dans la même zone d'activité par les magasins dont la surface de vente n'excède pas 300 m^2 pour les produits alimentaires et 1 000 m^2 pour les produits non alimentaires ;
- les produits périssables menacés d'altération rapide ;
- les produits soldés : les produits annoncés comme soldés doivent avoir été proposés à la vente et payés depuis au moins un mois à la date de début de la période de soldes considérée.

EXERCICE 2

L'entreprise RCTechnic est une entreprise spécialisée dans la production de matériaux électriques pour le bâtiment et la construction. Son effectif est composé de quatre salariés et d'un apprenti commercial.

Créée il y a trois ans, l'entreprise s'est rapidement développée pour atteindre un chiffre d'affaires de 800 000 euros en N. Très sérieuse avec ses clients, l'entreprise bénéfice d'une image d'expertise professionnelle qui lui a permis de conclure différents contrats avec de grands groupes.

Récemment contactée par le distributeur ElectroTEC, spécialisé dans la fourniture de matériaux électriques, Mme Amel, gérante de la société, envisage de conclure un accord de référencement avec celui-ci.

Apprenti(e) commercial(e) dans la société, vous avez pour mission d'éclairer la prise de décision de la gérante.

1 Présentez les éléments sur lesquels vous devrez porter votre attention lors de la négociation des accords de référencement.

2 Rappelez le cadre légal des négociations entre producteur et distributeur.

EXERCICE 3

Titulaire d'un BTS NDRC, vous êtes recruté(e) en tant que représentant(e) au sein de l'entreprise Bon'Zaï, spécialisée dans la commercialisation de bonsaïs. Vous avez notamment pour mission de conseiller vos distributeurs dans leur stratégie de prix.

Le magasin ArtJapon, petit distributeur indépendant spécialisé dans les bonsaïs, se fournit à près de 60 % de son assortiment auprès de votre entreprise. Lors d'un entretien avec le gérant, celui-ci vous indique qu'il s'interroge sur les prix qu'il fixe. Il vous communique ses données commerciales.

1 Calculez la marge brute unitaire sur un produit, le taux de marque et le coefficient multiplicateur (ressource 1, fiche outil 1).

2 Calculez le nombre de produits vendus pendant le mois (ressource 1).

3 Calculez la marge brute mensuelle puis la marge nette mensuelle (ressource 1).

4 Indiquez si l'entreprise peut atteindre son objectif de 30 % de taux de marge nette sur les ventes mensuelles.

5 Formulez une conclusion quant aux prix pratiqués par ce distributeur (ressources 1, 2).

Ressource 1
Données commerciales transmises par le gérant

TVA : taux réduit
PA unitaire : 55 €
PVTTC unitaire : 100 €
Stock en début de mois : 15
Achats réalisés au cours du mois : 40
Frais de commercialisation : 275 €
CA mensuel réalisé : 4 500 € TTC

Ressource 2
Taux de marge des entreprises du commerce de détail non alimentaire en magasin par secteur

Secteur	Taux de marge commerciale
Commerce de détail de végétaux et d'animaux de compagnie	45
Commerce de détail d'équipements de l'information et de la communication en magasin spécialisé	27
Commerce de détail d'autres équipements du foyer en magasin spécialisé	37
Commerce de détail de biens culturels et de loisirs en magasin spécialisé	34
Autres commerces de détail en magasin spécialisé	40
Commerce de détail spécialisé non alimentaire en magasin (hors carburant)	38

www.insee.fr

EXERCICE 4

Un producteur de tablettes de chocolat envisage avec son distributeur de réaliser une nouvelle opération promotionnelle sur son produit phare : la tablette lait-amandes. Stagiaire au sein de l'entreprise, votre tuteur vous demande de l'éclairer dans sa prise de décision. En effet, ces opérations sont intéressantes au niveau qualitatif, notamment sur l'image de l'entreprise, mais comportent des limites quant à la rentabilité de l'action. Il vous communique les données commerciales livrées par le distributeur lors de la première opération réalisée il y a trois mois.

1 Étudiez l'élasticité du prix de ce produit. Analysez vos résultats (fiche outil 1).

2 Conseillez votre tuteur quant à la reconduite de l'opération.

Ressource — Données de l'opération commerciale

PVTTC hors opération : 2,75 €	PVTTC pendant l'opération : 2,15 €
Quantités vendues hors opération : 127	Quantités vendues pendant l'opération : 149

ENTRAÎNEMENT

EXERCICE 5

Récemment recruté(e) en qualité de commercial(e) au sein de l'entreprise Laino, vous êtes chargé(e) du réseau d'enseignes Naturalia de votre secteur. Ce réseau, spécialisé dans la distribution de produits issus de l'agriculture biologique, envisage de référencer un nouveau produit de votre gamme afin de satisfaire la demande locale.

Vous êtes reçu(e) par un(e) chef(fe) de secteur de l'univers Hygiène Beauté. Vous savez que l'enseigne axe son développement stratégique sur le marché des cosmétiques bio et vous constatez une forte demande de votre clientèle professionnelle pour des produits plus sains (sans paraben et sans phénoxyéthanol notamment).

1 **Montrez l'importance pour le distributeur et le producteur de développer une collaboration.**

2 **Calculez la marge et le taux de marge sur les produits référencés pour le distributeur et le producteur (ressource 1, fiche outil 1).**

3 **Étudiez l'élasticité de la demande par rapport au prix pour le produit soin ultra-nourrissant (ressources 2 et 3, fiche outil 1).**

4 **Évaluez l'incidence de l'action promotionnelle sur la marge globale avant et pendant l'action promotionnelle pour le producteur et le distributeur. Analysez vos résultats.**

5 **Précisez si cette action doit être reconduite et évaluez son impact dans les relations avec le distributeur.**

6 **Proposez des actions conjointes avec votre distributeur afin de dynamiser la présence de votre marque dans le point de vente.**

Ressource 1 Produits référencés

Savon d'Alep	Soin ultra-nourrissant
• PVC* : 5,90 € TTC. • Coefficient multiplicateur proposé au distributeur : 2,4. • Coût de revient producteur : 1,13 € HT.	• PVC* : 9,90 € TTC. • Coefficient multiplicateur proposé au distributeur : 2,4. • Coût de revient producteur : 1,87 € HT.

* PVC : prix de vente consommateur.

Ressource 2 Note du manager Beauté Naturalia à votre attention

Au bout de deux mois de référencement du produit soin ultra-nourrissant, je constate qu'il n'atteint pas les objectifs fixés (300 unités par mois). Nous nous retrouvons donc avec un stock important qu'il nous faut écouler. Aussi, nous souhaitons réaliser une opération promotionnelle conjointe à hauteur d'une réduction de 2 € TTC sur le PVC à destination de la clientèle du point de vente.

En tant que producteur, nous vous proposons de participer à cette opération dans le cadre des accords de référencement conclus avec la centrale, à hauteur d'une remise de 0,75 € sur le prix d'achat.

Ressource 3 Résultats de l'opération promotionnelle sur le soin ultra-nourrissant

	Avant l'offre promotionnelle	Après l'offre promotionnelle
Prix de vente	9,90 €	7,90 €
Quantités vendues	189 unités	257 unités

Synthèse 2

RETENIR AUTREMENT
AUDIO
foucherconnect.fr/22rcar06

1. Le processus d'achat en BtoB

Dans le cadre d'un processus d'achat en BtoB, la relation commerciale d'entreprise à entreprise s'ancre dans la durée, notamment par la conclusion d'un partenariat. Aussi est-il important d'accompagner le client tout au long de son processus de décision, de la recherche du besoin au contrôle et au suivi. Cet accompagnement doit permettre au commercial d'appréhender et de comprendre la réflexion puis la décision du client et de s'y adapter.

Reconnaissance du besoin → Description du besoin et rédaction du cahier des charges → Recherche d'informations et de fournisseurs potentiels → Évaluation des alternatives → Sélection du fournisseur et passation de la commande → Contrôle et suivi

Dans le BtoB, la phase de contrôle et de suivi est importante :
- pour le client : cette étape lui permet d'évaluer les performances du fournisseur (gestion de la relation commerciale, satisfaction du besoin, qualité du suivi, etc.) et de décider du maintien ou de l'arrêt de la relation ;
- pour le fournisseur : elle lui permet de vérifier que le besoin de son client est satisfait et de pérenniser la relation.

2. Les accords de référencement

A. Le référencement

Pour les distributeurs, le référencement consiste à vendre dans leurs unités commerciales un produit ou une marque déterminée. Les linéaires en magasin n'étant pas extensibles, ils doivent faire des choix quant aux références qu'ils vont proposer à la clientèle. Ces choix sont effectués en fonction de leur politique de distribution et notamment de leur zone de chalandise.
La décision de référencer peut se réaliser de différentes manières.

Décision centralisée	La décision de référencement est prise en amont par la centrale d'achats ou de référencement du réseau. Les choix sont donc imposés aux points de vente. Les managers n'ont pas de marge de manœuvre, même si une autonomie peut être laissée, par exemple pour les produits frais.
Décision décentralisée	Une partie seulement des référencements est réalisée par la centrale d'achats ou de référencement du réseau. Les managers ont ainsi une autonomie dans leurs choix.
Décision mixte	Le référencement est double : au niveau de la centrale dans un premier temps, puis dans un second temps, au niveau des magasins. Les managers ont ainsi la possibilité de ne pas suivre les choix de la centrale.

Selon l'importance du produit à référencer, la décision de référencement peut être réalisée soit entre les directions commerciales du producteur et la centrale, soit entre un représentant du producteur-fournisseur et un chef de rayon du distributeur.
Afin de préparer au mieux ses échanges avec le distributeur, il est essentiel pour le producteur de connaître le mode de prise de décision.

B. Les accords

Les accords de référencement matérialisent la relation entre le producteur et le distributeur concernant une offre déterminée dans le cadre du référencement conclu.

Ces accords font l'objet d'une négociation entre le producteur (ou de son représentant) et le distributeur, par le biais de la centrale d'achats ou du chef de rayon si le point de vente dispose d'une marge de manœuvre.

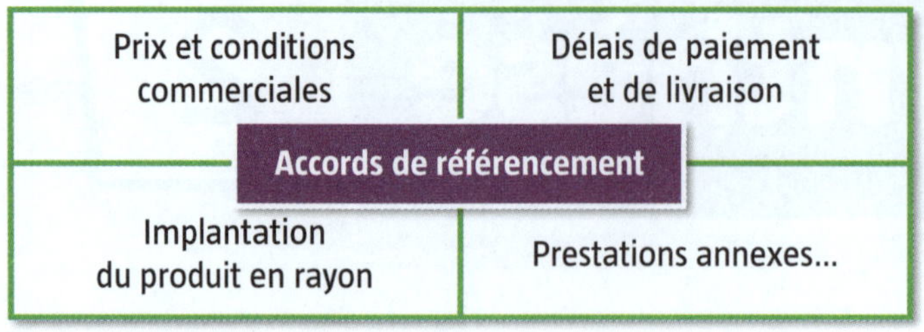

C. Le cadre légal

Lors de la conclusion des accords de référencement, producteur et distributeur doivent respecter le cadre légal imposé par le législateur, notamment :
- le respect des conditions générales de vente (CGV) ;
- le fait que le producteur ne peut imposer un prix de vente au distributeur (il peut néanmoins le conseiller...) ;
- le respect du seuil de revente à perte (SRP).

3. L'application et le suivi des accords de référencement

Afin de développer des relations pérennes avec son distributeur et de satisfaire sa clientèle, le producteur doit assurer un suivi des accords conclus préalablement.

A. Le rôle du commercial/marchandiser

Lors de la commercialisation de son offre chez un distributeur et en fonction de la stratégie sélectionnée, un producteur peut perdre la maîtrise de sa politique commerciale (prix, communication, qualité des conseils à destination de la clientèle...).
C'est pourquoi le rôle du commercial et/ou du marchandiseur s'avère primordial. Sur le terrain, en contact direct avec les distributeurs, il a pour objectif principal de vérifier la bonne application des accords conclus et d'assurer un rôle de conseil.

B. Les outils numériques

Outre la visite du commercial et/ou du marchandiser, l'application et le suivi peuvent être réalisés à partir d'outils numériques tel que l'EDI (échange de données informatisées) qui informe en temps réel le producteur et permet ainsi de suivre l'application des accords et d'évaluer les performances.

C. Le développement de partenariat

Malgré des relations souvent qualifiées de conflictuelles, producteur et distributeur se rejoignent quant à la satisfaction de la clientèle. Le développement d'une relation de partenariat doit permettre d'atteindre cet objectif et de pérenniser la relation. Différentes formes de partenariat peuvent être envisagées : ECR, trade marketing, GPA, category management, etc.
Les enjeux pour le producteur sont nombreux :
- assurer les débouchés commerciaux de l'offre ;
- récolter des informations sur le marché ;
- adapter son offre ;
- améliorer ses performances (CA, quantités vendues, parts de marché...).

MOTS-CLÉS

★ accords de référencement ★ conditions générales de vente (CGV)
★ coopération commerciale ★ marge arrière ★ marge avant ★ seuil de revente à perte (SRP)

voir lexique page 189

3

Implanter les produits sur le lieu de vente

COMPÉTENCE

> Valoriser l'offre sur le lieu de vente

pix

3.1 Développer des documents textuels
3.2 Développer des documents multimédia

CONTEXTE PRO

Biforce
Localisation : Bayonne
Effectif : 6 personnes
CA : 2,1 M€

Biforce, PME implantée à Bayonne, a été créée par quatre amis passionnés de sport de montagne : Marine Duclo, Karim Vitam, Jean Brasso et Mina Boira. L'entreprise, qui commercialise des boissons énergétiques pour les sportifs, se fournit auprès de sous-traitants implantés dans les Pyrénées. Les produits sont commercialisés en grandes surfaces spécialisées dans le sport.

Présente sur le marché depuis une dizaine d'années, l'entreprise Biforce a profité de la croissance fulgurante dans ce secteur. Depuis plus d'un an, le marché tend à se stabiliser, l'offre se structure. Les principales marques aiguisent leurs stratégies de communication. Les linéaires dans les points de vente s'organisent.

Depuis quelques mois, l'entreprise n'atteint plus les objectifs fixés et le chiffre d'affaires baisse. Biforce souhaite revoir l'implantation de son offre dans les linéaires des différents points de vente.

VOTRE OBJECTIF

Vous êtes stagiaire dans l'entreprise Biforce. Vous travaillez avec Jean Brasso, qui s'occupe du référencement chez les distributeurs. Il souhaite renforcer sa présence en grande distribution pour redresser les performances commerciales.

DÉCOUVRIR AUTREMENT

VIDÉO + QUIZ

foucherconnect.fr/22rcar07

MISSIONS & RESSOURCES

MISSION 1 Identifier les techniques d'implantation en linéaire

Face à la baisse du chiffre d'affaires, Jean Brasso souhaite revoir l'implantation des boissons énergisantes chez les distributeurs. Il vous demande de réaliser une étude du linéaire Nutrition sportive.

À RÉALISER

1. Calculez les variables d'optimisation du linéaire Nutrition sportive : linéaire au sol, linéaire développé, *facing* de la bouteille de la marque A et nombre de bouteilles de la marque A au niveau 3, sachant qu'elles seront implantées sur cinq rangées. RESSOURCES 1, 2
2. Expliquez les différentes valeurs des niveaux de présentation d'un linéaire, puis justifiez l'éventuelle pertinence du choix de réimplantation de Biforce en rayon. RESSOURCES 3, 5, 9
3. Indiquez les éléments à prendre en compte, autres que les ventes réalisées, pour allouer de l'espace aux produits dans le rayon. RESSOURCES 2, 5

MISSION 2 Négocier une nouvelle implantation en rayon

Suite aux résultats de votre étude, et afin d'améliorer les performances commerciales des boissons Biforce, Jean Brasso envisage une nouvelle implantation de votre offre au sein des points de vente distributeurs de la marque, et notamment au sein de l'enseigne Go Sport avec laquelle vous avez noué un partenariat. Il vous propose de l'accompagner dans cette future négociation avec Mme Ethève, cheffe de rayon.

À RÉALISER

4. Concevez un plan de découverte avec dix questions afin de découvrir les besoins de Mme Ethève. RESSOURCES 1 à 8
5. Proposez une implantation afin de valoriser les boissons Biforce. RESSOURCES 2 à 5
6. Rédigez un argumentaire sous forme de CAP en direction de la cheffe de rayon, afin de proposer cette nouvelle implantation en rayon. RESSOURCES 2 à 5, 10
7. Préparez le traitement de trois objections auxquelles vous pourriez être confronté(e) lors de l'entretien. RESSOURCES 2 à 5, 10

MISSION 3 Proposer des moyens de promotion de l'offre dans le point de vente

Afin de compléter l'action de Biforce, Jean Brasso vous demande de vous occuper de l'animation commerciale de la marque chez les distributeurs. Dans ce cadre, vous avez contacté une agence spécialisée dans la communication sur le lieu de vente.

À RÉALISER

8. Indiquez les enjeux pour l'entreprise d'occuper une tête de gondole et un îlot promotionnel. RESSOURCE 6
9. Justifiez la pertinence d'utiliser l'information sur le lieu de vente (ILV) et la publicité sur le lieu de vente (PLV) afin de promouvoir l'offre dans un rayon. RESSOURCE 7
10. Préparez, à l'aide d'un logiciel adapté, la maquette d'une PLV pour l'entreprise afin de valoriser les produits Biforce (au choix : affiche, dépliant, vidéo ou présentoir).
11. À partir d'un diaporama, présentez trois actions qui mettraient en valeur le produit en rayon. Justifiez et illustrez chacun de vos choix avec des exemples. RESSOURCES 6 à 9

RESSOURCE 1
Les variables à prendre en compte pour optimiser la gestion d'un rayon

NOTION

Un linéaire peut s'analyser en utilisant plusieurs indicateurs.
- Linéaire au sol : longueur de présentation totale occupée par un produit dans un rayon sur un niveau et exprimé en mètres linéaires.
- Linéaire développé : longueur totale occupée par un produit sur tous les niveaux (LS × nombre de niveaux) et exprimé en mètres linéaires.
- Frontale ou *facing* : surface visuelle totale occupée par un produit dans un rayon ou nombre de conditionnements d'une même référence vue de face.
- Capacité de stockage : nombre de produits de même dimension pouvant être stockés sur une étagère.

RESSOURCE 2
Extrait du linéaire des BRSA

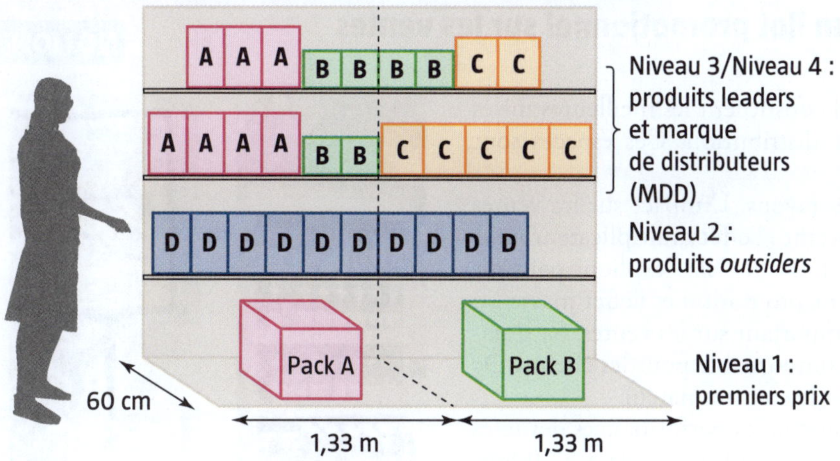

RESSOURCE 3
Les différents niveaux de présentation

NOTION

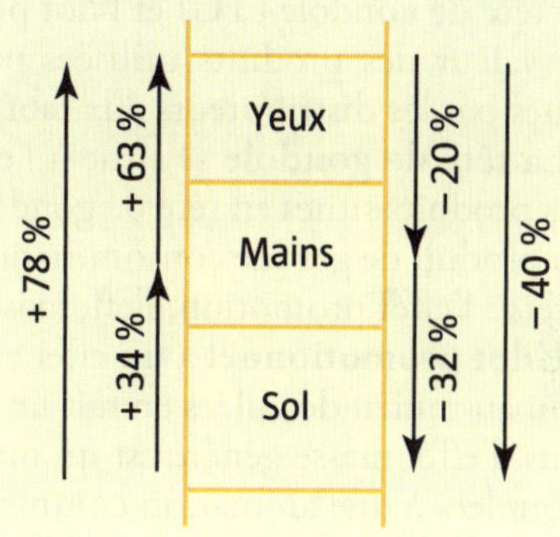

RESSOURCE 4
Les différentes formes de présentation

NOTION

- **Présentation horizontale :** elle consiste à placer une même référence ou une même famille en largeur sur une seule étagère.
Elle offre la possibilité au client de balayer d'un seul regard la totalité de la famille.

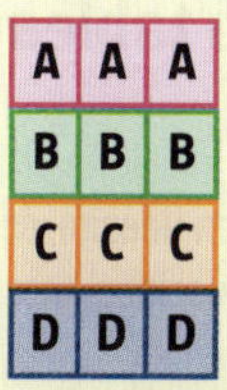

- **Présentation verticale :** elle consiste à présenter les produits d'une même famille les uns en dessous des autres sur toutes les étagères.
Cette présentation est la plus utilisée car elle donne un effet de masse et freine le client en l'obligeant à parcourir des yeux toute la hauteur de la gondole pour y découvrir le produit recherché. Cela permet au client de voir tous les produits dont l'achat n'était pas prévu.

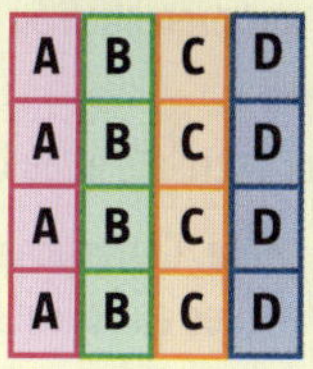

RESSOURCE 5 Interview de Mme Delaize, responsable d'un supermarché à Bayonne

Mme Delaize : L'implantation des produits dans un rayon est souvent réalisée à partir d'un planogramme fourni par les centrales d'achats de l'enseigne. Ils sont élaborés à partir d'analyses de la clientèle, de la concurrence et des chiffres. La logique d'implantation se fait en fonction des ventes, mais surtout des marges dégagées. Depuis 2005, les marques de distributeurs perdent du terrain face aux marques de fabricants. Ces derniers pratiquent de plus en plus de baisses de prix et de promotions et génèrent des marges importantes pour les magasins. Il est donc souhaitable de les mettre en avant dans les linéaires pour gagner des parts de marché. Les produits leaders des fabricants qui se vendent le mieux (Coca-Cola par exemple) sont rarement bien placés en linéaire car les marges réalisées par les distributeurs sont faibles. Comme ces produits sont référencés par l'ensemble des points de vente, une concurrence sur les prix est difficile. De plus, comme ce sont des produits connus et recherchés, un client qui vient dans un magasin pour en acheter n'hésitera pas à les rechercher dans les linéaires. Les premiers prix, produits de qualité médiocre et peu chers, ne sont pas mis en valeur car les enseignes gagnent peu d'argent. Une enseigne peut néanmoins décider de mettre ces produits en avant comme produits d'appel. Enfin, les produits *outsiders* des fabricants, qui se vendent moins bien que les produits leaders mais qui génèrent une marge plus importante, sont assez bien placés en linéaire. Au final, le gestionnaire applique les recommandations données par la centrale mais il peut apporter quelques modifications en fonction du niveau des stocks, de la saisonnalité et de la taille du produit.

RESSOURCE 6 L'impact d'une tête de gondole et d'un îlot promotionnel sur les ventes

NOTION

La tête de gondole (TG) et l'îlot promotionnel constituent les meilleures mises en valeur des produits utilisées par la grande distribution. Ces espaces sont loués par les distributeurs aux fabricants.

- **La tête de gondole** se situe à l'extrémité des rayons. L'impact sur les ventes des produits situés en tête de gondole est important : l'effet multiplicateur pour un produit de grande consommation peut être de 3 à 5. Cela s'explique par trois effets : l'effet promotion, l'effet visibilité produit/promotion et l'effet masse.
- **L'îlot promotionnel** a un effet encore plus important sur les ventes. Sa situation au milieu des allées en fait un élément incontournable pour les clients. De plus, l'effet masse généré est un moyen d'attirer le consommateur.

Couplées à une animation commerciale en magasin, les performances des têtes de gondole et des îlots promotionnels peuvent être multipliées de 5 à 10 fois. Les animations commerciales sont généralement réalisées les jours d'affluence par des entreprises spécialisées. Le plus souvent financées par les marques des producteurs, elles permettent d'influencer le comportement du consommateur dans son acte d'achat.

RESSOURCE 7 Votre tableau comparatif sur PLV et ILV

PLV = publicité sur le lieu de vente. Désigne l'ensemble des moyens de communication servant à valoriser les marques en magasin.
Différentes formes : affiches, vidéos en linéaire, écrans de caisse, affichages chariots, stop rayon, PLV portique, mobilier et présentoirs, annonces magasins sur les radios d'enseigne, écrans et bornes interactives, dépliants, etc.
Objectif de la PLV :
- informer le consommateur sur une promotion ou lui faire découvrir un nouveau produit ;
- développer la notoriété, l'image ;
- servir de support à une offre commerciale et/ou une animation.

ILV = information sur le lieu de vente. Correspond à tous les éléments signalétiques présents sur le lieu de vente. Son but est d'orienter et de donner des informations pratiques aux clients potentiels.
À la différence de la PLV, l'ILV ne met pas en avant une marque ou les avantages d'un produit, elle est placée de façon permanente.

 # vidéo
Tu sais quoi de la signalétique ? ILV/PLV - 2,28 min
foucherconnect.fr/22rcar08

RESSOURCE 8 Biforce, le coup de boost des sportifs

Biforce est une boisson énergétique idéale dans la pratique d'un sport intense (course à pied, vélo, musculation…). Celle-ci permet de lutter contre la fatigue et la déshydratation durant l'effort, mais aussi de reconstituer les réserves de glucose lors des exercices d'endurance.
Elle contient principalement des ingrédients naturels :
- de l'eau pour la réhydratation ;
- du sucre à assimilation rapide ou lente selon le type d'effort ;
- des sels minéraux (sodium, potassium, magnésium…) ;
- des vitamines B (pour la production d'énergie) ;
- des antioxydants (de la vitamine C généralement).

Pour plus de plaisir, Biforce se décline en deux variétés : gingembre/citron vert et mandarine/pamplemousse. Ces saveurs délicieusement acidulées et fruitées en font une boisson très rafraîchissante, au goût naturel et peu sucré (8 g par canette soit 35 kcal).
Enfin, le design de la canette est très original, ce qui a tendance à attirer l'œil des clients.

RESSOURCE 9 Enquête réalisée sur les consommateurs de boissons énergisantes dans la région Nouvelle-Aquitaine

L'enquête a été réalisée il y a six mois sur un échantillon de 1 000 personnes résidant dans la région Nouvelle-Aquitaine où est implantée l'entreprise Biforce. L'objet de ce sondage était la consommation des boissons énergisantes dans le sport et notamment les facteurs qui l'influencent. Voici les résultats :
- Biforce est encore peu connue, arrivant en 8e position après des entreprises concurrentes qui arrivent en tête comme Redbull, Monster, Isostar et Powerade.
- 72 % des sondés consomment deux fois par semaine ce type de boissons et 10 % plus de quatre fois.
- Alors que 49 % des individus en consomment pour le sport, voire les loisirs, 32 % y ont recours pour étudier.
- 85 % des consommateurs déclarent que la variété des saveurs et le goût de la boisson sont des facteurs influençant leur choix de marque, contre 5 % qui sont indifférents. De plus, 86 % d'entre eux indiquent qu'un emballage et une présentation en rayon attrayants sont des éléments importants à leurs yeux.
- Enfin, ils sont aussi majoritairement très à l'écoute des recommandations des athlètes, ce qui va influencer leur décision d'achat.

RESSOURCE 10 Les Energy Drinks ont le vent en poupe

Les ventes de canettes ont enregistré une hausse record de 5,6 % en 2020 en France. Un chiffre qui s'explique notamment par le confinement et les vertus écologiques de cet emballage.
6 milliards. C'est le nombre de canettes vendues en 2020 et produites dans les 28 usines implantées dans l'Hexagone. Un record pour la filière qui voit tous ses formats en progression par rapport à 2019. « + 7,6 % de ventes en volume pour les 25 cl, + 6,6 % pour les 33 cl, + 3 % pour les maxi-formats de 50 cl et + 1,3 % pour les minis de 15 cl. », est-il écrit dans un communiqué du groupe d'intérêt économique (GIE) La Boîte boisson, publié en mars 2021. Les ventes ont ainsi progressé de 5,6 % avec une croissance particulièrement importante pour les boissons non alcoolisées – qui représentent près de 60 % des ventes (+ 7,3 de ventes) – notamment pour les canettes de boissons énergisantes. […] Pour s'adapter à la demande, la filière n'a pas cessé de produire depuis le début de la pandémie […]. Un développement qui représenterait 80 millions de canettes en France, selon une étude La Boîte boisson/M2SM Conseil, d'ici 5 ans.

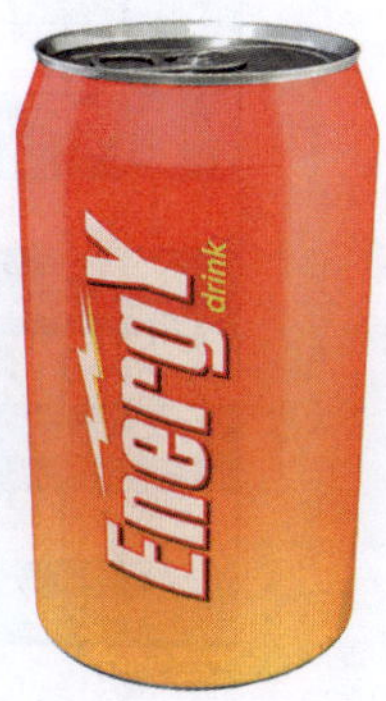

www.challenges.fr, Eugénie Barba, 19.04.2021

ENTRAÎNEMENT

SE TESTER

QUIZ

foucherconnect.fr/22rcar09

EXERCICE 1

Vous avez été embauché(e) en tant qu'assistant(e) merchandiser dans l'entreprise Fournitureplus, qui commercialise des fournitures scolaires dans la grande distribution. Afin de préparer la rentrée scolaire, Mme Gabin, merchandiser pour l'offre papeterie, vous demande de travailler sur les produits « classement » dans l'hypermarché Okaup d'Épernay (pochettes, protections de documents, classeurs et accessoires de bureau).

1 **Commentez les performances du rayon (ressource 1).**

2 **L'hypermarché Okaup d'Épernay appartient à la catégorie Z2. Vérifiez qu'il respecte bien les préconisations négociées avec la centrale d'achats en calculant la place de chaque famille dans le rayon « classement » (ressources 2, 3).**

Ressource 1 **Évaluer la performance du rayon « classement »**

	Marché	Réseau Okaup	Okaup Épernay
Évolution du CA N/N-1	+ 3,2 %	+ 5,1 %	+ 1,3 %
CA/MLD		90 000 €	73 150 €

MLD : mètre linéaire développé.

Ressource 2 **Extrait de l'étude de géomerchandising**

Répartition par mètre linéaire au sol (MLS) conseillée selon la catégorie pour le rayon permanent.

Catégorie	Pochettes	Protections de documents	Classeurs	Accessoires de bureau
Z2	25 %	15 %	30 %	30 %

Ressource 3 **Plan de masse du rayon « classement »**

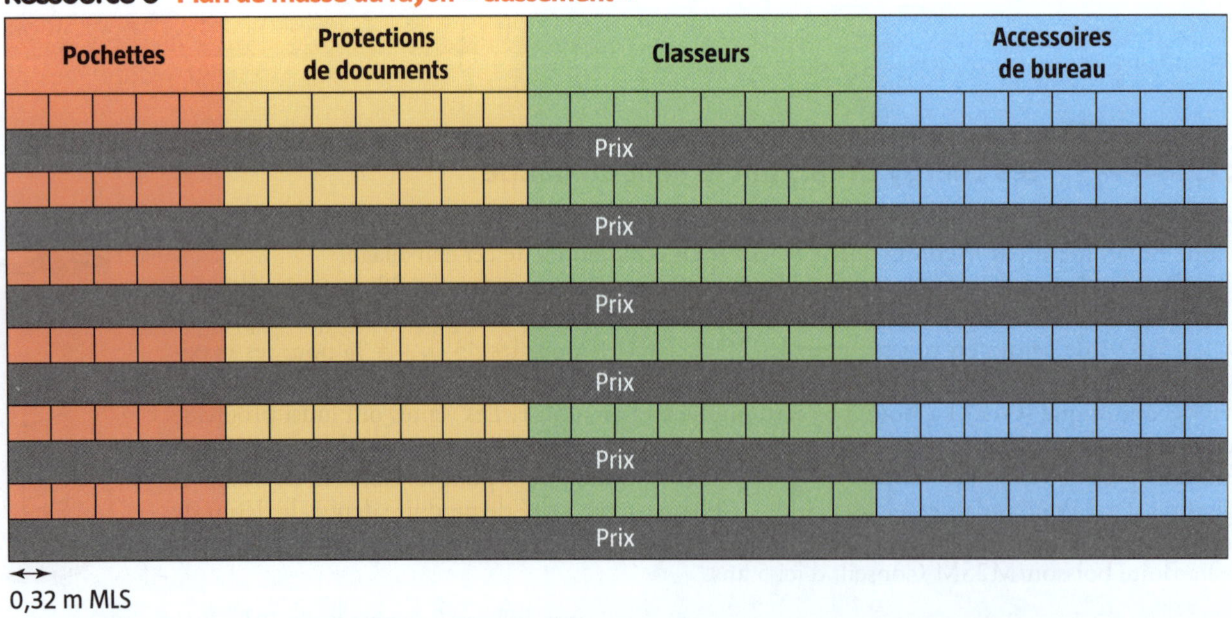

ENTRAÎNEMENT

EXERCICE 2

Salarié(e) en tant que merchandiser dans l'entreprise Cérécomplet, qui vend des produits céréaliers sous les marques Cérégood et Déjeunbisco, vous êtes chargé(e) de travailler sur les performances de la sous-famille biscottes dans le linéaire « biscottes et pains grillés » du supermarché Filchamps de Rouen.

1 Évaluez les performances du linéaire (ressources 1, 2).

2 Analysez les performances des marques Cérégood et Déjeunbisco, marques appartenant à l'entreprise (ressource 1).

Ressource 1 Performances du linéaire « biscottes et pains grillés » de janvier à mai

Désignation	Exposition			Résultats				
	Nb de *facing*	MLD	Répartition MLD (en %)	Nb d'unités vendues (milliers)	PVHT	CA (milliers d'€)	Répartition CA (en %)	CA/MLD (milliers d' €)
Biscottes Odelicious				50	1,9			
Biscottes Briobon				60	2,13			
Biscottes Betterbis				25	1,9			
Biscottes Cérégood				30	1,8			
Biscottes Déjeunbisco				15	1,15			
Biscottes MDD Filchamps				14	0,90			
Biscottes Crousticious				12	1,1			
Biscottes Ruskbon				35	1,55			
Total				241				

Ressource 2 Planogramme du linéaire « biscottes et pains grillés »

Biscottes Betterbis	Tartines croustillantes	Tartines croustillantes	Tartines croustillantes	Tartines croustillantes
		Prix		
Pains grillés	Pains grillés	Biscottes Ruskbon	Biscottes Ruskbon	Biscottes Ruskbon
		Prix		
Pains grillés	Pains grillés	Biscottes MDD Filchamps	Biscottes MDD Filchamps	Biscottes MDD Filchamps
		Prix		
Biscottes Odelicious	Biscottes Odelicious	Biscottes Odelicious	Toasts briochés	Toasts briochés
		Prix		
Biscottes Odelicious	Biscottes Cérégood	Biscottes Déjeunbisco	Toasts briochés	Toasts briochés
		Prix		
Biscottes Briobon	Biscottes Briobon	Petits Pains grillés	Biscottes Crousticious	Petits Pains grillés

← 0,32 m MLS →

ENTRAÎNEMENT

EXERCICE 3

Créée en 2019, Mywater commercialise des eaux aromatisées avec des vertus détox, surfant sur la tendance de l'hydratation santé. Se faire du bien et s'hydrater est devenu le crédo de ces boissons agréablement parfumées. Mehdi, le chef de rayon Liquides du supermarché Naturalia, décide de commander les eaux aromatisées que vous lui avez proposées. Vous vous apprêtez maintenant à négocier un emplacement pour vos produits.

1 Évaluez les performances du rayon puis analysez vos résultats (ressource 1).

2 Vous envisagez une implantation en zone chaude et verticalement. Indiquez les avantages de cette implantation (ressources 1, 2, 3).

3 Réalisez un argumentaire sous forme de CAP avec cinq arguments pour défendre votre proposition (ressources 2, 3).

4 Préparez le traitement de trois objections que pourrait vous opposer le chef de rayon.

Ressource 1 Les performances commerciales

	Chiffre d'affaires (en k€)		Marge brute (en k€)	
	20N–1	20N	20N–1	20N
Magasin	3 480	3 940	475	540
Rayon Liquides	931	1 023	114	124

Ressource 2 Agencement de la surface de vente

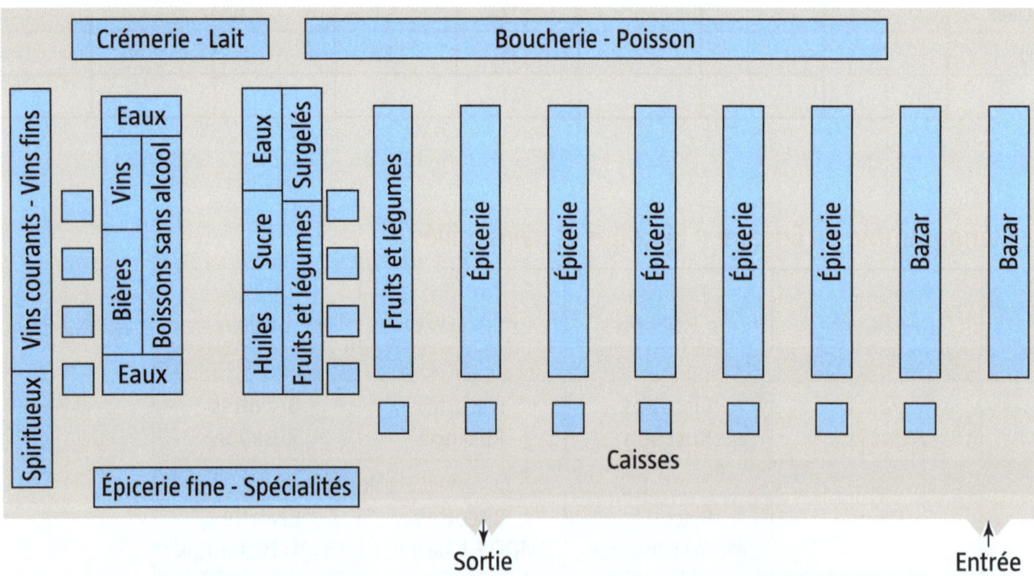

Ressource 3 Rapport de Mehdi, chef de rayon Liquides

Nous devons tenir compte des contraintes et des difficultés de gestion de notre rayon. En effet, les eaux sont présentées dans trois endroits dans notre magasin et leur implantation est difficile : les bouteilles sont vendues en packs entassés les uns sur les autres, souvent éventrés par les clients qui ne prennent qu'une ou deux bouteilles. Au final, la bonne santé du linéaire est un gage d'activité. En effet, le rayon des eaux est générateur de trafic pour nous, en tant que point de vente, puisqu'un consommateur effectue en moyenne 21 actes d'achat par an. L'évolution des goûts devraient offrir de meilleures perspectives.

Synthèse 3

RETENIR AUTREMENT
AUDIO
foucherconnect.fr/22rcar10

1. Identifier les techniques d'implantation en linéaire

A. Les formes de présentation

L'implantation des produits en linéaire a plusieurs objectifs :
- susciter l'intérêt du client ;
- améliorer le confort d'achat ;
- diriger le client avec un balisage des rayons ;
- faire acheter et fidéliser le client.

Pour cela, le point de vente s'appuie sur un mobilier adapté, un balisage clair, la mise en place d'ILV (information sur le lieu de vente) et de PLV (publicité sur le lieu de vente), d'allées larges, propres et non encombrées. De plus, les linéaires doivent être remplis et les produits bien rangés par famille ou sous-famille.
Il existe deux principaux modes d'implantation en linéaire.

Implantation horizontale	Une même référence ou une même famille de produits en largeur sur une étagère.
Implantation verticale	Une même famille de produits les uns en-dessous des autres sur toutes les étagères

L'implantation verticale est la plus utilisée. Elle créé un effet de masse et freine le client en l'obligeant à parcourir des yeux toute la hauteur de la gondole pour y découvrir le produit recherché ; cela lui permet aussi de voir tous les produits dont l'achat n'était pas prévu. Enfin, elle offre la possibilité au client de balayer d'un seul regard la totalité de la famille de produits.

B. Les niveaux de présentation

Le choix du niveau de présentation d'un produit en linéaire est réalisé en fonction du volume des ventes, des marges, des contraintes physiques (ex. : les produits lourds sont au niveau du sol), des négociations commerciales entre les fournisseurs et les distributeurs, etc.
Selon le niveau où sont implantés les produits, les performances commerciales ne sont pas identiques.

Niveau des yeux : Niveau le plus vendeur et le plus rentable : les produits sont dans le champ visuel du client, mais ne sont pas toujours accessibles pour tout le monde. On y place les articles qui ont une forte marge.

Niveau des mains : Niveau qui encourage la prise en mains des produits par le client ; sa rentabilité est moyenne.

Niveau des pieds : Niveau le moins vendeur car le client ne voit pas immédiatement les produits et ne peut pas les saisir facilement car il doit se baisser ; réservé aux produits volumineux avec de gros conditionnements.

C. Les variables d'optimisation d'un rayon

Une fois le rayon implanté, il est important de mesurer son efficacité grâce à plusieurs variables combinées.

Variable	Description	Unité de mesure
Linéaire au sol (LS)	Longueur de présentation totale occupée par un produit dans un rayon sur un niveau.	Mètre linéaire
Linéaire développé	Longueur totale occupée par un produit sur tous les niveaux (LS × nombre de niveaux d'une gondole)	Mètre linéaire
Facing ou frontale	Surface visuelle totale occupée par un produit dans un rayon ou le nombre de conditionnements d'une même référence vue de face par le consommateur sur un ou plusieurs niveaux d'un linéaire dans un point de vente	Nombre de produits ou de packaging ou centimètre linéaire
Capacité de stockage	Nombre de produits de même dimension qui peuvent être stockés sur une même étagère	Nombre de produits

2. Proposer des moyens de promotion de l'offre dans le point de vente

L'implantation des produits dans les points de vente est accompagnée d'actions de communication destinées à la clientèle. Elles visent à promouvoir l'offre.
La tête de gondole (TG) et l'îlot promotionnel constituent les meilleures mises en valeur des produits utilisées par la grande distribution. Ces espaces sont loués par les distributeurs aux fabricants.

A. Les têtes de gondole et l'îlot promotionnel

Les têtes de gondole se situent à l'extrémité des rayons. Elles donnent sur les allées de circulation principales ou centrales. Elles sont réservées aux produits en promotion. Les ventes peuvent être multipliées entre 3 et 5 fois.
L'îlot promotionnel a un effet encore plus important sur les ventes. Sa situation au milieu des allées en fait un élément incontournable pour les clients. De plus, l'effet masse généré est un moyen d'attirer le consommateur.
Couplées à une animation commerciale en magasin, les performances des têtes de gondole et des îlots promotionnels peuvent être multipliées de 5 à 10 fois. Les animations commerciales sont généralement réalisées les jours d'affluence par des entreprises spécialisées. Le plus souvent financées par les marques-producteurs, elles permettent d'influencer le comportement du consommateur dans son acte d'achat.

B. Les ILV

Les informations sur le lieu de vente (ILV) permettent aux clients d'avoir des informations sur l'agencement de la surface de vente (plan de magasin, signalétique). Elles donnent aussi des informations sur les caractéristiques des produits ou des services (fiches produits, conseils d'utilisation, de montage, etc.).

C. La PLV

Elle désigne l'ensemble des moyens de communication pour valoriser les produits en magasin. Elle peut prendre différentes formes avec de nombreux supports utilisés : affiches, écrans de caisse, affichages chariots, stop rayon, écrans et bornes interactives, etc. Ses objectifs sont de faire :
- connaître une promotion, un nouveau produit et/ou service ;
- aimer en développant une image positive du produit ;
- agir en poussant à l'achat.

MOTS-CLÉS

★ animation commerciale ★ facing ★ îlot promotionnel ★ information sur le lieu de vente (ILV) ★ linéaire au sol ★ linéaire développé ★ présentation horizontale ★ présentation verticale ★ publicité sur le lieu de vente (PLV) ★ tête de gondole (TG)

voir lexique page 189

4

Valoriser l'offre sur le lieu de vente

COMPÉTENCE

> Valoriser l'offre sur le lieu de vente

pix

1.1 Mener une recherche et une veille d'information
1.3 Traiter des données
3.1 Développer des documents textuels

CONTEXTE PRO

Douceur du Miel
Localisation : Trouville
Effectif : 10 personnes
CA : 3,30 M€

Douceur du Miel est une PME familiale dirigée par Pierre et Lila Duchemin, spécialisée dans la fabrication de miel bio. Ses produits se déclinent en différentes variétés : acacia, tilleul, châtaignier et miel de forêt. Elle vend ses produits dans sa propre boutique et sur Internet. Apportant un soin tout particulier à sa relation client, Douceur du Miel a réussi à fidéliser une clientèle composée essentiellement de particuliers qui habitent dans le Calvados. Forte de son image régionale et de sa notoriété au niveau départemental, elle a investi dans l'achat de nouvelles ruches, ce qui lui a permis d'augmenter sa capacité de production.

Pierre et Lila Duchemin souhaitent élargir leur marché au niveau national en renforçant la présence de Douceur du Miel dans la grande distribution spécialisée dans le bio.

VOTRE OBJECTIF

Vous êtes stagiaire dans l'entreprise Douceur du Miel. Lila Duchemin vous demande de préparer l'entretien avec le directeur du magasin Biomark, Pierre Micale. Cette rencontre doit permettre de valoriser les miels de l'entreprise dans les points de vente de l'enseigne Biomark.

DÉCOUVRIR AUTREMENT

VIDÉO + QUIZ

foucherconnect.fr/22rcar11

MISSIONS & RESSOURCES

MISSION 1 Analyser l'organisation de la surface de vente

Afin de préparer l'entretien avec Pierre Micale, directeur du magasin Biomark, Mme Duchemin vous demande d'analyser le plan du magasin en question.

À RÉALISER

1. Indiquez les différentes allées : pénétrante, principale et secondaire. RESSOURCE 1
2. Situez l'entrée, l'accueil, les réserves et les caisses. Justifiez vos réponses. RESSOURCE 1
3. Identifiez les différents univers du magasin Biomark. Déduisez-en les zones froides et les zones chaudes. RESSOURCES 1, 2
4. Expliquez l'intérêt pour Douceur du Miel d'identifier les principaux éléments de l'organisation de la surface de vente. Déduisez de votre étude les forces et les faiblesses de l'emplacement des produits de Douceur du Miel dans le magasin. RESSOURCES 1, 2

MISSION 2 Comprendre les enjeux de la valorisation de la gamme du producteur chez le distributeur

Mme Duchemin souhaite que vous travailliez sur les relations entre l'entreprise et son distributeur. Elle vous demande de vous rendre à une conférence sur le merchandising et de lui présenter les applications possibles pour l'entreprise Douceur du Miel.

À RÉALISER

5. Présentez les enjeux pour l'entreprise Douceur du Miel de la valorisation de ses produits sur le lieu de vente. RESSOURCE 3
6. Expliquez pourquoi les intérêts des fabricants et des distributeurs peuvent être divergents en matière de merchandising. RESSOURCE 3
7. Présentez l'intérêt de l'application du géomerchandising pour le distributeur Biomark et l'entreprise Douceur du Miel. RESSOURCE 4

MISSION 3 Évaluer l'importance des facteurs d'ambiance dans l'expérience client

Mme Duchemin vous confie un dossier qui évoque l'importance du merchandising sensoriel dans le comportement d'achat des clients. Ce type de merchandising exploite les facteurs d'ambiance du magasin. Elle vous demande de travailler sur les applications possibles chez le distributeur pour son entreprise afin de développer l'expérience client.

À RÉALISER

8. Présentez le merchandising sensoriel et justifiez son importance dans les points de vente. RESSOURCE 5
9. Proposez des exemples d'application pour l'entreprise Douceur du Miel. RESSOURCE 5

RESSOURCE 1 **Plan du magasin Biomark**

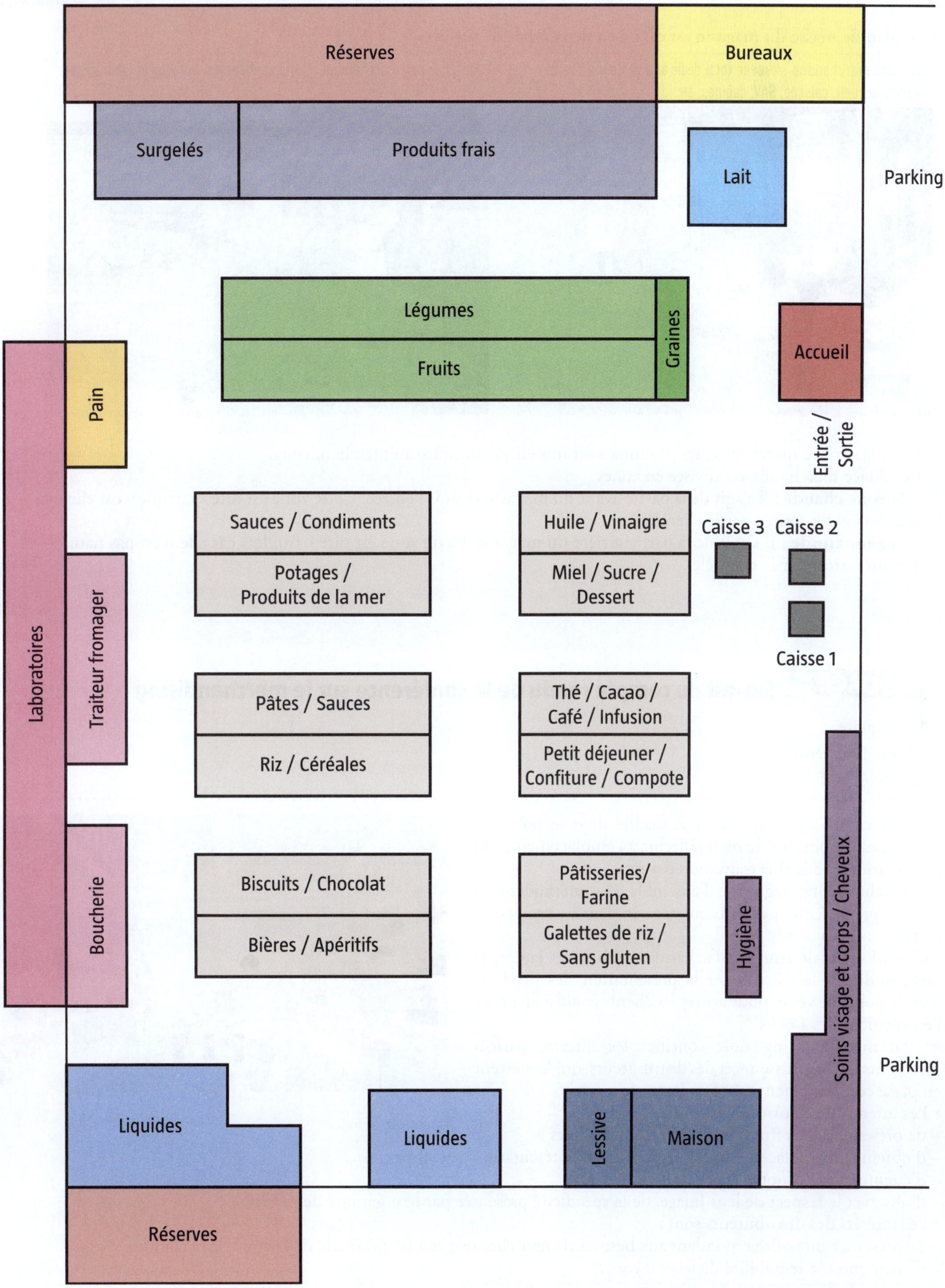

RESSOURCE 2 Le plan de masse

NOTION

• Le plan de masse du magasin est divisé en deux types de surfaces :

Surfaces **marchandes** : espace total dédié à la vente (différents rayons, accueil, caisses, SAV, cabines, etc.).	Surfaces **non marchandes** : parking, réserves, bureaux et laboratoires.

• Dans la surface marchande, les produits sont mis en valeur grâce au merchandising.
• La surface marchande est divisée en zones :
– la **zone chaude** : il s'agit de la partie avant du magasin depuis l'entrée. Cette zone est dite « chaude » car elle est naturellement visitée par la clientèle ;
– la **zone froide** : il s'agit de la partie arrière du magasin. Cette zone est dite « froide » car elle n'est pas naturellement visitée par la clientèle.

RESSOURCE 3 Extrait du compte rendu de la conférence sur le merchandising

De : Stagiaire
À : Mme Duchemin
Date : 06/11/N

➤ Comme un achat sur deux se décide dans le point de vente, il est important de bien réfléchir à l'emplacement, à la présentation et à la théâtralisation des produits.
Le merchandising regroupe l'ensemble des méthodes qui visent à présenter les produits en magasin dans les meilleures conditions possibles.
L'objectif étant de stimuler l'achat d'impulsion et latent, le merchandising sert à soigner la présentation des produits dans le point de vente pour attirer les clients et ainsi favoriser l'écoulement des stocks.
➤ Le merchandising doit concilier les intérêts parfois divergents des fournisseurs et des distributeurs, qui le mettent en place conjointement ou séparément.
• Les intérêts des fournisseurs sont :
– de présenter leur offre et d'écouler leurs produits ;
– d'obtenir un emplacement préférentiel et une présentation attractive ;
– d'augmenter leur notoriété ;
– d'observer le respect de leur image, de la spécificité présentée par leur gamme de produits.
• Les intérêts des distributeurs sont :
– de présenter une offre répondant aux besoins de leur clientèle et à la spécificité de la zone de chalandise ;
– d'augmenter la rentabilité de leurs rayons.

RESSOURCE 4 Notes prises lors de la table ronde sur le géomerchandising

 # vidéo
Le géomerchandising : l'implantation d'une offre marketing - 8,31 min
foucherconnect.fr/22rcar12

→ Qu'est-ce que le géomerchandising ?

Le géomerchandising est utilisé dans les points de vente pour adapter les produits en fonction des attentes de la clientèle et de la zone de chalandise. Il associe les statistiques, le traitement des bases de données clients et cartographiques et les techniques de merchandising. Le distributeur introduit dans ses outils marketing les dimensions spatiales et géographiques.

L'enseigne adapte localement son concept en tenant compte de trois dimensions :

- la superficie : optimiser la rentabilité des mètres carrés ;
- l'assortiment : s'adapter aux attentes des consommateurs locaux ;
- le prix.

→ Les enjeux du géomerchandising

Le distributeur se retrouve face à une problématique de taille : une surface de vente qui évolue peu, des consommateurs qui veulent plus de produits et des fournisseurs qui en proposent de plus en plus. Le géomerchandising apporte une solution efficace en permettant d'avoir le bon produit au bon endroit pour le consommateur local et en proposant une offre personnalisée qui réponde aux besoins du client. Il contribue ainsi à assurer une meilleure rotation des produits et une meilleure rentabilité pour le point de vente.

→ Les fondements du géomerchandising

- Une logistique efficace pour livrer les différents assortiments jusqu'au point de vente.
- Une connaissance précise des clients, qui s'appuie sur les programmes de fidélité.
- Une coopération entre les distributeurs et les fabricants, notamment en termes d'échange d'informations sur les consommateurs, ce qui permet d'adapter localement l'assortiment, le prix et les promotions.

RESSOURCE 5 Les tendances du visual merchandising

NOTION

À l'ère du big data, pas question de bien vendre sans connaître sa cible. […]. Ce, en jouant à la fois sur les outils digitaux pour collecter des données concernant la clientèle, et sur les avancées des neurosciences pour y adapter vitrines, PLV ou visual packaging. En clair ? Tout point de vente doit savoir qui est son consommateur cible, ce qu'il aime, ce qu'il achète, puis travailler l'expérience client afin de répondre à ses attentes spécifiques : sens du parcours, affichage des prix, couleurs dominantes, musique, odeurs… Par exemple ? Une clientèle millennials est sensible au numérique, une clientèle écolo plus attirée par le vert.

[…] Les outils digitaux sont partout, y compris en retail, et incontournables à condition d'être justement dosés. Si la tendance est clairement numérique, le type d'outils utilisés doit dépendre du type de clientèle. PLV numérique, affichage digital, réalité augmentée, QR-code, site internet, 3D, application, écrans tactiles, la palette digitale est vaste, piochez-y avec parcimonie. Et quoi qu'il arrive, adaptez les outils à votre cible en privilégiant l'interaction, les consommateurs vous le rendront bien.

[…] La mode est aux univers épurés, aux ambiances lumineuses, aux décors minimalistes et aux parcours d'achat intuitifs. Le consommateur ne doit sous aucun prétexte chercher une information mal affichée, se noyer dans le fouillis visuel […]. Le graal de la communication visuelle n'est autre que la simplicité : droit au but, qu'il s'agisse du décor ou du parcours, afin d'éviter l'overdose sensorielle. Forcément, puisque quelques secondes suffisent à un client pour prendre la décision d'entrer dans un point de vente et d'acheter un produit… ou non.

À la croisée des tendances, l'éclairage dynamique est un incontournable du visual merchandising… qui met en valeur un bon visual packaging. Le principe est simple, il s'agit d'utiliser les éclairages à bon escient, non plus seulement pour éclairer le point de vente, mais également pour créer une ambiance, mettre un produit en avant et délimiter l'espace. Intensité, couleur, mouvement, orientation ou design des luminaires, tout est bon pour travailler l'atmosphère… sans en faire trop, minimalisme oblige. Pourquoi pas avec des lumières connectées ou interactives, outils digitaux obligent, et en fonction de la clientèle, personnalisation oblige !

Les tendances bio, écolo, nature ou zen se cristallisent toutes dans l'univers végétal, star du visual merchandising. Depuis les teintes végétales jusqu'aux matériaux naturels, avec de véritables plantes ou du faux gazon, toutes les références à la nature répondent à la mouvance actuelle. Cerise sur la PLV, elles adoucissent le recours aux nouvelles technologies, s'accordent à merveille à la tendance minimaliste et aux envies de simplicité, donnent vie au point de vente et apaisent les consommateurs… qui flânent ainsi plus volontiers entre les rayons.

Entre digitalisation massive et retour à la nature, les tendances du visual merchandising comme du visual packaging peuvent paraître contradictoires, mais sont parfaitement complémentaires. Piochez, inspirez-vous et souvenez-vous : à l'ère de la personnalisation, chaque tendance doit être ajustée en fonction du point de vente et de la clientèle.

Marin's International, 15.06.2020.

ENTRAÎNEMENT

SE TESTER

QUIZ

foucherconnect.fr/22rcar13

EXERCICE 1

Vous débutez votre stage dans l'entreprise Rafresh qui commercialise des jus de fruits et des sodas dans la grande distribution. L'entreprise voit ses ventes diminuer de 5 % depuis six mois. Cette contre-performance s'explique en partie par une baisse du marché des boissons rafraîchissantes sans alcool et par une concurrence des produits locaux, bio et sains. Votre responsable vous demande de prendre connaissance de la nouvelle approche pour valoriser le rayon boissons rafraîchissantes sans alcool, proposée par l'un des leaders sur le marché.

1 **Montrez en quoi le plan de merchandising permet d'améliorer l'expérience client (ressources 1, 2).**

2 **Présentez les avantages et les inconvénients pour un distributeur de déléguer la valorisation d'un rayon à un fournisseur (ressource 2).**

Ressource 1 Plan du rayon boissons rafraîchissantes sans alcool

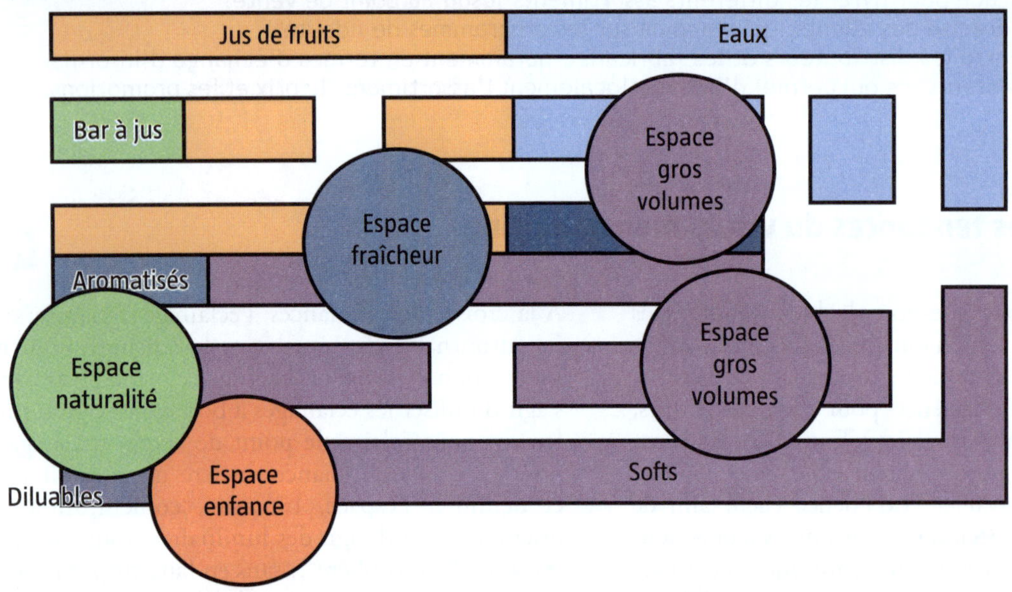

Ressource 2 Réimplantation du marché des boissons rafraîchissantes sans alcool

Le marché des boissons connaît des mutations importantes avec une baisse des ventes pour le segment des colas et une montée en puissance des boissons plus naturelles. Une nouvelle démarche merchandising a été proposée par l'un des leaders du marché.

Le rayon est organisé en U avec, à l'entrée, les boissons aux fruits, les thés, les jus ou encore les eaux aromatisées. Les colas, qui génèrent du trafic, sont placés en fin de parcours.

Des univers dédiés pour améliorer l'expérience client sont mis en place : bar nature, bar à jus, etc.

Désormais, le rayon est agencé comme un circuit avec différents pôles qui correspondent aux attentes des clients : naturalité, petites soifs, espace fraîcheur. On y retrouve aussi des surprises sensorielles avec, par exemple, le bruit de glaçons à l'ouverture d'un frigo. De plus, cette approche propose un espace gros volumes pour répondre aux contraintes de productivité des rayons.

Cette nouvelle réimplantation est guidée par les attentes des consommateurs, révélées par des études présentées par les fournisseurs. Les préconisations et les conseils des industriels permettent aux distributeurs de gagner de 20 à 30 % de productivité. Ainsi, certains fournisseurs livrent les palettes prêtes pour une mise en rayon ; il suffit juste de retirer le film protecteur.

Par ailleurs, la tentation est grande pour chaque fournisseur de pousser en avant ses propres produits. Pour proposer une offre cohérente, certains distributeurs reçoivent tous les fournisseurs en même temps afin de pouvoir confronter les différents points de vue et de mettre en place une implantation optimale.

EXERCICE 2

Vous êtes stagiaire dans l'entreprise M'skin présente sur le marché de la nutricosmétique depuis 5 ans. Cette PME compte 20 personnes. Son activité est la production et la commercialisation de compléments alimentaires sous forme de capsules végétales, pensées par des experts pour les besoins des femmes, sans gluten et sans allergènes et 100 % made in France. Pour l'instant, ces produits sont essentiellement vendus en ligne et la communication repose essentiellement sur les réseaux sociaux (Instagram, Facebook). Grâce aux partenariats avec différents influenceurs, la marque commence à avoir une notoriété de plus en plus importante. L'entreprise souhaite distribuer trois produits en grande et moyenne surfaces dans le rayon parapharmacie :

- J'M complément alimentaire acné et imperfection ;
- J'M complément alimentaire rougeur et sensibilité ;
- J'M complément alimentaire cheveux.

Votre rôle est d'assister la cheffe d'entreprise. Elle vous demande de l'aider dans la préparation de la négociation avec le distributeur de la grande surface.

1 À partir de vos connaissances et des ressources 1 et 2, listez et structurez les différents éléments à préparer pour cette négociation.

2 Exposez les différents moyens qui vont permettre de promouvoir l'offre dans le point de vente et sur lesquels pourra porter la négociation.

Ressource 1 Négocier le référencement avec les distributeurs

Pour un producteur, le référencement des produits en grande distribution consiste à introduire son offre dans l'assortiment du distributeur. La négociation entre les deux partenaires repose sur des éléments clés. Il est primordial de comprendre la stratégie du distributeur et l'environnement concurrentiel dans lequel il évolue, afin d'orienter l'argumentation vers les objectifs du distributeur. Avant d'évoquer la présentation technique du produit, il est intéressant de raconter l'histoire de l'entreprise du producteur et de l'adapter aux spécificités de chaque distributeur. Insister sur la présentation des produits sous l'angle commercial : expliquez à quel besoin répondra l'offre. Le produit déclenchera-t-il un achat d'impulsion ? Quel merchandising conseillerez-vous pour mettre en avant l'offre ? La mise en valeur du packaging est importante dans le cadre de la vente en libre-service. Il faut mettre en avant les atouts de l'offre pour le consommateur (la nouveauté, la proximité, le local, l'éthique…). De plus, si les produits sont déjà référencés, il faut mettre en avant le nombre de point de vente dans lesquels ils sont déjà présents et l'évolution des ventes. La question de la rentabilité est à préparer avec rigueur, la présentation du prix de vente au consommateur devra mettre en avant le coût de livraison, la marge du distributeur, le prix de vente au consommateur. De plus, il est nécessaire de mettre en avant la communication qui accompagnera la commercialisation des produits : quels médias privilégiez-vous ? Réseaux sociaux ? Créateurs de contenus ? L'enjeu est de démontrer que l'offre du distributeur permettra d'attirer et de fidéliser de nouveaux clients, et de gagner de nouvelles parts de marché. Des extraits d'études de marché sont à exploiter surtout si le marché est porteur et en croissance.

Ressource 2 Le marché de la nutricosmétique

Aujourd'hui, le marché de la nutricosmétique représente 5,7 Mds € avec une projection à 8,8 Mds € en 2026, soit une augmentation de 5,5 %. Le leader mondial de la nutricosmétique est l'Asie-Pacifique, avec 35 % des parts de marché. En effet, le Japon est le précurseur de la nutricosmétique, avec une culture de la beauté ancrée dans le quotidien des consommatrices. […] L'Europe se place en deuxième position avec 30 % des parts de marché.

www.culture-nutrition.com, 09.01.2020

ENTRAÎNEMENT

EXERCICE 3

M. Paul Dubois souhaite ouvrir un magasin de meubles et de décoration dans la zone commerciale Cap Saran près d'Orléans, sur un terrain de 8 000 m^2.

1 **Calculez les surfaces prévisionnelles des différents éléments de ce magasin : surface totale du magasin, surface de vente, surface d'exposition, surface libre-service, surface du parking (ressource 1).**

2 **Présentez le plan masse et placez les différents univers de l'exposition et du libre-service, les réserves et les bureaux, l'entrée/sortie, l'accueil, les caisses et la zone de parking (ressource 1).**

3 **Tracez sur ce plan le parcours du client et justifiez le choix de vos implantations (ressource 1).**

4 **Retrouvez les domaines d'application du merchandising sensoriel (ressource 2).**

5 **Expliquez les effets recherchés de l'animation sensorielle par M. Dubois. Indiquez les limites de ces techniques (ressource 2).**

Ressource 1 Données sur l'agencement de la surface de vente

- M. Dubois table sur un CA prévisionnel de 4,40 M€. Selon les chiffres publiés par la presse spécialisée, le chiffre d'affaires moyen au mètre carré estimé pour une GSS d'ameublement est égal à 1 850 €.
- La surface de vente de ce magasin se répartira de la façon suivante :
  – 70 % pour l'exposition. Tous les meubles y seront présentés par univers au sein de pièces entièrement reconstituées pour inspirer la clientèle : meubles de salon (canapés, tables basses, meubles hi-fi), bureaux, salles à manger et cuisines, chambres, dont chambres d'enfants ;
  – 30 % pour le libre-service. Les clients pourront trouver pour chacun des univers tout ce qui va compléter l'ameublement, du petit objet de décoration au tapis, en passant par les lampes, les arts de la table, le textile (rideaux, tissus, linge de lit), l'organisation de la maison (rangements).
- On compte une place de parking pour 31 000 € de CA. On estime qu'une place de parking correspond à 20 m^2 de surface au sol.
- Une surface fixe de 1 800 m^2 est à prévoir pour les réserves et les bureaux.

Ressource 2 Données sur le merchandising de la surface de vente

Afin de créer une ambiance dans son magasin, M. Dubois a fait appel à une société spécialisée dans l'animation sensorielle. Après plusieurs réunions, il décide d'installer un *zoning* musical qui diffusera de la variété française et internationale afin que le client se sente comme chez lui. Une ambiance parfumée avec des odeurs de cuir et de bois sera diffusée dans le coin salon. Enfin, un mur d'images sera installé au fond du magasin afin de mettre en avant les dernières nouveautés.

Synthèse 4

RETENIR AUTREMENT
AUDIO
foucherconnect.fr/22rcar14

1. L'organisation de la surface de vente

A. Le plan de masse

Le responsable d'un point de vente se retrouve avec un ensemble de produits sélectionnés (environ 5 000 références) et un certain nombre de m^2. Sa première étape consiste à organiser son point de vente pour maximiser son efficacité par des actions d'aménagement du plan de masse.
Sur le plan de masse se trouve : l'accueil, l'entrée et la sortie, le plan de circulation avec les différentes allées ainsi que l'organisation par univers.

> L'accueil

L'accueil est le premier élément de la construction de la relation commerciale.
L'entrée du magasin doit avoir une taille suffisante pour gérer au mieux les flux d'entrée et de sortie des clients. Le consommateur ayant une tendance à tourner à droite lors de son entrée, on y placera donc les produits à forte marge qu'il ira voir dès son arrivée (électronique, télévision, hi-fi, ordinateurs, bijoux).

> Les allées

La circulation des clients s'effectue au sein de quatre types d'allées.

Allée pénétrante	Allée par laquelle les clients entrent dans le magasin : c'est la plus large du point de vente.
Allée principale ou centrale	Allée de circulation se situant au centre du magasin : elle traverse de part et d'autre le magasin ; on y place les promotions en tête de gondole.
Allée secondaire	De dimension puis réduite, elle se situe entre deux rayons et donne accès à une famille de produits.
Allée périphérique	Elle permet de faire le tour et de se rendre au fond du magasin.

Le client est guidé dans son parcours en suivant le balisage mis en place pour retrouver les différents rayons.

B. Les zones chaudes et froides

Les produits présents dans un magasin n'ont pas tous la même rotation. Pour tous les points de vente, le problème est identique : il se crée naturellement des zones qui regroupent des articles qui attirent naturellement les clients (zones chaudes) et d'autres où les passages ne sont pas systématiques (zones froides). L'objectif de l'implantation du point de vente est de répartir zones chaudes et zones froides et de faire passer les clients devant un maximum de linéaires sans qu'ils aient l'impression de suivre un circuit.

C. La circulation du client et l'organisation par univers

Dans le circuit classique d'un client, on trouve :
- au début du parcours : les achats réfléchis car le caddie n'est pas plein, l'esprit est libre et les clients ne sont pas stressés ;
- au milieu du parcours : les achats courants, le client suit sa liste, l'esprit est plus occupé ; il pourra cependant se laisser tenter par des produits nouveaux ou des promotions ;
- en fin de parcours : les achats d'impulsion, les courses sont terminées, le client a de nouveau l'esprit plus libre et est réceptif à de petites folies en poursuivant jusqu'aux caisses.

On retrouve dans les magasins un agencement par univers de produits. Les produits ne sont plus éclatés dans différents rayons mais déplacés et rapprochés, créant ainsi différents univers : bricolage, sport, etc.

2. Les enjeux de la valorisation de la gamme du producteur chez le distributeur

A. Le merchandising

Le merchandising permet la valorisation des produits dans le point de vente. Il correspond à l'ensemble des méthodes qui visent à présenter les produits en magasin dans les meilleures conditions. Ces méthodes sont mises en place par les producteurs et les distributeurs conjointement ou séparément.

B. Les enjeux du merchandising

Les distributeurs et les producteurs n'ont pas tout à fait les mêmes objectifs, mais ils utilisent des techniques complémentaires pour maximiser l'efficacité de la présentation de l'offre.

Les objectifs du producteur

- Obtenir des emplacements préférentiels
- Accroître la rotation et l'écoulement des produits
- Être choisi plutôt que les produits concurrents

Les objectifs du distributeur

- Présenter une offre répondant aux besoins et attentes de ses clients en tenant compte de la spécificité de la zone de chalandise
- Augmenter le panier moyen et la marge réalisée par client
- Éviter une trop forte dépendance vis-à-vis des producteurs

C. Le géomerchandising

Le géomerchandising est une technique de géomarketing utilisée par les points de vente qui consiste à adapter les assortiments en fonction des spécificités de la zone de la chalandise : catégories socioprofessionnelles, type d'habitat, habitudes de consommation.
Les producteurs et les distributeurs s'appuient sur le géomerchandising pour valoriser l'offre dans le point de vente.

3. L'importance des facteurs d'ambiance dans l'expérience client

La mise en place de facteurs d'ambiance contribue à améliorer l'expérience client et favorise l'achat. Ils participent donc à l'augmentation du chiffre d'affaires. Ces facteurs d'ambiance visent à utiliser nos cinq sens dans le but de vendre.

Visuels produits Balisage magasins

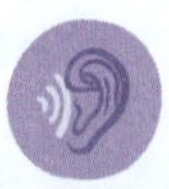

Ambiance sonore

Packaging Essais de produits

Ambiance olfactive

Dégustations de produits

MOTS-CLÉS

★ allée pénétrante ★ allée principale (ou centrale) ★ allée secondaire ★ géomerchandising ★ merchandising ★ merchandising sensoriel ★ théâtralisation de l'offre ★ zone chaude ★ zone froide

voir lexique page 189

5

Identifier les stratégies de développement du réseau

COMPÉTENCE

> Développer la présence dans le réseau de distributeurs

pix

1.1 Mener une recherche et une veille d'information
1.3 Traiter des données
3.2 Développer des documents multimédia

CONTEXTE PRO

Bon&Sain SARL
Localisation : Moisselles
Effectif : 15 personnes
CA : 350 000 €

Bon&Sain s'engage à fabriquer des produits respectueux des qualités gustatives et écologiques. Le référencement de ses yaourts, puis de ses fromages et de son lait, au sein d'un grand réseau de distribution spécialisé en produits bio, a permis à l'entreprise d'accroître ses ventes et sa notoriété.

Les succès récents de l'entreprise confortent Mme Warda, directrice de l'entreprise, dans sa volonté de développer la présence de Bon&Sain sur le marché. Il a été décidé par l'entreprise qu'elle devait garder le contrôle total de son développement, ce qui écarte de ce fait toute ouverture vers des partenaires extérieurs.

VOTRE OBJECTIF

Diplômé(e) d'un BTS NDRC et fort(e) d'une première expérience réussie en tant que commercial(e), vous avez été recruté(e) afin d'accompagner le développement du réseau de l'entreprise avec Mme Valaux, la responsable commerciale.

DÉCOUVRIR AUTREMENT

VIDÉO + QUIZ

foucherconnect.fr/22rcar15

MISSIONS & RESSOURCES

MISSION 1 Sélectionner une stratégie de développement

Suite à la participation du service commercial à une conférence ayant pour thème le développement des entreprises, il a été décidé, lors de la réunion commerciale qui a suivi, de choisir une solution de développement parmi les trois suivantes : ouvrir un point de vente physique au nom propre de l'entreprise, créer un site de e-commerce ou accroître la force de vente interne afin de développer le référencement des produits chez les distributeurs.

À RÉALISER

1. Indiquez pour chaque solution de développement le type de réseau auquel serait rattachée l'entreprise. RESSOURCE 1
2. Justifiez les intérêts et les limites pour l'entreprise d'opter pour chacune de ces trois solutions. Présentez vos justifications sous forme de tableau. RESSOURCES 1 à 4
3. Sélectionnez une solution de développement et justifiez votre choix.

MISSION 2 Organiser le projet

Le service commercial a décidé d'opter pour votre solution, cohérente et respectueuse des objectifs de développement de l'entreprise. Vous intégrez donc l'équipe projet et avez pour objectif de préparer l'organisation de cet événement.

À RÉALISER

4. Réalisez le tableau d'ordonnancement du projet. FICHE OUTIL 2
5. Construisez le diagramme de Gantt. FICHE OUTIL 3
6. Déterminez les jalons et la durée totale du projet. FICHE OUTIL 2

MISSION 3 Envisager un développement international

Les succès de l'entreprise ont amené Mme Warda à s'interroger sur un éventuel développement à l'international. Vos compétences d'analyse reconnues, vous avez pour mission d'appuyer Mme Valaux dans l'élaboration du dossier d'étude.

À RÉALISER

7. Présentez sous forme d'une note structurée les avantages et les limites d'une internationalisation de l'entreprise. RESSOURCES 5 à 7
8. Conseillez l'entreprise dans sa décision de se développer à l'international.

RESSOURCE 1 Les différents types de réseaux

NOTION

• **Le réseau intégré :** l'ensemble des points de vente appartient à la tête de réseau, qui assume les fonctions de gros et de détail. La centrale d'achats commune au réseau approvisionne tous les points de vente. On parle de réseau succursaliste. L'ensemble du personnel est salarié.

• **Le réseau associé :** les unités commerciales qui composent le réseau sont financièrement et juridiquement indépendantes. Il s'agit de l'association de commerces indépendants.

Il existe différentes formes de réseaux associés, dont :

– le **groupement de commerçants** : association de commerçants dans le cadre d'une politique d'enseigne afin d'effectuer des achats en commun, de bénéficier d'actions commerciales communes ;

– la **chaîne volontaire** : association entre grossistes et commerçants indépendants en vue d'assurer les fonctions de gros et ainsi de bénéficier de conditions avantageuses. Les commerçants adhérents au réseau ont pour obligation de s'approvisionner pour tout ou partie de leurs achats auprès du grossiste ;

– la **franchise** : contrat par lequel un franchiseur autorise un franchisé à exploiter son enseigne, son savoir-faire, son offre, en contrepartie d'une compensation financière ;

– la **concession** : contrat par lequel un concédant concède à un concessionnaire le droit de commercialiser son offre. Le concessionnaire bénéficie d'une exclusivité géographique.

• **Le réseau mixte :** des unités commerciales de type succursaliste cohabitent avec des unités commerciales indépendantes relevant du commerce associé.

RESSOURCE 2 Les règles d'urbanisme commercial

NOTION

Le développement des grandes surfaces, l'évolution des TIC (technologies de l'information et de la communication) et du comportement d'achat des consommateurs amènent régulièrement le législateur à adapter la législation commerciale.

Afin d'implanter ou d'agrandir une unité commerciale dont le seuil est supérieur à 1 000 m², un projet doit être déposé et soumis à la CDAC (Commission départementale d'aménagement commercial), qui dispose d'un délai de deux mois pour se prononcer à compter de la saisine. C'est une commission paritaire composée de cinq élus locaux et de trois personnalités qualifiées en matière de consommation, d'aménagement du territoire et de développement durable. Elle a pour mission de se prononcer sur les effets du projet en matière d'aménagement du territoire, de développement durable et de protection de l'environnement.

En cas d'avis défavorable, un recours est possible auprès de la CNAC (Commission nationale d'aménagement commercial), qui dispose alors d'un mois pour donner son avis.

Le cas particulier des drives : en 2014, le législateur est intervenu afin d'encadrer leur développement. Ainsi, la loi ALUR (loi pour l'accès au logement et un urbanisme rénové) soumet à autorisation d'exploitation commerciale tout agrandissement ou création de surface.

RESSOURCE 3 Covid : 2020 ou la consécration de l'omnicanal

Selon le Baromètre 2019 « Croissance & Digital » de l'Acsel, l'an dernier, la moitié des commerçants ne disposait pas de boutique en ligne et, ceux qui en possédait une, la considérait comme concurrente de leur boutique physique. La pandémie de Covid-19 et ses conséquences ont eu raison de cette idée puisque 65 % des commerçants considèrent désormais que le digital ne s'oppose plus au magasin physique, soit 12 points de plus que l'an dernier. […]

Le digital s'est en effet imposé en quelques mois comme un levier de résilience : alors que pendant le premier confinement, ce canal était le seul disponible pour les commerces non-essentiels, dès leur réouverture, de nouveaux dispositifs comme le click & collect se sont largement déployés. […]

Pour résister à la crise, les marchands ont dû proposer de nouveaux parcours d'achat pour répondre à l'évolution des attentes de leurs clients. Ils se sont ainsi engagés dans une logique de commerce intégré et non plus siloté, plus en phase avec les nouveaux usages. Le baromètre 2020 « Croissance & Digital » révèle ainsi que, pour résister à la crise, les entreprises ont davantage utilisé les réseaux sociaux et près de la moitié d'entre elles ont redéfini leur stratégie en matière de e-commerce pour accroître les ventes en ligne. […]

Le numérique est pourtant un facteur de croissance décisif pour toute entreprise. Demain, nous ne parlerons plus de e-commerce d'un côté et de commerce physique de l'autre, mais bien de commerce tout court ! […]

journaldunet.com, Alexandre Eruimy, 29.12.2020

RESSOURCE 4 Deuxième compte rendu réalisé sur l'évolution du rôle des commerciaux

De : Service commercial de Mme Valaux

À : Mme Valaux, responsable commerciale

Objet : Compte rendu (retranscription écrite) de la conférence / Focus sur l'évolution du rôle des commerciaux

La digitalisation de la relation client questionne le rôle des commerciaux et notamment leur utilité sur le terrain.
Et si nous pouvions nous en passer ?
Trois sujets majeurs : le rôle du commercial, la valeur ajoutée et la suffisance.

- Le rôle du commercial : la digitalisation induit un accès aisé à l'information. Les clients disposent d'autant d'informations que le commercial. Ce constat doit donc inciter ce dernier à changer son approche et ses pratiques : ne plus chercher à vendre un produit pour satisfaire un besoin, mais accompagner le client dans la satisfaction de son besoin en lui proposant la solution appropriée.
- La valeur ajoutée : dans un marché concurrentiel où les offres proposées ne sont pas très différentes les unes des autres, l'entreprise doit être en mesure de faire émerger les éléments différenciateurs de son offre et de les communiquer.
- La suffisance : pour se vendre, un produit a besoin d'être accompagné, présenté et expliqué au client. Les commerciaux doivent créer l'envie de s'équiper en démontrant la valeur ajoutée et les bénéfices du produit à la cible.

RESSOURCE 5 Le développement international

NOTION

Aujourd'hui, trop d'entreprises françaises se lancent encore à l'international par opportunisme et de façon empirique. Souvent, les résultats de cette démarche ne sont pas ceux escomptés. « Se lancer à l'international demande une stratégie et un accompagnement, explique Caroline Wood, directrice régionale de développement des garanties publiques à la Coface pour Paris […]. Les entreprises doivent se préparer en amont, notamment en chiffrant leurs besoins. Elles doivent se doter des moyens nécessaires pour mettre toutes les chances de leur côté. Il leur faut notamment se fixer un objectif en termes de résultats, choisir les pays où elles souhaitent s'implanter et mener une réflexion sur comment elles souhaitent s'y implanter (filiale, rachat, joint-venture, simple bureau [de représentation]…) ». Ainsi, dès ces premières réflexions, l'entreprise peut se faire accompagner pour définir sa meilleure stratégie et prospecter un ou plusieurs marchés.

www.gpomag.fr

RESSOURCE 6 La problématique adaptation-globalisation

NOTION

Lors de son développement à l'international, l'entreprise doit concilier des impératifs souvent contradictoires : s'adapter localement tout en conservant une cohérence au niveau international.

Décisions marketing liées à l'internationalisation : dans le cadre de son développement, l'entreprise devra décider de s'adapter ou non aux spécificités locales du pays ciblé.

Trois stratégies peuvent être appliquées :

- **marketing local :** prise en compte des spécificités locales. L'entreprise adapte ainsi sa stratégie aux particularités des pays cibles.
> Exemple : le groupe Savencia Fromage & Dairy (marque Caprice des Dieux notamment) adapte sa stratégie marketing à chaque pays ciblé : les fromages sont ici travaillés avec des marques et des produits spécifiques ;
- **marketing global :** politique marketing indifférenciée, quel que soit le pays ciblé. La stratégie est déclinée à l'identique sur tous les marchés où sont commercialisés les produits d'une entreprise.
> Exemple : l'enseigne Ikea adopte la même stratégie, quel que soit le pays ciblé ;
- **marketing glocal :** compromis entre marketing global et marketing local : « *Think global, act local* ». La stratégie présente des adaptations en fonction des pays (caractéristiques et nom des produits, communication…) tout en conservant une politique globale.
> Exemple : la marque Haribo commercialise des bonbons sans gélatine animale dans les pays musulmans.

Élaboration du marketing-mix : les choix effectués lors de la stratégie d'internationalisation se concrétisent ici. En cas d'adaptation, le produit est l'élément majeur à adapter ; le prix est également souvent ajusté du fait notamment de la disparité des niveaux de vie. Si l'entreprise souhaite véhiculer une image internationale, la communication est standardisée.

RESSOURCE 7 Les principales formes d'implantation à l'étranger

NOTION

Exportation → Une entreprise commercialise son offre à l'étranger par le biais de distributeurs locaux ou d'agents locaux qui permettent la mise en relation de l'entreprise avec des clients locaux potentiels. L'entreprise exportatrice doit assumer les risques liés à l'exportation, d'où la nécessité d'une expérience à l'international et d'un personnel qualifié.

Franchise → Une entreprise locale obtient le droit de fabriquer et de vendre des produits dont le franchiseur détient entre autres les brevets, la marque et le savoir-faire. Le contrat est conclu pour une durée déterminée et sur une zone géographique précise. Le franchisé reverse des royalties au franchiseur. La franchise s'accompagne de contraintes et d'obligations pour le franchisé (niveau de qualité attendu, méthodes de vente, communication…). Souvent délicat, le contrôle des franchisés peut se traduire par d'importants conflits.

Bureau de représentation → C'est une forme d'implantation directe à l'étranger qui ne dispose pas de personnalité juridique et fiscale propre. Elle représente l'entreprise auprès des clients potentiels et des institutions locales et assure la vente et la coordination d'un réseau d'agents locaux éventuel. L'entreprise doit avoir une expérience à l'international et une bonne connaissance du marché ciblé.

Filiale à 100 % → Détenue totalement par la maison mère, la filiale à 100 % est totalement gérée par cette dernière. L'entreprise conserve dans ce cas l'entière maîtrise de sa politique commerciale mais cela nécessite cependant des investissements très importants du fait de l'absence de partenaires.

Joint-venture → Deux entreprises partenaires de nationalités différentes s'accordent pour créer ou acquérir conjointement une filiale sur le marché d'un des partenaires. Ces derniers mettent en commun leurs expertises et leurs compétences (techniques, commerciales, financières, humaines…) afin d'atteindre les objectifs fixés.

ENTRAÎNEMENT

SE TESTER
QUIZ
foucherconnect.fr/22rcar16

EXERCICE 1

Stagiaire au sein d'un réseau bancaire, votre tuteur souhaite vous sensibiliser au géomarketing. Utilisé par le réseau, il apparaît comme un outil essentiel dans le choix d'implantation des agences.

> **Montrez l'importance du géomarketing dans la prise de décision marketing.**

Ressource **Le géomarketing**

Le géomarketing consiste à prendre en compte des données géographiques lors de l'élaboration des opérations de marketing opérationnel. L'utilisation des TIC permet ainsi une approche et une analyse plus fines de la zone de chalandise. À partir de données spécifiques à une zone (revenus, professions et catégories socioprofessionnelles, types d'habitat, distances…), le géomarketing a pour principaux objectifs :
- d'aider à choisir l'implantation d'une future unité commerciale ;
- d'optimiser la couverture du marché ;
- de cibler la clientèle ;
- d'adapter la stratégie commerciale du magasin (communication, offre, prix…).

EXERCICE 2

Recrutée en qualité de commercial(e) au sein de l'entreprise Clic2B, spécialisée dans la vente en ligne de consommables informatiques et bureautiques à destination d'une clientèle de professionnels, la directrice régionale, Mme Lafon, vous a expliqué lors de votre formation que la crise de la Covid 19 a eu un impact bénéfique sur les ventes. En effet, l'entreprise a connu un taux de croissance de 12 %, les différents confinements ayant conduit les acheteurs professionnels à privilégier des achats en ligne. L'entreprise envisage maintenant d'accroître son activité, notamment par la refonte du site marchand, et potentiellement par la création d'une structure physique implantée dans une grande ville de votre secteur d'activité qui s'inscrirait dans une stratégie d'omnicanalité du réseau.

Vous avez pour mission d'assister Mme Lafon dans sa prise de décision.

1. **Rédigez une note structurée à destination de Mme Lafon afin de présenter l'état du marché du e-commerce.**
2. **Expliquez comment votre entreprise peut exploiter ces informations dans le cadre de sa stratégie commerciale.**
3. **Concluez quant aux opportunités de croissance de l'entreprise.**

Ressource Le secteur de la vente en ligne en 2020

Croissance du CA e-commerce

- 2016 + 9 %
- 2017 + 17 %
- 2018 + 18 %
- 2019 + 14 %
- 2020 + 11 %

Top 5 des sources d'information avant un achat sur internet

60 % des clients ont recherché de l'information avant de procéder à la commande sur internet

	ETI/GE	PME	TPE
> 1 Site internet de distributeurs	61 %	57 %	57 %
> 2 Catalogues, brochures papiers fournisseurs	26 %	19 %	15 %
> 3 Contact par téléphone	20 %	12 %	7 %
> 4 Information sur les produits des fabricants de la marque	20 %	12 %	15 %
> 5 Avis clients	16 %	13 %	21 %

Impact de la crise Covid-19 sur les habitudes d'achat des entreprises

Pouvoir reprendre des rendez-vous en face-à-face avec des fournisseurs

En % des clients qui ont des échanges directs avec les fournisseurs

- Oui, le plus souvent, c'est plus efficace. 21 %
- Oui, en partie, à certains moments clés de la relation ou pour certaines commandes. 39 %
- Non, la relation à distance fonctionne très bien. 37 %

Développement de processus numériques pour valider des décisions, signer des documents

- Oui, et ce sera durable. 31 %
- Oui, mais cela restera exceptionnel. 18 %

Augmentation des réunions virtuelles en visioconférence

- Oui, et ce sera durable. 34 %
- Oui, mais cela restera exceptionnel. 27 %

DÉVELOPPEMENT DES COMMANDES SUR INTERNET

Une partie des résultats s'explique par la structure d'entreprise et les TPE sont plus nombreuses à dire qu'elles ont augmenté les commandes sur internet (37 %).

Agriculture	44 %
Commerce de gros ou de détail	40 %
Santé	38 %
BTP	35 %
Services	31 %
Industrie	30 %
Service public	28 %

34 % des clients interrogés estiment que la crise les a conduits à commander davantage en ligne, dont 70 % estiment que cette évolution est désormais acquise.

Fevad, chiffres clés 2020, extraits

EXERCICE 3

Après plusieurs années d'expérience en tant que commercial(e) auprès de grandes marques nationales dans la grande distribution et fort(e) de vos relations dans le secteur, vous envisagez d'ouvrir un magasin sous l'enseigne Carrefour. En pleine transformation, le réseau Carrefour propose des opportunités qui peuvent vous intéresser, notamment à l'étranger.

1 Indiquez le type de réseau auquel appartient Carrefour (ressource 1).

2 Présentez l'intérêt d'intégrer un réseau tel que celui-ci.

3 Indiquez la stratégie de développement national privilégiée par Carrefour et précisez sa forme (ressource 2).

4 Présentez la stratégie d'internationalisation du groupe (ressources 1 à 4).

5 Justifiez les choix effectués en matière de préférence locale à l'étranger (ressources 1, 3, 4).

Ressource 1 Présentation du groupe Carrefour

Présent dans plus de 30 pays avec plus de 12 000 magasins et des sites de e-commerce, Carrefour est un des leaders mondiaux de la grande distribution. Fréquenté par plus de 13 millions de clients par jour dans le monde, le groupe emploie plus de 384 000 collaborateurs dans le monde et a généré en 2016 un CA de 103,7 milliards d'euros dont 53 % réalisés hors de France.

Les activités internationales du groupe, qui représentent 53 % de son CA, se traduisent par des engagements économiques locaux : une priorité est donnée au recrutement local et les collaborateurs sont formés sur place. Le groupe privilégie également les filières d'approvisionnement du pays : 73 % des produits commercialisés proviennent de fournisseurs locaux.

ENTRAÎNEMENT

 # vidéo
Benoit Soury, Directeur de la Proximité Carrefour - 2,47 min
foucherconnect.fr/22rcar17

Ressource 2 Présentation de Carrefour Express

Carrefour Express, mon magasin voisin, est un nouveau concept destiné à faciliter les courses que ce soit en zone urbaine ou en zone rurale. […] En proposant un large choix de produits, en plus de fruits et légumes frais de qualité, Carrefour Express répond à tous les besoins essentiels de ses clients. Grâce à l'ambiance chaleureuse et à sa décoration soignée, Carrefour Express place la relation client au cœur de la stratégie d'enseigne. […]

• **Chiffres clés**

Surface	de 80 à 300 m²
Chiffre d'affaires	1 à 3 millions d'euros
CA/m² minimum	4 500 € en magasin rural/6 000 € en magasin urbain
Panier moyen	7 à 15 €
Nombre d'employés	3 à 6
Nombre de clients par jour	300 à 800

• **Fonctionnement du réseau**
Type de contrat : franchise.
Taille du réseau : 673 implantations.

• **Zones d'implantation désirées :**
France.
Les enseignes de proximité du groupe Carrefour […] affichent une belle santé. Avec plus de 1 900 magasins en franchise […], Carrefour Proximité est le 1er acteur du marché français et le 1er franchiseur alimentaire.

www.observatoiredelafranchise.fr

Ressource 3 Carrefour à l'international

Carrefour compte 12 300 magasins dans plus de 30 pays.

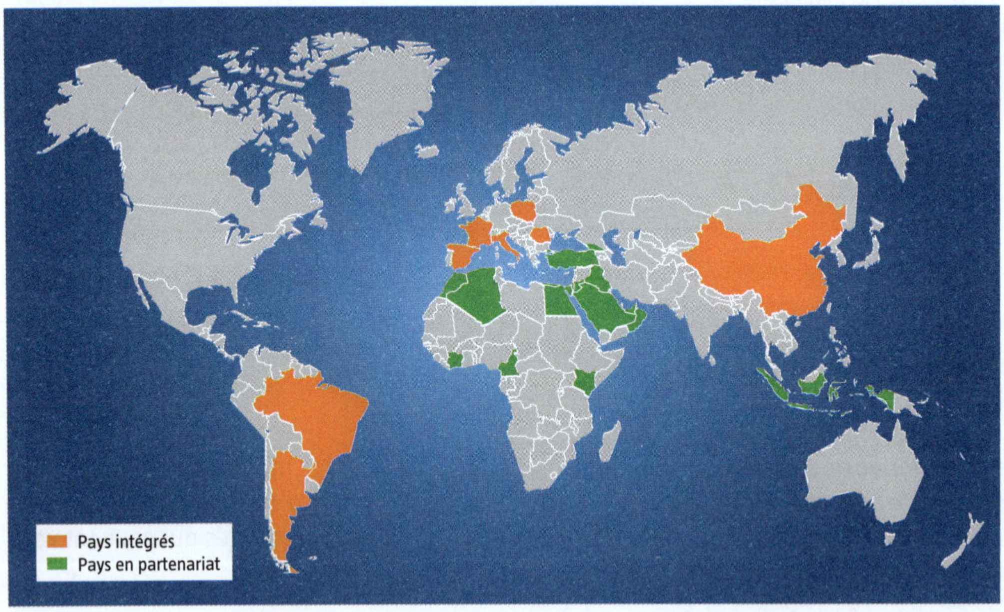

D'après www.carrefour.com

Ressource 4 Ouverture de deux magasins Carrefour au Maroc

Le Maroc compte désormais deux nouveaux magasins Carrefour. En effet, le groupe Label'Vie, partenaire et franchisé du groupe Carrefour, a ouvert son 40e supermarché et son 4e hypermarché au Maroc.
Situé à Marrakech, ce nouveau supermarché « Carrefour Eden », d'une superficie de 1 900 m², bénéficie d'un emplacement au sein d'un centre commercial au cœur de la ville. L'hypermarché, implanté à Oujda, représente quant à lui une superficie de 3 800 m².
Le dynamisme du groupe Label'Vie, partenaire local de Carrefour, compte à ce jour 56 magasins : Carrefour, Carrefour Market et Carrefour Express et des magasins Atacadao.

Synthèse 5

RETENIR AUTREMENT
AUDIO
foucherconnect.fr/22rcar18

1. Les différents types de réseau

A. Le réseau intégré

Dans le réseau intégré, l'ensemble des points de vente appartiennent à la tête de réseau qui assume les fonctions de gros et de détail. La centrale d'achats commune au réseau approvisionne tous les points de vente. On parle de réseau succursaliste. L'ensemble du personnel est salarié.

B. Le réseau associé

Les unités commerciales qui composent le réseau associé sont financièrement et juridiquement indépendantes. Il s'agit de l'association de commerces indépendants. Il existe différentes formes de réseaux associés :
- le groupement de commerçants ;
- les chaînes volontaires ;
- la franchise ;
- la concession.

C. Le réseau mixte

Dans ce type de réseau, des unités commerciales de type succursalistes cohabitent avec des unités commerciales indépendantes relevant du commerce associé.

2. La stratégie de développement national

A. Le renforcement de la force de vente

En contact direct avec la clientèle, la force de vente permet la commercialisation de l'offre sur le marché. Un renforcement des équipes commerciales sur le terrain est une stratégie possible dans le cadre du développement du réseau. En effet, en nombre plus important, la force de vente couvre davantage le marché et génère davantage de CA, assurant ainsi la pérennité de l'entreprise.

B. L'implantation de points de vente

Afin de développer leur réseau de distribution, les entreprises peuvent opter pour l'implantation de points de vente physiques sur le territoire. Préalablement à toute implantation, une étude de la future zone d'implantation doit permettre au réseau, d'une part, d'évaluer les potentiels commerciaux, et, d'autre part, d'adapter la stratégie marketing.
Une implantation en centre-ville ou en périphérie n'implique pas des choix et des investissements similaires. Une implantation en périphérie est plus économique qu'une implantation en centre-ville, notamment du fait des coûts induits en rapport avec les espaces disponibles. Cependant, les grands magasins privilégient une implantation en centre-ville malgré les investissements nécessaires, pour des raisons d'image notamment.

C. La création d'une unité commerciale virtuelle

Le développement des TIC a induit une évolution des modes de consommation et donc des attentes des consommateurs. Le multicanal est un véritable enjeu pour les réseaux et facilite leur ouverture à l'international. Depuis 2020, on assiste à un boom de l'e-commerce et ce phénomène s'est amplifié avec la pandémie. En France, on estime à plus de 115 millions d'euros le chiffre d'affaires réalisé en ligne par les entreprises françaises en 2020. Soit près de 12 millions de plus que l'année précédente.

D. L'exploitation du géomarketing

L'utilisation des TIC permet une approche et une analyse plus fine des zones d'implantation des réseaux.
Le géomarketing est un outil qui aide et appuie la prise de décision marketing qui consiste à prendre en compte des données géographiques lors de l'élaboration des opérations de marketing opérationnel.
L'étude de données spécifiques à une zone permet :

- de choisir l'implantation d'une future unité commerciale ;
- d'optimiser la couverture du marché ;
- de cibler la clientèle ;
- d'adapter la stratégie commerciale de l'unité commerciale.

3. La stratégie de développement international

A. La décision de l'internationalisation

L'étude du ou des pays cibles doit permettre au réseau de répondre à des questions essentielles qui faciliteront la prise de décision et conditionneront la réussite à l'international :

- pourquoi l'international ?
- quelles ressources financières, humaines, organisationnelles possèdent l'entreprise ?
- quelles perspectives ?

Cependant, toute implantation internationale implique des investissements financiers importants (recherche de partenaire, formule d'implantation, structure...) et induit une maîtrise moindre de la politique marketing dans le pays étranger, notamment du fait des spécificités locales.
Certains pays obligent la participation d'une entreprise locale lors de l'implantation d'une entreprise étrangère.

B. La problématique adaptation-globalisation

Lors de son développement à l'international, l'entreprise doit concilier des impératifs souvent contradictoires : s'adapter localement tout en conservant une cohérence au niveau international.
Dans le cadre de son développement, l'entreprise devra décider de s'adapter ou non aux spécificités locales du pays ciblé. Elle peut décider d'appliquer une stratégie de :

- marketing local : prise en compte des spécificités locales. L'entreprise adapte ainsi sa stratégie aux particularités des pays cibles ;
- marketing global : politique marketing indifférenciée, quel que soit le pays ciblé. La stratégie est déclinée à l'identique sur tous les marchés où sont commercialisés les produits de l'entreprise ;
- marketing glocal (compromis entre marketing global et marketing local : « think global, act local ») : la stratégie présente des adaptations en fonction des pays (caractéristiques et nom des produits, communication...) tout en conservant une politique globale.

Lors de la stratégie d'internationalisation, les choix effectués du point de vue du marketing mix se concrétisent ici. En cas d'adaptation, le produit est l'élément majeur à adapter ; le prix est également souvent ajusté du fait notamment de la disparité des niveaux de vie. Si l'entreprise souhaite véhiculer une image internationale, la communication est standardisée.
Des risques liés à l'image et à la notoriété de la marque sont également à prendre en compte lors de la formulation et de l'élaboration de la stratégie marketing.

C. Les principales formes d'implantation à l'étranger

Différentes implantations à l'étranger sont possibles : exportation ; franchise ; bureau de représentation ; filiale à 100 % ; joint-venture.

MOTS-CLÉS

★ marketing global ★ marketing glocal ★ maketing local ★ réseau associé
★ réseau intégré ★ réseau mixte ★ urbanisme commercial

voir lexique page 189

6

Élaborer un diagnostic commercial du réseau

COMPÉTENCE

> Développer la présence dans le réseau de distributeurs

pix

1.1 Mener une recherche et une veille d'information
3.1 Développer des documents textuels

CONTEXTE PRO

Placetonargent
Localisation : Bordeaux
Effectif : 500 personnes
CA : 30 M€

Placetonargent, banque régionale fondée en 1970, possède 45 agences et 130 000 clients. Ses principaux concurrents sont le Crédit Agricole d'Aquitaine et la Banque Populaire organisés en réseau. Elle conseille une clientèle de particuliers et de professionnels dans la vente de produits bancaires, financiers et d'assurance. Sa force réside dans la qualité de l'accueil, la disponibilité de ses conseillers, la variété de ce qu'elle propose et l'efficacité à cerner la demande de ses clients. Ses derniers succès sont le fait de l'agence du Jardin Public à Bordeaux, gérée par Norbert Tunes et Éléonore Amary, qui réalisent tous deux un travail commercial important. Au sein d'un univers ultra-concurrentiel, ils s'investissent pleinement dans le développement du fonds de commerce de l'agence dans le but de gagner de nouveaux clients et de développer le chiffre d'affaires.

Forte de ces réussites, Placetonargent souhaite accompagner sa croissance en se développant dans la métropole bordelaise, où sa présence est moins importante.

VOTRE OBJECTIF

Vous êtes stagiaire chez Placetonargent. Le directeur vous reçoit et vous demande de vous pencher sur le dossier de développement sur Bordeaux. Vous avez pour mission de réaliser un diagnostic permettant ainsi d'éclairer la prise de décision de la banque.

DÉCOUVRIR AUTREMENT

VIDÉO + QUIZ

foucherconnect.fr/22rcar19

MISSIONS & RESSOURCES

MISSION 1 Élaborer un diagnostic externe

Afin de faire les bons choix pour développer l'activité, le directeur doit avoir en sa possession les éléments du diagnostic externe.

À RÉALISER

1. Identifiez et présentez les éléments politiques, économiques, sociaux, technologiques, environnementaux et légaux, et classez-les selon qu'ils constituent une opportunité ou une menace pour la banque. Aidez-vous d'un tableau pour répondre. RESSOURCES 1 à 7
2. Rédigez une conclusion quant au diagnostic externe.

MISSION 2 Élaborer un diagnostic interne

Après avoir échangé avec vous sur le diagnostic externe, le directeur vous demande d'établir un diagnostic interne pour déterminer le potentiel de développement de sa société.

À RÉALISER

3. Identifiez et présentez les ressources matérielles, financières, immatérielles et humaines de l'entreprise, et classez-les dans un tableau suivant qu'elles constituent une force ou une faiblesse pour l'entreprise. RESSOURCES 7, 8
4. Rédigez une conclusion quant au diagnostic interne.

MISSION 3 Évaluer le potentiel de développement

La réalisation du diagnostic doit permettre la prise de décision. Vous devez maintenant rendre compte auprès du directeur du travail réalisé. Par ailleurs, afin de rester informé des évolutions de l'environnement et d'adapter son développement au marché, le directeur de la banque envisage de mettre en place une veille informationnelle.

À RÉALISER

5. Argumentez sur le potentiel de développement au regard du diagnostic réalisé.
6. Expliquez à votre directeur comment rester en veille sur l'environnement et quels en sont les enjeux. RESSOURCE 9

RESSOURCE 1 À quoi sert un diagnostic ?

NOTION

La matrice SWOT est un outil d'analyse stratégique de l'entreprise qui permet d'obtenir une vision synthétique d'une situation. Son intérêt réside dans le fait de rassembler divers éléments et de croiser les analyses interne et externe. Elle est utilisée dans la phase de diagnostic préalable d'un projet et fait partie des outils qui permettent de construire une vision commune d'une situation afin de prendre des décisions stratégiques adéquates.
Elle se présente le plus souvent sous la forme de deux tableaux récapitulatifs avec, d'un côté, le diagnostic interne comportant les **forces** de l'entreprise et ses **faiblesses** et, d'un autre côté, le diagnostic externe comportant les **opportunités** et les **menaces**.
Lors de la conclusion du diagnostic, l'entreprise doit s'appuyer sur ses forces et/ou chercher à combler ses faiblesses afin de saisir des opportunités de marché et faire face aux menaces.

Forces (*Strengths*) : facteurs internes qui procurent un avantage sur les concurrents.

Faiblesses (*Weaknesses*) : facteurs internes qui peuvent se révéler néfastes pour l'organisation au regard de la concurrence et qui peuvent être améliorés.

SWOT

Opportunités (*Opportunities*) : éléments de l'environnement dans lequel évolue l'entreprise et pouvant lui procurer un avantage concurrentiel.

Menaces (*Threats*) : éléments de l'environnement défavorables à l'entreprise et pouvant influencer négativement ses performances.

RESSOURCE 2 Bordeaux : chiffres clés de la capitale de la Nouvelle-Aquitaine

Démographie

La 6e métropole française et sa région connaissent un dynamisme démographique très favorable et s'inscrivent parmi les régions les plus attractives de France.

Population

Bordeaux : 256 045 habitants (recensement de la population 2016 au 01/01/2019).
Bordeaux Métropole (28 communes) : 796 273 habitants (53 % de femmes/47 % d'hommes, en 2015).

Croissance démographique

5,3 % de croissance entre 2011 et 2016, soit 1 % par an.
Près d'un million d'habitants (975 000) prévus dans la métropole d'ici 2030.

Attractivité du territoire

Au sein d'une région qui s'inscrit parmi les plus attractives de France – Bordeaux Métropole détient le label French Tech, qui récompense les écosystèmes dynamiques dans l'économie numérique –, Bordeaux joue un rôle moteur pour le développement de ses territoires.

Entreprises

- 37 995 établissements installés à Bordeaux dont 95 % de moins de 10 salariés et environ 400 de plus de 50 salariés (2015).
- 4 353 entreprises créées à Bordeaux en 2015.
- Entre 2011 et 2015, le nombre de créations d'entreprises a augmenté de 15,5 % dans la métropole, tandis qu'il baissait de 7,8 % en France et de 10,7 % en Aquitaine.
- 21 % des Français pensent que Bordeaux est la ville idéale pour investir, devant Nantes et Lyon (sondage Guy Hoquet-OpinionWay, 2016).

Emploi

- 293 712 emplois à Bordeaux Métropole.
- 7 673 emplois salariés créés à Bordeaux entre le 3e trimestre 2015 et le 3e trimestre 2016.
- 28 300 offres d'emploi en Nouvelle-Aquitaine, dont 12 000 pour Bordeaux Métropole, en 2016, soit une progression de 30 % par rapport à 2015. 60 % de ces offres concernaient des CDI.
- L'une des villes françaises les mieux pourvues en cadres, Bordeaux en compte plus de 30 000.
- 56 % des cadres parisiens souhaitent s'installer à Bordeaux (Cadre Emploi, 2016).
- Salaire net moyen : 13,70 €/heure.

www. bordeaux.fr

RESSOURCE 3 Banque Populaire et développement durable

La Banque Populaire inscrit son activité dans l'idée du développement durable, en interne, dans ses pratiques et, en externe, à travers son activité dans l'accompagnement de projets écologiques et solidaires de ses clients. Elle adhère à des valeurs coopératives et est organisée au niveau de chaque agence de façon à être proche des réalités du territoire où sont implantées les banques.

RESSOURCE 4 Le cadre légal bancaire pour protéger le consommateur

NOTION DROIT

- **Le Code de la consommation** encadre la protection du consommateur en matière de crédit. Lors d'un prêt à la consommation ou d'un prêt immobilier, la législation régit le contenu de l'offre de crédit, le délai de rétractation ou de réflexion, la communication d'un TAEG ou encore les modalités de remboursement anticipé.
- **La loi Scrivener 1** (10 janvier 1978) concerne les prêts à la consommation et est codifiée dans le Code de la consommation. **La loi Scrivener 2** (13 juillet 1979) établit les normes des prêts immobiliers.
- **La loi Lagarde** (1er juillet 2010) modifie plusieurs réglementations concernant le crédit à la consommation. Elle apporte des révisions aux dispositions du Code de la consommation ainsi que des réglementations sur le crédit immobilier.
- **La loi Hamon** (17 mars 2014) apporte des modifications sur le crédit renouvelable. Des clauses sur l'assurance emprunteur sont également modifiées, protégeant le consommateur.

RESSOURCE 5 L'impact des taux bas sur la banque de détail

[…] L'effet des taux bas peut aussi être apprécié en fonction du profil financier des acteurs économiques. Les ménages, lorsqu'ils empruntent, sont gagnants grâce à des taux d'emprunt historiquement faibles, notamment en France. Leur patrimoine immobilier a pris de la valeur, comme les actions. Les ménages, y compris les plus défavorisés, sont les bénéficiaires de la reprise de l'emploi. En revanche, le rendement de l'épargne en produits de taux est naturellement moins dynamique. Il y a même parfois la crainte d'un taux négatif sur les dépôts, une « taxation de l'épargne ». Cela reste et devra rester une hypothèse intellectuelle en France. Clairement, je n'estime ni probable, ni souhaitable, l'application des taux négatifs aux particuliers – hors certains gros patrimoines – ou aux PME.

Discours de François Villeroy de Galhau, Paris-Dauphine, www.banque-france.fr, 09.01.2020.

RESSOURCE 6 La loi Macron et la simplification de la mobilité bancaire

La mobilité bancaire est accessible aux particuliers et leur permet de changer de banque aisément. Ce dispositif s'inscrit dans une réforme profonde et généralisée du secteur bancaire, destinée à la protection des consommateurs et à la libéralisation du marché. Dès 2014, avec la loi Hamon, le législateur est intervenu afin d'encadrer la mobilité bancaire, puis en 2017 avec la loi Macron, qui vise à simplifier la mobilité en permettant aux banques de s'occuper de l'ensemble des formalités de transfert.

Selon une étude du cabinet Bain & Company, 5,5 % des Français ont changé de banque en 2019, contre 2,5 % en 2014, soit un peu plus du double. Les jeunes de moins de 35 ans ont une tendance plus marquée au changement banque et sont plus enclins à comparer et à profiter des différentes offres commerciales des établissements.

RESSOURCE 7 Les néobanques

Moins chère que les banques traditionnelles, les néobanques en ligne sont en plein essor. Aujourd'hui, rien de plus simple que de s'ouvrir un compte en banque. Des cartes bleues peuvent ainsi être achetées dans les supermarchés ou dans les bureaux de tabac. C'est le principe des néobanques, plus simples d'utilisation et souvent moins chères que les banques classiques. Ces dernières années, elles ont essaimé et le nombre de leurs clients n'a cessé de progresser. Aujourd'hui, on ne compte pas moins de 3,5 millions de clients actifs. […]

« C'est très abordable et puis après on gère tout sur internet », justifie un client comblé. Alors, quelle est la recette ? Aucune agence physique et une armée de conseillers par téléphone. Avec pour résultat de faire baisser les frais bancaires pour les usagers. « Nous mutualisons tous les coûts, avec des plateformes, et donc c'est pour ça qu'aujourd'hui le fait d'être au téléphone ce n'est pas le même prix et le même modèle que d'avoir des gens partout en France dans des réseaux d'agences », explique Marie Degrand-Guillaud, directrice déléguée chez Nickel.

 # vidéo
L'essor des banques en ligne
1,54 min
foucherconnect.fr/22rcar20

www.francetvinfo.fr, 21.02.2020

RESSOURCE 8 Chiffres clés des deux banques concurrentes

Crédit Agricole d'Aquitaine
- 2 599 collaborateurs
- 239 agences, 1 agence multicanal, 2 espaces entreprises du vin
- 427 automates bancaires
- 957 633 clients

Banque Populaire Centre Atlantique
- 2 100 collaborateurs
- 218 agences et 49 300 projets régionaux financés
- 143 400 sociétaires
- 677 000 clients

D'après Crédit Agricole d'Aquitaine et Banque Populaire Centre Atlantique, 2022

RESSOURCE 9 La veille informationnelle

NOTION

La veille est une « activité continue et en grande partie itérative visant à une surveillance active de l'environnement technologique, commercial, etc., pour anticiper les évolutions » (Afnor).
Avant toute chose, il faut définir le besoin, le sujet et le périmètre de recherche ou d'intervention de celui qui a en charge la veille informationnelle. Il faut établir une liste de sources et les trier.
Deux méthodes sont utilisées dans le cadre de la veille informationnelle :

Méthode *PULL*

- La personne en charge de la veille informationnelle se rend directement sur Internet pour en tirer les informations dont elle a besoin. À cet effet, elle peut constituer une sitographie qu'elle mentionnera dans ses pages « favoris » afin d'y retourner régulièrement pour actualiser ses informations.
- **Avantage :** sélection proactive de l'information, qui évite à l'utilisateur d'être noyé sous un flot entrant d'informations.
- **Inconvénient :** l'utilisateur doit lui-même aller chercher l'information et l'actualiser.

Méthode *PUSH*

- L'information arrive automatiquement à la personne en charge de la veille, celle-ci ayant au préalable créé des abonnements à des centres de documentation, des flux RSS *(Really Simple Syndication)*, des alertes e-mail ou bien elle s'est inscrite à des listes de diffusion.
- **Avantage :** une économie de temps puisque l'information parvient automatiquement à l'utilisateur et lui assure une veille documentaire en continu.
- **Inconvénient :** l'utilisateur est passif et doit lui-même trier l'information qui lui parvient.

ENTRAÎNEMENT

SE TESTER
QUIZ
foucherconnect.fr/22rcar21

EXERCICE 1

Vous effectuez votre période de stage dans le réseau bancaire Crédit Agricole d'Aquitaine. Afin de vous familiariser avec la banque, votre tuteur vous propose de visionner une vidéo présentant la banque.

> **Après avoir visionné la vidéo, relevez et classez les forces et les faiblesses du Crédit Agricole d'Aquitaine.**

 # vidéo
3 minutes pour découvrir en images le Crédit Agricole - 2,46 min
foucherconnect.fr/22rcar22

EXERCICE 2

Ghislain Lavigne est installé en tant que viticulteur depuis 25 ans. Les pratiques controversées du fait d'un usage important d'engrais dans la production de la filière l'ont décidé à se lancer dans une production entièrement bio. Les risques sanitaires étant importants pour la population locale, il a convaincu les agriculteurs et viticulteurs voisins de faire de même. Regroupés sous forme d'association, ils ont décidé de fabriquer eux-mêmes leur engrais à base de produits naturels.

1 Déterminez les opportunités et les menaces du vin bio.
2 Rédigez une conclusion quant au potentiel de développement du vin bio.

Ressource 1 **Viticulture : bonne nouvelle pour les consommateurs !**

De plus en plus de vins et de domaines adoptent une stratégie écolo : certifications bio, biodynamie ou vins naturels ! Il est donc désormais de plus en plus facile de déguster un bon vin tout en restant écolo. Et ça, c'est une bonne nouvelle ! Comme nous l'expliquions dans un précédent article […], la viticulture conventionnelle et productiviste a un fort impact sur l'environnement et sur la santé des individus. Les citoyens étant de plus en plus au fait de ces dangers, les lignes commencent à bouger dans les vignobles et chez les consommateurs. Lentement, certes, mais la progression est bien réelle et se poursuit. […]

Youmatter.world

Ressource 2 **La nouvelle PAC va-t-elle tuer l'agriculture bio en France ?**

[…] Les Français veulent manger mieux. Preuve en est, la consommation de fruits et légumes bio a augmenté de 5 % en 2020. Une tendance qui s'observe depuis plusieurs années et qui s'accélère depuis la crise du Covid-19. Face à l'engouement, le ministère de l'Agriculture souhaite agir rapidement et rendre la France autosuffisante, pour éviter de laisser ce marché en plein boum aux voisins européens. Pour y arriver, l'État envisage de doubler la surface de produits bio d'ici 2027.

Les aides au maintien supprimées

À l'image des Français, les Européens sont de plus en plus intéressés par l'agriculture bio. Alors pour satisfaire la demande, la nouvelle Politique Agricole Commune de l'Union européenne, la PAC, fixée pour la période de 2023 à 2027, augmente de 30 % l'enveloppe consacrée aux conversations des exploitations vers le bio.
Si cette dynamique semble intéressante pour les agriculteurs souhaitant franchir le pas du bio, pour ceux qui ont déjà converti leur exploitation au label biologique, cette nouvelle PAC déçoit. L'UE prévoit en effet de supprimer les aides au maintien destinées à ces derniers. Jusqu'à présent, ces aides étaient versées pendant cinq ans à chaque agriculteur ayant réalisé sa conversion. […]

Europe1.fr, Maud Descamps, 29.06.2021

EXERCICE 3

Tarnos est un petit village du sud de la France situé à quelques kilomètres à vol d'oiseau de Bayonne. Les habitants se voient obligés de se rendre systématiquement à Bayonne pour y faire leurs envois de courriers et acheter des timbres. Devant la pression des habitants, le siège régional de La Poste se pose la question d'implanter un point de poste qui constituerait un relais pour les habitants. Ce bureau gérerait à la fois les comptes bancaires et les activités de courrier. Une seule personne serait en charge de ce bureau et serait remplacée par quelqu'un du siège lors de ses congés. L'existence d'un concurrent direct, une agence Crédit Agricole dans ce village, fait réfléchir le siège. Afin de diversifier son activité, le point poste pourrait proposer la vente de téléphones portables en plus des services postaux, mais le bureau de tabac du village vend déjà des timbres et il existe une boîte aux lettres pour laquelle le facteur relève le courrier tous les jours.

1. **Réalisez un SWOT.**
2. **Concluez quant à l'opportunité d'implanter un point relais.**

EXERCICE 4

Juliette Affamet, son CAP Cuisine en poche, décide d'implanter une franchise de cannelés dans le centre-ville de Bordeaux. Elle souhaite toucher une clientèle plutôt bobo ou souffrant d'allergies car elle veut produire des cannelés bio et sans gluten et mettre en place des ateliers de cuisine pour les enfants autour de ce gâteau. Elle ne sait pas trop comment s'y prendre et a besoin de votre aide pour être guidée dans sa démarche.

1. **Déterminez la démarche à suivre pour conclure sur une éventuelle implantation.**
2. **Citez les éléments à prendre en compte.**
3. **Expliquez ce qui va guider Juliette Affamet dans sa décision de développement.**
4. **Indiquez comment rester en veille si elle veut poursuivre son développement.**

Ressource La guerre du cannelé à Bordeaux

Un bras de fer est engagé entre deux fabricants de cannelés, cette pâtisserie typiquement bordelaise. La société Baillardran a porté plainte contre La Toque Cuivrée, estimant que celle-ci avait copié la couleur rouge vermillon qui apparaît sur sa devanture et ses emballages et qui est bien connue des consommateurs. La marque [...] estime qu'il s'agit d'une concurrence déloyale.

Baillardran est très bien implantée en Gironde avec 17 boutiques dont 7 rien que dans l'hypercentre chic de Bordeaux. [...] Mais un concurrent de taille s'est installé depuis peu sur sa zone de chalandise. La Toque Cuivrée, traditionnellement présente plutôt à l'extérieur de la capitale girondine, a ouvert une boutique place Gambetta en décembre 2015, à quelques mètres de la boutique Baillardran située sur le cours de l'Intendance. [...] Un second point de vente a ouvert place Paul-Doumer, aux Chartrons. Outre ces deux nouvelles adresses, cette enseigne totalise 10 boutiques en Gironde et 5 dispersées en France (à Brest, Toulouse, Clermont-Ferrand, Niort et La Rochelle), soit 17 au total, comme son concurrent Baillardran. « Manifestement, Baillardran n'accepte pas le succès de notre société, qui est aujourd'hui son premier concurrent significatif, ce qui lui pose problème. Ce même succès témoigne bien de ce que les consommateurs apprécient la qualité et le goût des produits La Toque Cuivrée car tous ne considèrent pas le cannelé comme un produit luxueux ! », commente Michaela Roze, responsable marketing à La Toque Cuivrée. Elle ne souhaite pas évoquer la procédure judiciaire en cours [...]. « Nous avons entièrement confiance en la justice et n'entendons pas utiliser la presse pour appuyer notre dossier, déjà très documenté », précise-t-elle.

20minutes.fr, Elsa Provenzano, 16.10.2016

ENTRAÎNEMENT

EXERCICE 5

Céline est contente : elle vient de signer un bail dans le quartier du jardin public à Bordeaux pour établir le bar dont elle rêvait depuis des années. Son local est bien placé, dans un environnement familial et à côté d'écoles et d'entreprises diverses. Elle souhaite en faire un lieu où on mange sur le pouce le midi et un endroit cosy pour les familles le soir. Elle a néanmoins beaucoup de concurrence sur Bordeaux et aux alentours, puisqu'il existe deux autres enseignes. Le loyer n'est pas cher pour le quartier et son mari va venir l'aider quotidiennement. Aux beaux jours, elle bénéficie de la terrasse qui va lui permettre d'avoir davantage de tables.

Elle n'y connaît rien en vin et va devoir se former. Par ailleurs, elle ne peut ouvrir son bar sans avoir fait une formation sur l'hygiène.

1 Élaborez un diagnostic SWOT.
2 Évaluez la pertinence de ce développement.

Ressource 1 Bars à vin et cavistes

Le bar à vin est à Bordeaux ce que le bouchon est à Lyon : une institution, un symbole de sa gastronomie et de son art de vivre à la bordelaise. Que ce soit pour s'y retrouver entre amis, en famille, pour déguster des grands crus, prendre l'apéritif en l'accompagnant de planches ou de tapas, ou pour y passer la soirée, vous ne pourrez y échapper.

www.bordeaux-tourisme.com

Ressource 2 Valoriser un savoir-faire

AMBITION – Souhaitant « valoriser le savoir-faire de nos bars et restaurants » une fois l'épidémie maîtrisée, le Premier ministre a indiqué qu'il désignerait « une personnalité qualifiée » pour s'en charger.

www.lci.fr, 26.11.2020

Ressource 3 Réglementation des terrasses sur Bordeaux

Article 2

Conditions pour pouvoir exploiter une terrasse :
- pour les restaurants, ceux-ci devront posséder une cuisine complète (transformation des aliments) ;
- l'aménagement intérieur doit comprendre des tables et des chaises pour la consommation sur place ;
- l'établissement doit avoir des toilettes accessibles aux consommateurs et aux personnels ;
- l'exploitant sera obligatoirement titulaire d'une licence permettant la consommation sur place, à l'exclusion de toute licence à emporter.

Article 3

Une terrasse peut être installée sur tout site à usage piétonnier ;
- sur un trottoir, en bordure de façade et/ou en bordure du trottoir tout en laissant un cheminement piéton ;
- dans les voies piétonnes ou les espaces aménagés ;
- sur les places publiques s'il n'y a qu'une voie de circulation à traverser.

www.ddp-gironde.org (arrêtés de 1996)

Synthèse 6

RETENIR AUTREMENT
AUDIO
foucherconnect.fr/22rcar23

1. Réaliser un diagnostic interne et un diagnostic externe

A. Le diagnostic interne

Le diagnostic interne consiste à analyser les forces et les faiblesses de l'entreprise : sa performance, ses atouts et ses faiblesses. Cela lui permet ensuite d'adopter une stratégie pour rester compétitive.
Le diagnostic interne passe par l'analyse des éléments tangibles et intangibles qui composent l'entreprise :

- les ressources **humaines** : il s'agit d'identifier les compétences et les faiblesses des ressources humaines de l'entreprise afin de voir comment mettre à profit le savoir-faire des salariés ;
- les ressources **matérielles** : il s'agit de répertorier les moyens de production de l'entreprise pour évaluer les dépenses supplémentaires nécessaires. Cela permet à l'entreprise de mesurer sa productivité et sa compétitivité ;
- les ressources **immatérielles** : il s'agit d'apprécier la technologie dont dispose l'entreprise, que ce soit sous la forme d'un système d'information, d'une marque, d'un brevet, etc. Les ressources immatérielles sont indispensables pour le développement de l'entreprise et favorisent l'innovation ;
- les ressources **financières** : il s'agit d'analyser la rentabilité, les résultats, la capacité de financement, le taux d'endettement et bien d'autres éléments encore pour appréhender ce que l'entreprise est en capacité de financer.

L'entreprise doit s'appuyer sur ses forces pour combler ses faiblesses.

B. Le diagnostic externe

Le diagnostic externe correspond à une analyse des opportunités et des menaces de l'entreprise, c'est-à-dire ses points positifs et négatifs.
L'analyse Pestel va permettre d'étudier les facteurs externes suivants :

- facteurs **politiques** : on regarde les décisions des gouvernements et on analyse ici la stabilité financière, la fiscalité d'un pays, le commerce et la politique extérieure ;
- facteurs **économiques** : on étudie l'influence de l'économie sur l'entreprise ;
- facteurs **sociaux** : on s'intéresse au comportement de la population ;
- facteurs **technologiques** : on analyse les facteurs liés à la technologie et ses évolutions ;
- facteurs **environnementaux** : on étudie ici la réglementation sur l'environnement, la protection de l'environnement ;
- facteurs **légaux** : on analyse ici tous les éléments concernant la réglementation.

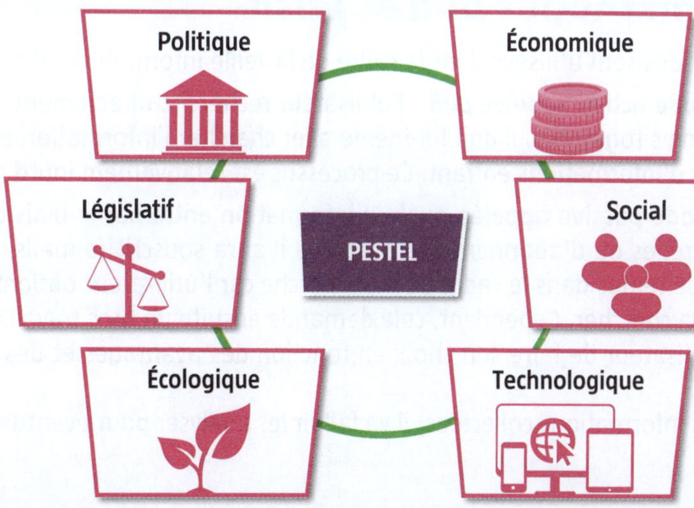

Lors de cette analyse, l'entreprise doit saisir les opportunités et faire face aux menaces.

C. La matrice SWOT

SWOT

Forces (*Strengths*)	Faiblesses (*Weaknesses*)
Opportunités (*Opportunities*)	Menaces (*Threats*)

Outil d'analyse stratégique de l'entreprise, la **matrice SWOT** permet d'obtenir une vision synthétique d'une situation. Elle est utilisée dans la phase de diagnostic préalable à un projet et fait partie des outils qui permettent de construire une vision commune d'une situation afin de prendre des décisions stratégiques. L'entreprise va par exemple s'en servir lorsqu'elle souhaite mettre en place un nouveau produit sur le marché.
La matrice SWOT rassemble dans un tableau les diagnostics interne et externe de l'entreprise permettant d'anticiper sa prise de décisions stratégiques. Elle permet donc d'étudier l'environnement de l'entreprise.
À travers un classement des forces et des faiblesses et des opportunités et menaces, la matrice SWOT va permettre à l'entreprise de prendre une décision éclairée sur son projet. Les décisions issues du SWOT constituent de simples préconisations et non des prérogatives.

2. Évaluer le potentiel de développement

A. La veille informationnelle

La veille informationnelle peut être définie comme l'ensemble des éléments permettant à l'entreprise de rester informée en gagnant du temps, grâce à des processus de recueil des données.
Il s'agit d'anticiper les évolutions de l'environnement de l'entreprise. La veille informationnelle est donc réalisée en fonction d'un objectif précis, défini au préalable.
Avant toute chose, il faut définir le besoin, le sujet et le périmètre de recherche ou d'intervention de celui qui a en charge la veille informationnelle. Il faut établir une liste de sources officielles et fiables et les trier.
Cette veille est en général automatisée. En effet, les informations les plus récentes affluent en fonction du paramétrage choisi. La veille doit être réalisée de manière continue.

B. Les méthodes *pull* et *push*

Deux méthodes sont utilisées dans le cadre de la veille informationnelle :

- la **méthode active appelée *pull*** : l'utilisateur recherche directement sur internet les informations et se constitue une sitographie. Il doit lui-même aller chercher l'information et l'actualiser, mais n'est pas noyé sous un flot d'informations entrant. Ce processus est relativement lourd pour l'utilisateur ;
- la **méthode passive appelée *push*** : l'information entre par le biais d'alertes que l'utilisateur aura au préalable créées ou d'abonnements auxquels il aura souscrit (e-mails, réseaux sociaux, etc.). C'est une économie de temps dans le cadre de la recherche car l'utilisateur obtient directement l'information et n'a pas à aller la chercher. Cependant, cela demande ensuite un gros travail de tri.

C'est à l'utilisateur de faire son choix en fonction des avantages et des inconvénients attachés à chaque méthode.
Une fois les informations collectées, il va falloir les analyser pour éventuellement s'en servir et les diffuser.

MOTS-CLÉS

★ diagnostic externe ★ diagnostic interne ★ SWOT ★ veille informationnelle

voir lexique page 189

7

Apprécier les opportunités de référencement

COMPÉTENCE

> Développer la présence dans le réseau de distributeurs

pix

1.1 Mener une recherche et une veille d'information
3.2 Développer des documents multimédia

CONTEXTE PRO

Jesuibelle SARL
Localisation : Pointe-à-Pitre
Effectif : 2 personnes
CA : 80 000 €

Julien Camelot a créé sa société Jesuibelle avec sa femme. Il fabrique lui-même dans son atelier des produits de beauté biologiques (shampoings, savons, crèmes) à base de bave d'escargot et de lait d'ânesse. Il vend ses produits sur les marchés locaux avec son épouse.

Ses affaires marchent très bien, mais il souhaite avoir une vie moins nomade et envisage de se tourner vers la grande distribution qui commercialise des produits bio. Être référencé dans ce secteur serait une opportunité pour lui de développer son offre commerciale, ses produits étant aujourd'hui exclusivement connus localement sur les marchés dans lesquels il tient un stand. Habitant en centre-ville, il souhaite en priorité se développer à proximité de son lieu d'habitation.

VOTRE OBJECTIF

Vous êtes stagiaire au sein de l'entreprise et votre tuteur, Julien Camelot, vous demande de l'aider à y voir plus clair et à apprécier une éventuelle opportunité de référencement chez certains distributeurs.

DÉCOUVRIR AUTREMENT
VIDÉO + QUIZ
foucherconnect.fr/22rcar24

MISSIONS & RESSOURCES

MISSION 1 Analyser le diagnostic

Afin de vérifier la pertinence de son projet, M. Camelot vous demande votre avis sur le diagnostic récemment réalisé par son épouse.

À RÉALISER

1. Analysez le diagnostic de l'entreprise. RESSOURCE 1
2. Concluez quant à la pertinence du projet de référencement dans la grande distribution locale.

MISSION 2 Étudier la zone de chalandise

Fort de votre analyse, M. Camelot valide son projet. Il vous indique qu'il a un contact au sein d'un supermarché local susceptible d'être intéressé par ses produits. Il vous demande d'analyser les opportunités de référencement sur la zone locale du supermarché.

À RÉALISER

3. Présentez le potentiel de la zone de chalandise du supermarché dans la stratégie marketing de l'entreprise. RESSOURCES 2 à 5
4. Montrez l'intérêt du géomarketing dans votre stratégie commerciale. RESSOURCES 2, 6, 7
5. Concluez sur la zone de chalandise de ce supermarché pour votre offre.

MISSION 3 Négocier dans la grande distribution

Vous venez de rencontrer le chef de rayon du supermarché. Celui-ci vous explique qu'il souhaite référencer vos produits hors centrale d'achats dans la mesure où il s'agit de produits artisanaux locaux. Vous devez préparer la négociation qui va suivre.

À RÉALISER

6. Indiquez les éléments sur lesquels vous allez axer votre négociation afin de faire référencer les produits. RESSOURCES 1 à 8
7. Proposez un argumentaire de vente.

RESSOURCE 1 SWOT de l'entreprise Jesuibelle

Opportunités

- Consommateurs de plus en plus demandeurs de produits bio et locaux.
- Marché en progression.
- Encouragement du bio par le ministre de l'Écologie.
- Concurrence faible au niveau local.

Menaces

- Réticence des consommateurs face à un produit artisanal.
- Développement des produits bio face à la demande croissante des consommateurs.
- Concurrence de plus en plus forte dans la cosmétique bio (Léa Nature et Natessance).

Forces

- Produits brevetés.
- Produits différents des autres : baves d'escargot et laits d'ânesse bio.
- Fort réseau relationnel.
- Succès des ventes sur les différents marchés : taux de croissance de 45 % depuis l'année N.

Faiblesses

- Vente sur les marchés locaux uniquement.
- M. Camelot assure seul la fabrication : risque de rupture de stock.
- Manque de communication sur les produits.
- Aucune expérience de la grande distribution.

RESSOURCE 2 Stratégie commerciale et marketing mix

NOTION

Le marketing mix représente l'ensemble des décisions prises par une entreprise afin d'atteindre les objectifs fixés issus de la stratégie commerciale.

RESSOURCE 3 Détermination d'une zone de chalandise

NOTION

La zone de chalandise correspond à la zone d'attractivité de l'unité commerciale. Composée de trois zones, elle détermine la clientèle actuelle et/ou potentielle d'un magasin :

- la **zone primaire**, ou cœur de zone (en orange) : elle entoure directement l'unité commerciale et comprend le plus de clients ;
- la **zone secondaire**, ou zone de bascule (en rose) : elle entoure la zone primaire et rassemble un nombre de clients moins important ;
- la **zone tertiaire**, ou zone large (en gris) : elle comprend, du fait de son éloignement, des clients occasionnels de l'unité commerciale.

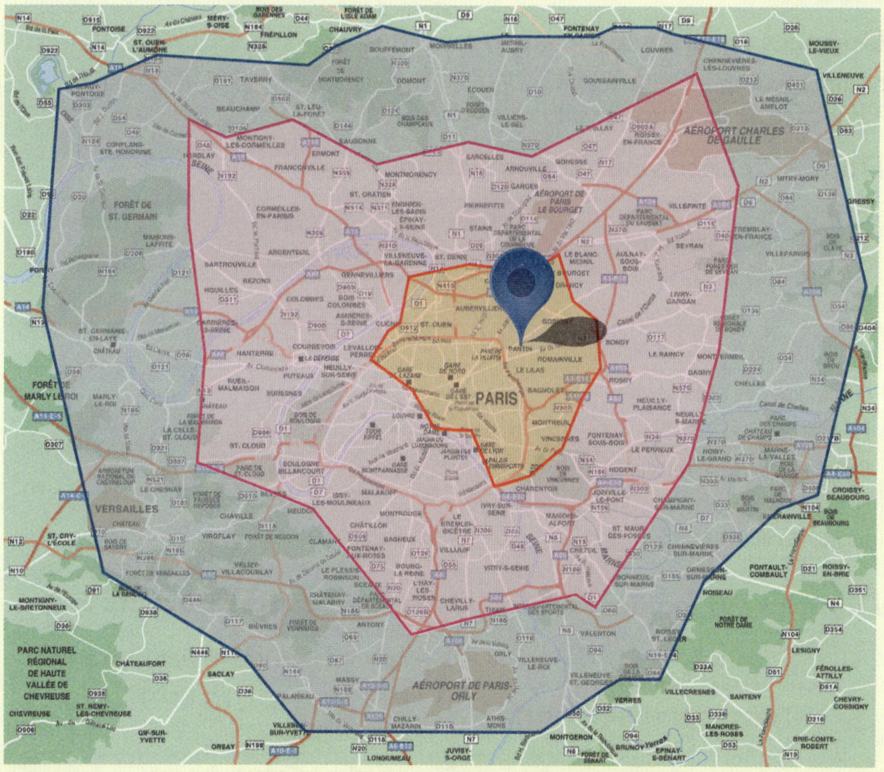

La zone de chalandise peut s'évaluer de manière isochrone (en fonction du temps) ou de manière isométrique (en fonction de la distance).

Sur la carte sont mentionnés la concurrence, les pôles d'attractivité, les barrières psychologiques et physiques, les facilités d'accès.

L'étude de la zone de chalandise permet au manager du point de vente :

- de mieux connaître la clientèle ;
- de prévoir un potentiel commercial (CA, trafic, panier moyen prévisionnel, etc.) ;
- d'élaborer des actions de communication locales ;
- d'adapter l'offre à la clientèle ;
- d'identifier la concurrence présente sur le même secteur ;
- d'évaluer les performances de l'unité commerciale ;
- de mettre en place des actions correctrices (sur l'offre, les prix, etc.).

vidéo
Le géomarketing devient indispensable - 2 min
foucherconnect.fr/22rcar25

RESSOURCE 4 La demande globale

NOTION

La demande globale comprend l'ensemble des consommateurs sur un marché donné. Différents niveaux existent et permettent aux entreprises d'évaluer le potentiel de leur offre.

<table>
<tr><th colspan="4">Demande globale</th></tr>
<tr><td colspan="3">Demande potentielle</td><td>NCA*</td></tr>
<tr><td colspan="2">Demande actuelle</td><td>NCR**</td><td></td></tr>
<tr><td>Clients de l'entreprise</td><td>Clients de la concurrence</td><td></td><td></td></tr>
</table>

* Les NCA (non consommateurs absolus) correspondent à des individus qui ne consommeront jamais le produit pour des raisons physiques, religieuses, morales, etc.

** Les NCR (non consommateurs relatifs) correspondent à des individus qui ne consomment pas le produit :
– soit volontairement : ils ne consomment pas le produit pour des raisons identifiées ;
– soit involontairement : ils ne consomment pas le produit mais sont susceptibles de le faire une fois les freins levés.

RESSOURCE 5 Étude réalisée sur la zone de chalandise du supermarché local (extraits)

Données concernant le supermarché

- Implantation en centre-ville ;
- Présence de concurrents sur la zone.

Données concernant la population

Données de cadrage en N	Cœur de zone	Zone de bascule	Zone large
Population	62 623	157 324	200 589
Nombre de personnes par ménage	2,4	2,2	2,2
Indice moyen de richesse vive par ménage	1 102	108	973
Part des dépenses en produits de beauté (en %) (moyenne nationale : 7 %)	9 %	8 %	10 %

Données sur la concurrence, rayon « produits de beauté »

Magasin spécialiste 1 (7 minutes du point de vente)*	• Assortiment qui tend vers le haut de gamme • Assortiment large et peu profond • Clientèle fidèle
Magasin spécialiste 2 (8 minutes du point de vente)	• Superficie importante du rayon • Assortiment large et peu profond • Rayon vieillissant
GSA (14 minutes du point de vente)	• Prix bas sur les 20/80 • Superficie peu importante du rayon • Théâtralisation de l'offre +++

* Distance estimée en voiture.

RESSOURCE 6 Le développement du géomarketing

NOTION

Le géomarketing est l'association de la géographie et du marketing permettant l'analyse comportementale des individus et des consommateurs. Il s'agit d'utiliser les données de localisation en les croisant avec des stratégies marketing pour arriver à déterminer au mieux les habitudes de consommation et les déplacements d'un consommateur.
Le géomarketing s'appuie généralement sur un système d'information et sur la cartographie d'un territoire. Il constitue une notion normalement distincte et plus large que le marketing géolocalisé.
Le géomarketing a connu une profonde mutation depuis le développement d'Internet. En effet, les données et les applications de géomarketing se sont considérablement enrichies grâce aux données de géolocalisation des individus issues des smartphones. Ces données de géolocalisation mobiles fournissent de nouveaux outils pour l'analyse des zones de chalandise et des flux de clientèle. Elles rendent plus accessibles les données relatives à la localisation et aux comportements des clients de la concurrence.

RESSOURCE 7 Les nombreuses applications du géomarketing

NOTION

Le géomarketing permet d'optimiser des actions de démarchage et de distribution de tracts, de réaliser des études d'implantation, de déterminer des potentiels commerciaux ou d'orienter des choix de merchandising.

Gérer et optimiser le réseau physique : adaptation du réseau de distribution physique (points de contacts, flux, merchandising).

Affiner le ciblage : adaptation de la stratégie de communication à la zone de chalandise.

Enrichir la connaissance client : adaptation de l'offre et des points de contact avec la clientèle.

Personnaliser le parcours du client en e-commerce : adaptation de l'offre au profil client à partir des données de géolocalisation.

RESSOURCE 8 Compte rendu de la réunion commerciale

 # vidéo
Les enjeux de l'accord entre la grande distribution et les producteurs - 7,25 min
foucherconnect.fr/22rcar26

De : Stagiaire
À : M. Camelot
Objet : CR de la réunion commerciale avec le chef de rayon

Lors de la réunion, il a été convenu des points suivants :

- prévoir une visite de l'atelier de l'entreprise par le chef de rayon du magasin afin qu'il voie la fabrication des produits ;
- choisir les endroits stratégiques du magasin (comme la tête de gondole du rayon « produits de beauté ») : Julien Camelot fournit le mobilier spécifique (PLV, ILV). Les produits doivent idéalement être présentés à hauteur des yeux et des mains ;
- prix de vente unitaire par produit : 15 € HT pour les crèmes, 7 € HT pour les shampoings et 5 € HT pour les savons. Une marge de négociation est envisageable selon les quantités achetées : remise maximum de 5 % à partir de 50 flacons commandés ;
- pour faire connaître ses produits, M. Camelot peut financer une animation commerciale qu'il réaliserait avec vous, l'entreprise se chargeant d'apporter le matériel nécessaire.

ENTRAÎNEMENT

SE TESTER
QUIZ
foucherconnect.fr/22rcar27

EXERCICE 1

À partir du site www.owlapps.net/application-geomarketing :

1 Construisez la zone de chalandise de l'entreprise dans laquelle vous évoluez.
2 Concluez sur l'intérêt pour l'entreprise de se développer.

EXERCICE 2

M. François, entrepreneur dans le bâtiment, souhaite développer sa petite société de construction, mais il ne sait comment s'y prendre. Suite à des recherches qu'il a effectuées, il s'interroge sur le géomarketing. Vous êtes stagiaire au sein de l'entreprise, et il vous demande de lui préparer un dossier sur ce thème.

1 Précisez à M. François l'objectif du géomarketing.
2 Argumentez sur l'avantage de solutions de géomarketing dans sa stratégie de développement.

Ressource **Le géomarketing : un outil d'une très grande richesse au service de la connaissance terrain**

Le géomarketing peut apporter des réponses concrètes à l'implantation d'un distributeur, d'un marché potentiel. À l'aide de l'informatique, on peut visualiser des informations difficilement exploitables avec des outils de gestion de bases de données classiques et surtout peu parlantes lorsqu'elles sont restituées uniquement sous forme de tableaux chiffrés ou de graphiques. Avec le géomarketing, beaucoup de données deviennent plus claires et explicites, comme produire par exemple des supports cartographiques sous la forme de cartes imprimées dans différents formats. Ainsi, une entreprise pourra visualiser comment sont répartis ses clients sur l'ensemble de la France ou localiser sa concurrence rue par rue, et déterminer la taille de sa zone de chalandise en fonction des temps d'accès de la population à son point de vente.

Quelques exemples d'utilisation du géomarketing :

- localisation des points de vente, des clients, des prospects : meilleure identification de leur concentration géographique dans la perspective de redécouper des territoires commerciaux, d'évaluer des potentiels de développement, de déplacer une agence commerciale, etc. ;
- hiérarchisation et analyse des zones de chalandise par le rapprochement de différentes informations économiques : population, parc de logements, équipements collectifs par département, par commune, voire par quartier ou par rue ;
- analyse des potentiels des marchés locaux (département, agglomération, bassin de population) par l'exploitation de données sur la distribution par point de vente ;
- mise à disposition d'une force de vente d'un outil de prospection permettant d'identifier immédiatement les clients et les prospects situés dans une même ville, un même quartier ;
- optimisation, par une analyse du fichier clients, des actions de distribution de mailings en boîtes aux lettres, pour comprendre quelle zone de chalandise dessert un point de vente ;
- étude comparative d'implantation de points de vente issus de réseaux de distribution distincts.

EXERCICE 3

Justin Grever est un créateur de vêtements pour hommes. Référencé chez des distributeurs spécialisés, il souhaite ouvrir son propre magasin afin de présenter ses réalisations. Après avoir réalisé une analyse externe et interne de l'environnement, il se concentre maintenant sur la zone de chalandise de son point de vente.

1 Indiquez à Justin Grever le facteur-clé de réussite dans le cadre de l'ouverture d'un commerce.
2 Analysez les éléments à prendre en compte dans le cadre d'une future ouverture.
3 Concluez quant à la pertinence de l'ouverture de ce point de vente.

Ressource Création d'entreprise, les clés de l'étude de marché

Le maître mot des experts pour l'ouverture d'un commerce est l'emplacement, pour lequel il faut être réellement vigilant. En effet, c'est un facteur-clé de réussite. Pour cela, le géomarketing constitue la grande nouveauté de ces dernières années.
Grâce à Internet, à la géolocalisation et un peu de bon sens, on constate aisément qu'on n'installe pas une épicerie lorsqu'il y en a déjà deux dans un quartier. Il faut donc dresser la liste des concurrents potentiels et identifier leurs atouts et leurs faiblesses. Il faut également explorer attentivement les foires, visiter les points de vente, étudier leurs catalogues, qui sont des sources précieuses d'informations. Cette étude permet aussi de différencier son produit et d'évaluer la part de marché à espérer.
Les bonnes questions à se poser :
- Que va-t-on vendre ?
- Pourquoi ? (Caractéristiques du produit ou du service ? Avantages aux yeux de la clientèle ?)
- À qui ? (Niveau de vie ? Âge ? Activité de la clientèle ? Fréquence d'utilisation ? Taux de renouvellement ?)
- Comment ? (En VPC ? En vente directe ? Par Internet ?)
- Quand ? (Achat saisonnier ? Régulier ?)
- Où ? (En centre-ville ? Dans les quartiers ? Dans les zones commerciales ?)
- Combien ? (Quelles quantités ? À quels prix ?)

Cette analyse fine permet de constituer un premier fichier de prospects. Puis vient la planification des actions de communication. Les moyens à mettre en place relèvent de trois catégories : la publicité, la promotion (journées portes ouvertes, dégustations, salons, cartes de fidélité…), la prospection/relance (porte-à-porte, mailings…).

EXERCICE 4

Victor Haddad est stagiaire chez Jevetefinancer, une société proposant des solutions de financement. Sa tutrice a créé la société il y a tout juste deux ans suite à sa démission d'un grand groupe bancaire. Elle souhaite se développer et apprécier les opportunités de référencement dans la distribution.

1 Analysez le plan de marchéage.
2 Expliquez comment l'entreprise s'est développée.

Ressource La stratégie marketing de Jevetefinancer

Jevetefinancer est une société appartenant au domaine bancaire qui se démarque en proposant des solutions de financement *low cost* permettant à un plus grand nombre de personnes d'accéder à des solutions de financement. Sa stratégie s'appuie sur cet élément de différenciation.
Les solutions de financement sont disponibles uniquement via le site Internet de l'entreprise. La stratégie de communication repose essentiellement sur le bouche-à-oreille ; elle est ainsi peu élaborée et mérite d'être développée. Le géomarketing, par l'étude de la concurrence et de l'évolution de l'environnement sociologique et démographique, permettra un référencement stratégique des produits. Pour continuer son expansion, Jevetefinancer a fait appel à des sociétés spécialisées dans les solutions de fichiers et de traitement de données. Une solution a été trouvée avec une entreprise qui a développé une solution dédiée au secteur bancaire baptisée « Le Pack Nouveau Client ». Ce pack propose un service de géociblage et d'extraction de fichiers permettant aux entreprises de se doter d'un outil de prospection accessible par Internet et d'un bouquet de fichiers d'adresses.

ENTRAÎNEMENT

EXERCICE 5

Julia trouve qu'il pleut beaucoup à Bordeaux. Elle a décidé de lancer sa propre entreprise de fabrication de bobs de pluie. En effet, elle est très douée en couture et va donc pouvoir les fabriquer elle-même. Pour implanter son point de vente, elle va faire appel à une entreprise spécialisée en géomarketing. Elle veut s'installer en plein cœur d'un quartier « bobo » de Bordeaux où aucune autre boutique n'a développé ce concept.

1 **Expliquez l'intérêt pour Julia de recourir au géomarketing.**
2 **Déterminez les éléments du plan de marchéage.**
3 **Concluez sur le choix de son emplacement.**
4 **Développez les arguments que Julia pourrait mettre en avant pour se faire référencer en grande distribution.**

Ressource 1
Le géomarketing : un outil d'aide à la décision

Comment en apprendre davantage sur la zone dans laquelle vous souhaitez installer votre commerce ? Grâce au géomarketing, sélectionnez l'implantation idéale pour votre futur point de vente, en vous assurant d'être :
- à proximité de votre cible ;
- dans une zone avec une densité concurrentielle faible ;
- facilement accessible.

En combinant des données géographiques, sociodémographiques et de consommation, le géomarketing vous éclaire en effet sur :
- les caractéristiques de la zone : ses axes routiers, le nombre de foyers (type, taille, équipement, population), la localisation des concurrents, etc.
- les caractéristiques des consommateurs : leur activité professionnelle, leur CSP, leur sexe, leur âge, leurs revenus et leurs habitudes d'achat.

https://blog.mediapost.fr

Ressource 2 La stratégie de Julia

- Julia va vendre des bobs de pluie destinés aux femmes et aux enfants.
- Elle compte utiliser du tissu biologique agrémenté de motifs originaux qu'elle aura elle-même dessinés.
- Elle souhaite se positionner en-dessous de ses concurrents, ce qui lui permettra à terme d'avoir une distribution intensive en allant se faire référencer auprès de la grande distribution.
- Pour communiquer sur son produit, elle a réalisé des bobs de pluie pour ses amies et sa famille.
- Elle a également créé un site internet.

Synthèse 7

RETENIR AUTREMENT
AUDIO
foucherconnect.fr/22rcar28

1. Analyser le diagnostic

L'analyse du diagnostic nécessite de prendre en compte divers éléments de l'analyse interne (forces et faiblesses de l'entreprise par rapport à son marché, ses concurrents et ses partenaires) et externe (éléments du marché qui vont impacter l'entreprise de manière positive ou négative – SWOT).
En effet, il convient d'une part de s'appuyer sur les opportunités pour pouvoir aller à l'encontre des menaces, et, d'autre part, de s'appuyer sur les forces de l'entreprise pour combler ses faiblesses. Cette analyse permet de mettre en évidence les différentes stratégies possibles pour l'entreprise. En effet, elle va aider le dirigeant à faire les bons choix stratégiques.
Il convient par la suite d'étudier la zone de chalandise et la demande.
Ces éléments permettront de prendre une décision adéquate pour se développer sur un marché.

2. Étudier la zone de chalandise

A. La détermination de la zone de chalandise

La zone de chalandise correspond à la zone d'influence d'un commerce d'où provient sa clientèle. La connaître permet d'apprécier le potentiel d'évolution de l'unité commerciale. Cela permet aussi de voir combien de temps mettent les clients à venir.
La zone de chalandise est composée de trois zones.

Zone primaire ou cœur de zone	Zone la plus proche : elle entoure directement l'unité commerciale et comprend le plus de clients.
Zone secondaire ou monde de bascule	Zone qui entoure la zone primaire : elle est un peu plus large et rassemble un nombre moins important de clients.
Zone tertiaire ou zone large	Zone éloignée : elle comprend les clients occasionnels de l'unité commerciale.

La zone de chalandise s'évalue :
- de manière isochrone, qui correspond au temps nécessaire pour se rendre au point de vente ;
- de manière isométrique, qui correspond à la distance entre deux points, c'est-à-dire d'un endroit à la boutique. En son centre, on a le point de vente.

B. Les objectifs de l'étude de la zone de chalandise

On étudie la zone de chalandise pour plusieurs raisons :
- soit l'entreprise souhaite implanter un nouveau point de vente ;
- soit l'entreprise souhaite améliorer la croissance de sa zone de chalandise.

À travers cette étude, l'idée est d'atteindre les objectifs issus de la stratégie commerciale.
Pour déterminer la zone de chalandise, il faut prendre en compte divers aspects :
- connaissance de la clientèle (la demande globale comprend l'ensemble des consommateurs sur un marché donné (non consommateurs absolus et non consommateurs relatifs) ;
- prévision d'un potentiel commercial ;
- identification de la concurrence sur la zone ;
- évaluation d'une stratégie de développement ;
- adaptation de l'offre ;
- élaboration des actions commerciales ;
- mise en place des actions correctrices.

C. L'utilisation du marketing mix pour atteindre les objectifs

Pour se développer, l'entreprise doit mettre en place une stratégie commerciale. Elle peut l'étudier à travers le **marketing *mix*** ou **plan de marchéage** qui comprend les 4P. Il permet à l'entreprise de mettre en place la promotion d'un produit ou d'un service.

Politique de produit (*product*)	Caractéristiques techniques du produit : gamme, design, packaging, qualité, service après-vente, garantie.
Politique de prix (*price*)	L'entreprise doit fixer le prix de son produit sur le marché (ce qui est stratégique lors du lancement du produit) et doit connaître les prix pratiqués par ses concurrents.
Politique de communication (*promotion*)	Toutes les actions de communication que l'entreprise va mettre en place pour faire connaître son produit ou son service comme la publicité, la présence sur les réseaux sociaux, etc.
Politique de distribution (*place*)	Tous les canaux de distribution utilisés par l'entreprise pour commercialiser son produit (zone de chalandise).

D. L'utilisation du géomarketing

L'utilisation du géomarketing, qui associe la géographie et le marketing, peut s'avérer fort utile et efficace dans l'élaboration du plan marketing, grâce aux données qui peuvent être exploitées sous forme graphique et/ou cartographique.

Le géomarketing permet d'avoir une bonne connaissance des clients et des prospects. Grâce à lui, l'entreprise va analyser le comportement des individus en tenant compte de la notion d'espaces. Il permet d'optimiser la distribution de tracts, de faire des études concernant l'implantation d'une unité commerciale ou encore d'optimiser des actions de merchandising.

Pour qu'il soit efficace, il s'appuie sur un système d'Information géographique qui permet de récolter des données, comme l'analyse d'une zone de chalandise ou encore le comportement des clients pour les cartographier par la suite.

Le géomarketing permet de prendre des décisions durant toute la vie de l'entreprise.

3. Négocier avec la grande distribution

Négocier avec la grande distribution n'est pas chose facile du fait du fort pouvoir de cette dernière. En général, ces négociations ont lieu une fois par an.

Pour être efficace, le commercial va devoir faire preuve de grandes qualités de négociation et d'argumentation. Il faut avant tout être référencé auprès de la centrale d'achat. Ce contrat de référencement est négocié de manière à ce que la grande distribution tire les meilleures marges, mais aussi que les produits répondent aux attentes des clients. Chaque point de vente est libre par la suite de référencer ou non le produit.

Pour toute négociation, il faut au préalable connaître l'entreprise et son positionnement, les caractéristiques techniques du produit et les concurrents. Pour négocier, le commercial va devoir se construire un outil d'aide à la vente tel qu'un plan de découverte, un argumentaire de vente en établissant par avance les objections que le commercial pourrait rencontrer. Il faut toujours poser une alternative au client ou au fournisseur avec qui se passe la négociation et l'amener à affirmer votre proposition.

La négociation va porter sur les ventes qui peuvent être générées, la façon dont le produit peut se démarquer de ses concurrents, etc.

Une négociation réussie est une négociation où chacun fait des concessions. La relation ne doit pas être déséquilibrée, même si dans les faits elle l'est.

Cette négociation s'appuie néanmoins sur la stratégie commerciale adoptée par l'entreprise.

MOTS-CLÉS

★ demande globale ★ géomarketing ★ marketing mix ★ non consommateurs absolus (NCA) ★ non consommateurs relatifs (NCR) ★ SWOT ★ zone de chalandise

voir lexique page 189

8

Développer la présence dans le réseau de distributeurs

COMPÉTENCE

> Développer la présence dans le réseau de distributeurs

pix

3.1 Développer des documents textuels
3.2 Développer des documents multimédia

CONTEXTE PRO

Perform'
Localisation : Bastia
Effectif : 29 personnes
CA : 2,50 M€

Spécialisée dans la commercialisation de produits d'outillage pour le grand public, Perform' est une entreprise qui a bâti sa réputation sur la fiabilité de ses produits mais surtout leur facilité de manipulation. L'offre, labellisée « Origine France Garantie », composée de perforateurs, perceuses, scies, ponceuses, rabots et agrafeuses, est vendue chez des distributeurs indépendants mais également dans la grande distribution spécialisée (GSS), qui représente les deux tiers de son CA.

L'analyse des performances au sein des GSS ainsi que l'étude du marché ont permis à l'entreprise de constater que la demande est en croissance et que ses produits satisfont sa clientèle finale. Forte de ce constat, l'entreprise a décidé de développer sa présence dans son réseau de distribution.

VOTRE OBJECTIF

Vous êtes alternant(e) dans l'entreprise, et la directrice, Mme Diallo, vous intègre dans l'équipe chargée de développer la présence de la marque chez les distributeurs. Dans ce cadre, vous allez collaborer avec M. Gomes, responsable de la communication. Ce dernier travaille actuellement sur le développement de la marque au sein d'une GSS de bricolage, Bricol+, avec laquelle vous venez de renouveler les accords de référencement.

DÉCOUVRIR AUTREMENT
VIDÉO + QUIZ
foucherconnect.fr/22rcar29

MISSIONS & RESSOURCES

MISSION 1 Proposer des actions spécifiques en magasin

M. Gomes vous indique qu'une action de communication va être réalisée dans le point de vente. Cette action a pour objectif d'appuyer le distributeur dans la commercialisation des deux derniers modèles de l'entreprise, modèles qui seront à cette occasion implantés en tête de gondole.

À RÉALISER

1. Déterminez le type de communication (média ou hors média) qui sera le plus adapté à cette action. RESSOURCES 1, 2
2. Proposez une animation commerciale à réaliser dans l'unité commerciale et présentez-en les grandes lignes. Justifiez vos choix. RESSOURCES 3, 4 FICHE OUTIL 4
3. Proposez deux autres actions qui pourraient être réalisées chez le distributeur afin de développer davantage votre présence.
4. Concevez, à l'aide d'un logiciel adapté, la maquette d'un prospectus à destination de la clientèle afin de l'informer de cet événement. RESSOURCE 4

MISSION 2 Proposer des actions personnalisées

M. Gomes vous informe que Mme Diallo souhaite également proposer des actions spécifiques aux clients de l'enseigne déjà consommateurs des produits. Après vous avoir fourni une étude relative aux enjeux de l'exploitation de la base de données des distributeurs, il vous demande d'identifier ces clients afin de leur faire parvenir une offre personnalisée « clients fidèles », soit un bon de réduction supplémentaire de 10 % valable durant l'opération.

À RÉALISER

5. Justifiez l'intérêt pour Perform' d'exploiter la base de données de la GSS dans le cadre de cette opération et précisez-en les limites. RESSOURCES 5, 6
6. Identifiez et sélectionnez les clients vers lesquels développer une action de communication personnalisée. RESSOURCES 7, 8
7. Rédigez le courrier qui sera transmis à la clientèle sélectionnée dans le cadre de cette offre.

MISSION 3 Évaluer l'efficacité des actions commerciales

Afin de compléter vos compétences dans la conduite d'actions commerciales chez un distributeur, M. Gomes souhaite vous sensibiliser à l'importance de l'évaluation des performances commerciales.

À RÉALISER

8. Justifiez l'importance, pour l'entreprise et le distributeur, d'évaluer l'efficacité des actions commerciales.
9. Listez les indicateurs de performance à mobiliser. Justifiez vos choix.

RESSOURCE 1 La communication média

NOTION

La communication média regroupe l'ensemble des médias utilisés pour transmettre des messages commerciaux. On en dénombre six.

Médias	Avantages	Limites
Télévision	• Public large • Créativité des messages • Cible captive • Audience importante • Bonne sélectivité géographique	• Coût élevé • Effet « zapping » • Segmentation difficile de la clientèle • Réglementation spécifique pour certains produits
Presse locale	• Bon ciblage du profil lecteur, segmentation • Sélectivité géographique	• Qualité technique médiocre • Délai de réservation assez long • Frais concernant les aménagements techniques • Coût élevé pour une durée de vie courte
Radio locale	• Ciblage de l'audience • Proximité • Accessibilité en termes de coût	• Absence de visuel • Cibles peu disponibles pendant l'écoute • Nécessite plusieurs répétitions pour être efficace
Affichage	• Bonne sélectivité géographique • Large gamme de supports offerte • Cible très large	• Peu précis concernant la cible • Temps de lecture très court (message) • Mesure de l'audience peu fiable
Cinéma	• Public jeune, urbain • Sélectivité géographique • Cible captive	• Audience limitée • Coût élevé (production + diffusion)
Internet	• Coût faible et résultats mesurables • Créativité des messages • Cible large	• Audience faible mais en développement • Choix des supports dans un univers en mutation constante et rapide • Audience réelle des sites mal connue

RESSOURCE 2 La communication hors média

NOTION

La communication hors média regroupe l'ensemble des véhicules de communication dont l'objectif principal est la communication, mais qui n'empruntent pas les six médias de masse.

Elle rassemble divers moyens :

- **le marketing direct :** il consiste à établir une relation personnalisée avec la clientèle afin d'optimiser la communication, d'augmenter les ventes, de générer du trafic et de la fidéliser. Les points de vente peuvent utiliser le publipostage (mailing), le publipostage groupé (bus mailing), les ISA (imprimés sans adresse), l'annonce presse avec coupon-réponse, le publipostage électronique (e-mailing), les prospectus et les catalogues ;
- **la promotion des ventes :** elle a pour objectif de stimuler les ventes à court terme en associant un produit ou un service à un avantage ponctuel. Diverses techniques existent qui seront sélectionnées en fonction de l'objectif et de la cible : actions sur les prix, cartes de fidélité, cadeaux, jeux et concours, animations commerciales, communication sur le lieu de vente (PLV, ILV) ;
- **la communication institutionnelle :** elle a pour objectif de développer à long terme l'image de l'unité commerciale et de l'intégrer dans son milieu social. Divers moyens existent : parrainage, mécénat, relations publiques ;
- **les salons, les foires et les expositions :** durant ces manifestations, les unités commerciales peuvent participer afin d'y présenter sur un stand leurs produits et/ou services. Ils permettent notamment de s'informer sur la concurrence mais leur coût est élevé et les résultats difficilement mesurables.

RESSOURCE 3 L'animation commerciale

NOTION

Lors de l'implantation des produits dans le point de vente, la tête de gondole (TG) et l'îlot promotionnel constituent les meilleures implantations. En effet, ils valorisent l'offre du producteur en linéaire et améliorent fortement la performance. Ces espaces, très disputés, sont alloués par les distributeurs aux producteurs et font l'objet de négociations, notamment lors des accords de référencement.
Couplées à une animation commerciale en magasin, les performances des têtes de gondole et des îlots promotionnels peuvent être multipliées de 5 à 10 fois.
Les animations commerciales sont généralement réalisées les jours d'affluence par des entreprises spécialisées ou par la marque elle-même. Le plus souvent financées par les marques-producteurs, elles permettent d'influencer le comportement du consommateur dans son acte d'achat.

RESSOURCE 4 Notes sur la prochaine animation commerciale

Suite à la réunion commerciale, les décisions suivantes ont été prises :
- l'animation débutera dès l'ouverture du magasin (ouverture tous les jours à 9 heures) et se terminera à 18 heures ;
- vous participerez à l'animation avec un collaborateur de l'entreprise ;
- un stand avec du mobilier et de la signalétique de l'entreprise sera apporté par l'équipe ;
- deux produits de démonstration seront présentés (derniers modèles de l'entreprise) ;
- les clients pourront tester les produits sur place (un espace sera alloué par le distributeur à cet effet) ;
- des conseils d'utilisation seront prodigués ; en appui, des dépliants présentant les offres seront proposés ;
- un bon de réduction valable le jour de l'opération sera distribué aux clients (- 15 %).

RESSOURCE 5 Compte rendu de l'étude menée par le service commercial

De : Service commercial
À : M. Gomes
Objet : Compte rendu de l'étude

- **Collecter des données**

Les distributeurs sont détenteurs, grâce à leurs bases de données, d'informations très précieuses pour les industriels-producteurs. En effet, grâce aux systèmes de carte de fidélité proposés par les enseignes, ces dernières enregistrent à chaque passage en caisse des données utiles à la prise de décision marketing (historique d'achats, panier moyen…).

- **Transformer les données en connaissance client**

Le *data mining* apparaît comme l'allié essentiel pour les entreprises. En effet, il permet d'analyser la somme des données collectées afin de les rendre exploitables. L'identification des données pertinentes, leur interprétation et leur transformation en connaissances actionnables vont permettre d'identifier des groupes d'individus au comportement similaire. Cette approche améliore ainsi l'analyse des informations détenues sur la clientèle et permet donc une segmentation de la clientèle.

- **Adapter et anticiper les actions commerciales**

La segmentation réalisée permet la mise en place de véritables stratégies relationnelles (opérations commerciales ciblées au bon moment), qui facilitent ainsi le développement d'une relation durable avec la clientèle.

RESSOURCE 6 La CNIL

NOTION DROIT

La détention de fichiers clients par les entreprises doit respecter des règles juridiques strictes.

La CNIL (Commission nationale de l'informatique et des libertés) est une instance de contrôle et de sanction qui a pour objectif de veiller à la protection des données à caractère personnel.

Son activité, en lien avec le développement des TIC, a pour principales missions :
- d'informer sur les droits et les obligations des acteurs du monde numérique notamment ;
- de réguler et recenser les fichiers ;
- de sanctionner ;
- de protéger les citoyens ;
- de contrôler les fichiers et le respect de la loi informatique et libertés ;
- d'anticiper les évolutions technologiques.

Chaque citoyen a la possibilité de vérifier s'il est enregistré dans un fichier et, le cas échéant, de consulter son dossier et de faire valoir un droit d'opposition ou de rectification.

RESSOURCE 7 La segmentation RFM

NOTION

La méthode de segmentation RFM (récence, fréquence, montant) est le moyen le plus performant pour normaliser les besoins des clients. La méthodologie part du principe selon lequel plus un client achète de manière fréquente, plus il a de chances de revenir acheter au même endroit.

Le classement RFM se fait en fonction de trois critères :
- la **récence :** date du dernier achat ;
- la **fréquence :** nombre d'achats réalisés sur une période ;
- le **montant :** sommes des achats cumulés d'un client sur une période.

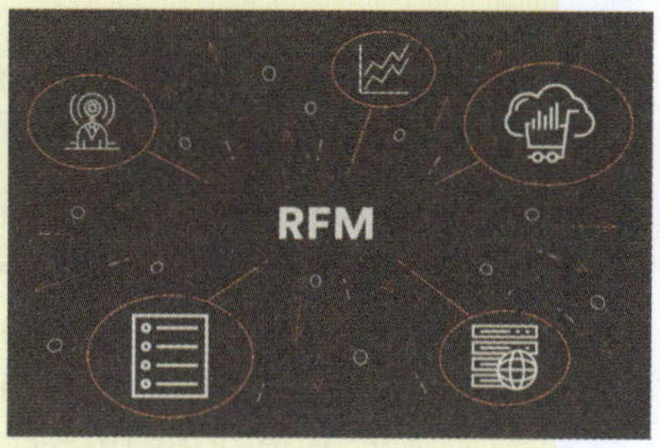

Il est nécessaire d'avoir au minimum l'historique de la clientèle sur quatre périodes (années, trimestres, mois…). À chaque nouvelle période, le classement des clients est recalculé : un client peut ainsi changer de catégorie.

Cette méthode permet à l'entreprise d'adopter un plan commercial sur chaque segment et de réaliser des prévisions sur l'évolution de son portefeuille clients.

RESSOURCE 8 Extrait du fichier clients du distributeur

Segmentation de la clientèle issue de la base de données clients du magasin

Catégories de clients	Montant moyen du panier d'achat	Ancienneté de la dernière visite	Nombre moyen d'achat par an
A	25 €	2 mois	8
B	45 €	4 mois	3
C	75 €	1 mois	5
D	95 €	9 mois	4
E	150 €	6 mois	2

Barème et poids des critères

Récence (35 %)	Fréquence (40 %)	Montant (25 %)
• Achat datant de moins de 2 mois : 12 points • Achat compris entre 2 et 3 mois : 8 points • Achat compris entre 4 et 6 mois : 4 points • Achat datant de plus de 6 mois : 1 point	• 6 achats et plus : 3 points par achat dans la limite de 14 points • 4 achats et plus : 2 points par achat • 2 achats et plus : 1 point par achat • Moins de deux achats : 1 point	• Plus de 100 € : 12 points • Entre 70 et 99 € : 8 points • Entre 40 et 69 € : 4 points • Inférieur à 40 € : 1 point

ENTRAÎNEMENT

SE TESTER

QUIZ

foucherconnect.fr/22rcar30

EXERCICE 1

Titulaires depuis trois ans d'un BTS NDRC et forts d'une première expérience réussie en qualité de commerciaux, Sophie et Antoine ont développé leur propre marque de soupes : Natur'Soup. Très inspirés du succès de l'entreprise Michel & Augustin, ils ont développé des recettes de soupes qu'ils ont dans un premier temps testées auprès de leur entourage. Le succès étant immédiat, ils ont par la suite commercialisé leurs soupes dans les boulangeries de leur quartier. Les retours étant également très positifs, et la demande devenant croissante, ils testent depuis six mois la vente de leurs produits dans le supermarché de leur ville.

Les soupes, initialement cuisinées à la maison, le sont maintenant chez le distributeur afin de répondre à la demande de la clientèle : des produits sains, locaux et cuisinés sur place. Le distributeur est satisfait des résultats mais pense que les performances peuvent encore être améliorées.

1 Proposez et organisez une animation commerciale à réaliser chez ce distributeur. Justifiez vos choix (fiches outils 2 à 4)**.**

2 Proposez deux actions à destination des boulangeries afin de dynamiser les ventes. Justifiez vos choix.

EXERCICE 2

Récemment diplômée d'un BTS NDRC, Tiana Jasmin, passionnée de fleurs, a intégré une entreprise horticole, Au Pays des Fleurs, en qualité de commerciale. Elle a pour mission d'aider Cédric Durant, le propriétaire, à développer la présence de ses produits chez les distributeurs. Ce dernier vous informe qu'il commercialise près de 60 % de sa production auprès des collectivités locales et sur les marchés locaux.

Depuis maintenant un an, il est également référencé au sein d'une GSS locale. Il vous demande d'évaluer les performances de ce référencement.

1 Construisez le tableau de bord et analysez les performances d'Au Pays des Fleurs chez ce distributeur (fiche outil 6)**.**

2 Proposez d'autres indicateurs qui vous permettraient d'affiner votre analyse.

3 Proposez des actions de communication hors média afin de développer la présence d'Au Pays des Fleurs.

Ressource Les performances au 31/12/N

	Objectif CA HT du distributeur	CA HT réalisé du distributeur	Objectif de marge Au Pays des Fleurs	Marge réalisée Au Pays des Fleurs
Plantes	17 000	20 000	4 000	3 000
Bouquets et fleurs coupées	19 000	19 800	6 000	4 500
Pelouse et gazon	3 000	3 500	950	1 000
Équipement du jardin	7 000	6 900	1 700	1 650

Le distributeur applique un coefficient multiplicateur de 2,2 sur les produits.
Les objectifs de CA fixés tiennent compte de ce coefficient multiplicateur.

EXERCICE 3

Vous êtes commercial(e) au sein d'une entreprise spécialisée dans la fabrication de matelas haut de gamme, et votre distributeur exclusif souhaite réaliser une opération « soirée privée » à destination des clients les plus fidèles du magasin. Dans ce cadre, il vous demande de l'aider à organiser l'événement, auquel vous participerez afin de présenter le processus de fabrication de vos produits. Il souhaite inviter environ un tiers des clients de son fichier en qualité de « clients privilège ».

1 **Sélectionnez les clients qui seront invités à cet événement.**
2 **Justifiez l'intérêt pour votre entreprise d'organiser des événements de ce type.**
3 **Rédigez l'e-mail d'invitation qui sera adressé à la clientèle afin de communiquer sur cet événement.**

Ressource Extrait du fichier clients du distributeur

Noms clients	Date de la dernière dépense	Nombre de dépenses au cours des 12 derniers mois	Montant dépensé au cours des 12 derniers mois (en €)
Aladon	15/01/N	4	162
Avanger	18/02/N	6	250
Baloo	05/08/N–1	2	64
Bara	20/03/N	8	320
Cartoon	06/10/N–1	1	39
Da Silva	10/02/N	4	184
Jimenez	08/04/N	7	278
Karka	20/01/N	3	620
Loula	01/08/N–1	3	60
Mistigre	04/03/N	6	215
Noël	07/01/N	10	215
Tor	16/04/N	12	452

Pour sélectionner les clients que l'unité commerciale souhaite inviter à sa journée portes ouvertes, le gérant attribue à chaque client de son fichier un nombre de points en fonction de trois critères.

Récence des dépenses	– 8 points si le client est venu depuis moins de 3 mois. – 5 points si le client est venu depuis plus de 3 mois et moins de 6 mois. – 3 points si le client est venu depuis plus de 6 mois et moins de 12 mois. – 0 point si le client a passé commande depuis plus de 12 mois.
Fréquence des dépenses	4 points par dépense au cours des 12 mois écoulés.
Montant des dépenses	3 points par tranche (entière) de 50 € de CA au cours des 12 derniers mois.

ENTRAÎNEMENT

EXERCICE 4

Commercial(e) chez Lis'Enfant, une entreprise spécialisée dans la commercialisation de liseuses pour enfants en BtoB, vous êtes contacté(e) par M. Karim, responsable de secteur librairie au sein de l'enseigne E.Leclerc de votre secteur. Ce dernier sollicite la participation de votre entreprise à un évènement que le magasin organise : le « Salon du Livre papier et numérique », qui se tiendra dans une partie dédiée du magasin.

En accord avec votre direction commerciale, vous décidez de participer à cette manifestation afin, d'une part, de consolider et de pérenniser vos relations avec ce distributeur, et, d'autre part, de développer la notoriété de vos produits sur votre secteur. Vous serez assisté(e) par un collègue.

En coopération avec M. Karim, vous avez sélectionné, à partir de la base de données du magasin et de la méthode RFM, 100 clients pour lesquels vous aller faire parvenir des invitations personnalisées.

1 **Calculez le coût de la participation à ce salon (ressource 1).**

2 **Calculez la marge hors période promotionnelle et pendant la période promotionnelle (ressource 2).**

3 **Évaluez la rentabilité de cette opération (ressources 1 et 2).**

4 **Proposez à votre directeur régional deux autres actions de communication locales hors médias, afin de compléter cette manifestation.**

Ressource 1 Coût de la participation au Salon du Livre papier et numérique

Publipostage	100 courriers avec un bon de réservation pour une entrée gratuite au salon	Coût du courrier (envoi compris) : 0,84 €
Invitations	Acquisition des cartes d'invitation au salon	150 €
Location de l'emplacement	Stand nu	0 € – Offert
Stand	Matériel Animation 2 vendeurs	300 € Forfait journée : 100 € par vendeur
Frais de réception	Buffet offert durant les démonstrations	100 €

Ressource 2 Note relative à l'opération commerciale durant le salon

→ Le distributeur étant implanté à proximité des écoles, votre réseau décide de mettre en avant une nouvelle liseuse à destination d'un public âgé de 8 à 12 ans, avec une offre promotionnelle de 99,99 € au lieu de 129,99 €. Vous avez un objectif de vente de 15 unités.

→ Le prix de vente HT au distributeur s'élève à 54,20 €, mais lors de la période promotionnelle, le prix est renégocié à 41,70 € HT.

→ La marge d'une liseuse est estimée à 65 % du PVHT au distributeur hors opération promotionnelle.

→ Le prix d'achat reste inchangé.

Synthèse 8

RETENIR AUTREMENT
AUDIO
foucherconnect.fr/22rcar31

1. La communication média et hors média

Communiquer consiste à faire passer un message précis, grâce à des moyens de communication sélectionnés en fonction de leur efficacité et des objectifs fixés, pour atteindre une cible déterminée.
Les entreprises peuvent sélectionner des moyens de communication média et/ou hors média.

A. La communication média

La communication média regroupe l'ensemble des médias utilisés pour transmettre des messages commerciaux.

Médias	Avantages	Limites
Télévision	• Public large • Créativité des messages • Cible captive • Audience importante • Bonne sélectivité géographique	• Coûts élevés • Effet « zapping » • Segmentation difficile de la clientèle • Réglementation spécifique pour certains produits
Presse locale	• Bon ciblage du profil lecteur, segmentation aisée • Sélectivité géographique	• Qualité technique médiocre • Délai de réservation assez long • Frais concernant les aménagements techniques • Coût élevé pour une durée de vie courte
Radio locale	• Ciblage de l'audience • Proximité • Accessibilité en termes de coût	• Absence de visuel • Cibles peu disponibles pendant l'écoute • Nécessite plusieurs répétitions pour être efficace
Affichage	• Bonne sélectivité géographique • Large gamme de supports offerte • Cible très large	• Peu précis concernant la cible • Temps de lecture très court (message) • Mesure de l'audience peu fiable
Cinéma	• Public jeune, urbain • Sélectivité géographique • Cible captive	• Audience limitée • Coûts élevés (production + diffusion)
Internet	• Coûts faibles et résultats mesurables • Créativité des messages • Cible large	• Audience faible, mais en développement • Choix des supports dans un univers en mutation constante et rapide • Audience réelle des sites mal connue

B. La communication hors média

La communication hors média regroupe l'ensemble des véhicules de communication dont l'objectif principal est la communication, mais qui n'empruntent pas les six médias de masse.

Marketing direct	Il consiste à établir une relation personnalisée avec la clientèle afin d'optimiser la communication, d'augmenter les ventes, de générer du trafic et fidéliser les clients. Les points de vente peuvent utiliser le publipostage (mailing), le publipostage groupé (bus mailing), les ISA (imprimés sans adresse), l'annonce presse avec coupon-réponse, le publipostage électronique (e-mailing), les prospectus et les catalogues.
Promotion des ventes	Elle a pour objectif de stimuler les ventes à court terme en associant un produit ou un service à un avantage ponctuel. Diverses techniques existent qui seront sélectionnées en fonction de l'objectif et de la cible : actions sur les prix, carte de fidélité, cadeaux, jeux et concours, animations commerciales, communication sur le lieu de vente (PLV, ILV).
Communication institutionnelle	Elle a pour objectif de développer à long terme l'image de l'unité commerciale et de l'intégrer dans son milieu social. Divers moyens existent : parrainage, mécénat, relations publiques.
Salons, foires et expositions	Durant ces manifestations, les unités commerciales peuvent y participer afin de présenter sur un stand leurs produits et/ou services. Ils permettent notamment de s'informer sur la concurrence, mais leur coût est élevé et les résultats difficilement mesurables.

2. Les actions spécifiques

A. Les actions spécifiques en magasin

Généralement établies lors des négociations annuelles et des accords de référencement, les actions spécifiques réalisées chez le distributeur permettent de développer efficacement la présence de la marque. Elles peuvent prendre différentes formes :
- animations commerciales ;
- implantation des produits en rayon ;
- implantation en TG (tête de gondole) ;
- promotion des ventes ;
- installation d'ILV/PLV.

Producteurs et distributeurs combinent généralement des actions afin de gagner en visibilité et en rentabilité.

B. Les actions personnalisées

En complément, ou indépendamment des actions réalisées chez les distributeurs, les marques et les producteurs peuvent collaborer avec ces derniers afin de proposer des actions personnalisées à destination d'une clientèle identifiée en s'appuyant sur la méthode de segmentation RFM (récence, fréquence, montant) : plus un client achète de manière fréquente, plus il a de chances de revenir acheter au même endroit.
Il est nécessaire d'avoir au minimum l'historique de la clientèle sur quatre périodes (années, trimestres, mois...). À chaque nouvelle période, le classement des clients est recalculé : un client peut ainsi changer de catégorie.
Cette méthode permet à l'entreprise d'adopter un plan commercial sur chaque segment et de réaliser des prévisions sur l'évolution de son portefeuille clients.

3. L'évaluation des performances

Évaluer la performance des actions mises en place est important tant pour le producteur que pour le distributeur.

Producteur	Distributeur
• Évaluer les performances/l'impact sur la cible • Prendre des décisions • Proposer des actions correctrices le cas échéant	• Évaluer les performances/la rentabilité • Prendre des décisions/adapter • Négocier avec les producteurs/les industriels

4. Le cadre légal des actions de communication

La détention de fichiers clients par les entreprises doit respecter des règles juridiques strictes.
La CNIL (Commission nationale de l'informatique des libertés) est une instance de contrôle et de sanction qui a pour objectif de veiller à la protection des données à caractère personnel.
Le RGPD (Règlement général sur la protection des données), entré en application le 25 mai 2018, harmonise les pratiques et les règles européennes applicables en matière de protection des données à caractère personnel.

MOTS-CLÉS

★ animation commerciale ★ communication hors média ★ communication média
★ méthode RFM ★ segmentation

voir lexique page 189

FICHE 1 Réseau de distributeurs

Implanter et promouvoir l'offre chez des distributeurs

→ Valoriser l'offre sur le lieu de vente

→ Développer la présence dans le réseau de distributeurs

Partie 1 Mise en activité professionnelle

Poke First est une chaîne de restaurants proposant un plat hawaïen surfant sur la tendance du fast-good : le poke bowl. Créée en 2019 par Alan, l'entreprise a su se développer en France et en Outre-mer à travers 15 franchises. Son principal atout est que les fruits et légumes de ses plats viennent directement d'une exploitation agricole, ce qui garantit leur fraîcheur, leur qualité et leur traçabilité. Chaque jour, les délicieux poke sont préparés sur place, à la demande du client et sous ses yeux. Une multitude de composition est possible puisque les poke sont conçus de la sorte : base, protéine, topping, sauce, mais l'enseigne propose tout de même une carte de 4 poke bowls signatures avec des ingrédients de saison. Enfin, dans une démarche RSE, l'accent est mis sur le respect de l'environnement en adaptant les pratiques et les matières utilisées.

Forte de sa notoriété et de son image, l'entreprise Poke First souhaite se lancer dans un nouveau projet de développement : vendre en hypermarché afin d'élargir sa clientèle et développer son chiffre d'affaires.

Objectif : vous êtes stagiaire dans l'entreprise Poke First et votre mission est d'implanter et de valoriser le poke bowl au sein de points de vente E.Leclerc en Île-de-France. Pour ce faire, Alan vous demande de préparer l'entretien avec le chef de rayon « snacking » d'Achères (78).

Travail à réaliser : par groupe de 3 à 4 étudiants, traitez les activités à faire ci-après. Chaque membre aura à sa charge des missions précises. Pour commencer, réalisez un tableau de répartition des tâches afin de mieux gérer le travail d'équipe.

ACTIVITÉ 1 Préparer le cadre de l'offre de Poke First

ANNEXES 1, 2, 3, 5

Dans le cadre de la préparation de l'entretien de négociation avec M. Da Silva, le chef de rayon « snacking », Alan vous encourage à vous familiariser avec l'entreprise et son environnement.

1.1 **Expliquez l'importance pour Poke First de s'implanter chez cet acteur de la grande distribution.**

1.2 **Présentez la clientèle ciblée par l'entreprise Poke First : sexe, âge, situation familiale, PCS, revenus, zone géographique, valeurs, centres d'intérêts, personnalité, motivations d'achat, comportement d'achat, etc. Vous pouvez appuyer votre présentation à l'aide d'une recherche documentaire.**

1.3 **Imaginez un storytelling pour Poke First en présentant l'entreprise ainsi que ses produits.**

1.4 **Élaborez le diagnostic interne et externe de l'entreprise en vous appuyant sur la méthode PESTEL pour la partie externe.**

1.5 **Réalisez une étude sur les concurrents implantés dans ce rayon, à partir d'une grille multicritère.**

PRÉPARER L'ÉPREUVE E6

ACTIVITÉ 2 Négocier le référencement avec le distributeur

ANNEXES 1 À 4

Afin d'être efficace lors de la négociation et rendre l'entretien fluide et convaincant, vous préparerez l'ensemble des outils commerciaux ci-après. Vous saurez alors davantage défendre vos intérêts.

2.1 **Élaborez un argumentaire à destination du distributeur et un argumentaire de vente à destination des clients, en utilisant la méthode CAP/SONCAS.**

2.2 **Préparez le traitement de cinq objections auxquelles pourrait vous confronter le chef de rayon.**

2.3 **À partir d'un tableur, calculez les éléments suivants : PVTTC, PVHT, marge distributeur (25 % du PVHT), prix de vente HT, remise que vous accorderez au distributeur, prix HT facturé au distributeur, taux de marque et taux de marge du distributeur.** Fiche outil 1

2.4 **Présentez l'implantation souhaitée de votre produit en rayon : zone, niveau d'implantation en rayon, facing, mobilier de présentation, facteurs d'ambiance. Justifiez vos choix.**

2.5 **Créez les différents supports de communication que vous utiliserez pour promouvoir votre offre. Justifiez vos choix. Aidez-vous de Canva, un site utile pour la création de designs gratuits (affiche, animation sur les réseaux sociaux, vidéo, logo...).**

ACTIVITÉ 3 Promouvoir l'offre sur le lieu de vente

ANNEXE 3

Lors du rendez-vous avec M. Da Silva, il a été convenu que Poke First prendrait en charge une animation commerciale le deuxième week-end du mois de mars, à l'approche du printemps. C'est un bon moyen de dynamiser le point de vente et de faire découvrir vos produits, qui seront à cette occasion implantés en tête de gondole.

> **Organisez une animation commerciale pour Poke First, à partir d'un cahier des charges que vous établirez en amont de l'action.** Fiche outil 4

ANNEXE 1
Les Poke bowls ont le vent en poupe

Au départ, le poke bowl (*poke* signifiant « morceaux » ou « coupé » à Hawaï et *bowl*, « bol » en anglais) est un plat très simple et populaire dans ce pays. Il rencontre désormais un succès phénoménal auprès des consommateurs français, en s'inscrivant dans la tendance « fast-good ». En effet, composé de produits frais, sains, savoureux, et à un prix tout à fait abordable, il permet de toucher tant les étudiants que les jeunes actifs. Ce dernier vient même concurrencer les sushis et les hamburgers, en allant de 5 € en grande distribution à 16 € au restaurant, en moyenne. Enfin, très photogénique de par ses couleurs vives et sa tendance « healthy », on peut en apercevoir des millions sur l'application Instagram.

ANNEXE 2
Le coup de pouce des hypermarchés face à la crise

Après les mairies, c'est au tour de la grande distribution de soutenir les restaurateurs contraints de fermer leurs portes au public[1]. Plats vendus dans les rayons, stands mis à disposition dans le magasin... des hypermarchés redoublent d'imagination pour permettre aux restaurateurs de gonfler leurs revenus et de se faire connaître auprès des clients du magasin. [...] Les centres E.Leclerc commencent également à proposer ce type de service aux restaurateurs, comme l'a expliqué Michel-Edouard Leclerc sur Franceinfo mardi matin. [...] Une employée assignée à la sandwicherie du magasin [de Vire] explique : [...] « Ça leur permet d'avoir un deuxième point de vente en plus de leur restaurant, où ils pratiquent le click and collect ». [...] Plus qu'un réel moyen de gonfler son chiffre d'affaires, cette place dans les magasins représente une opportunité pour les restaurants de gagner en visibilité auprès des habitants de la commune. [...]

lefigaro.fr, Zoé de Sainte Croix, 28.01.2021

1. Fermeture liée aux périodes de confinement instaurées pendant la crise sanitaire du Covid-19 (2020-2021).

ANNEXE 3
Le concept de Poke First

> Composition des plats par les clients
> Carte de 4 Poke bowls signatures, avec des ingrédients de saison
> Une nouveauté chaque mois pour fidéliser les clients
> Respectueux de l'environnement avec des saladiers compostables, conçus en fibre de canne à sucre et le recyclage des déchets
> Importance accordée à l'esthétique des plats, telle une œuvre d'art
> Présent sur Facebook et Instagram

ANNEXE 4
Compte rendu de la réunion avec Alan

De : alan@pokefirst.fr
À : stagiaire-commercial@pokefirst.fr
Objet : Compte rendu réunion du 20/01/N

Les points essentiels de cette réunion de préparation de l'entretien avec E.Leclerc sont :
> S'implanter dans le rayon snacking pour le côté restauration rapide, à hauteur des yeux et des mains. Utiliser des techniques de merchandising sensoriel pour mettre en valeur les produits (PLV, photo d'Alan, musique hawaïenne...).
> Possibilité de livrer E.Leclerc deux fois par jour, pour un étalement de la consommation tout au long de la journée.
> Négocier une animation commerciale pour faire découvrir les produits. Ex. : Poke bowl bar. Possibilité de le garder en permanence si les affaires marchent bien.
> Paiement à 30 jours, pas de reprise des invendus.
> Prix TTC grande distribution : 11,50 €. Remise accordée : 5 %.

ANNEXE 5
Le storytelling

Le storytelling est l'art de raconter une histoire, réelle ou basée sur un mythe, pour toucher le client et créer un certain attachement à la marque. En soutien à des arguments commerciaux, celle-ci permet de capter l'attention et de créer de l'émotion chez le client afin qu'il mémorise la marque.

vidéo
5 exemples de storytelling de marques !
foucherconnect.fr/22rcar32

Partie 2 Concevoir sa fiche descriptive d'activité professionnelle

Travail à réaliser : il s'agit d'un travail individuel à réaliser à partir du contexte de l'entreprise Poke First. Le réseau de distribution reste celui de E.Leclerc.

1. Choisissez une animation de réseau de distributeurs que vous avez réalisée dans la partie 1 au fil des activités précédentes avec E.Leclerc.

2. En vous appuyant sur les annexes ainsi que les outils que vous avez créés, complétez chaque rubrique de votre fiche descriptive d'activité professionnelle. Voir p. 186.

Partie 3 Présenter sa fiche à l'oral

Préparez votre diaporama de présentation de votre fiche descriptive d'activité professionnelle à l'oral, à partir du logiciel de votre choix (PowerPoint, Prezi), puis testez son efficacité en réalisant l'application ci-dessous.

Conseils pour réussir son diaporama

> Utiliser un diaporama est un exercice de **communication**.
> Soyez **pertinent** et **captivant** ! L'objectif est de réaliser une présentation à la fois personnalisée et attrayante.

Application

1. Réalisez votre présentation de 10 minutes devant un camarade qui vous évaluera à partir de la grille ci-dessous. Vous pourrez aussi vous auto-évaluer pour vous corriger.

2. Concluez cette présentation par une analyse critique en formulant les points positifs et les points à améliorer.

Critères d'évaluation du diaporama	Très insatisfaisant	Insatisfaisant	Satisfaisant	Très satisfaisant
Structuré > Introduction, sommaire, développement, conclusion, remerciements				
Concis > 1 idée par diapositive				
Illustré avec des preuves > Graphiques, photos, tableaux, etc.				
Sobre > Fond avec des couleurs claires et neutres				
Aéré > Mots-clés bien choisis, phrases courtes				
Cohérent > Cohérence des couleurs avec le sujet abordé				
Animations et transitions simples Affichage du texte, de l'image... au clic				
Police adaptée > Police unique mais taille, couleur et typographie variées				
Titres/sous-titres > Sur la page de garde et pour chaque partie				
Gestion du temps à l'oral				
Plan B prévu en cas de problème informatique				

9

Sélectionner un réseau de partenaires

COMPÉTENCE

> Participer au développement d'un réseau de partenaires

pix

1.1 Mener une recherche et une veille d'information
3.1 Développer des documents textuels

CONTEXTE PRO

ImmoRéso
Localisation : Rodez
Effectif : 3 personnes
CA : 5 000 €

ImmoRéso est une agence immobilière située dans le centre-ville de Rodez. Récemment créée par Emmanuel Langlois, elle propose des services de location, vente, syndic, transaction, gestion et estimation. Pour faire face à une concurrence de plus en plus intense, M. Langlois souhaite faire évoluer son agence vers une pratique plus moderne de l'immobilier. Il cherche à se différencier de ses concurrents en proposant un nouveau concept de services associés personnalisés permettant un accompagnement global des projets de ses clients.

M. Langlois ne dispose pas d'une structure adaptée, le faible effectif de son agence ne lui permet pas de disposer des compétences nécessaires, et sa capacité financière est insuffisante pour assurer cette diversification en interne. Il souhaite donc connaître les avantages que pourrait lui apporter un réseau de partenaires professionnels.

VOTRE OBJECTIF

Vous êtes stagiaire dans l'agence immobilière ImmoRéso et M. Langlois vous demande de l'assister dans la découverte des différents réseaux de partenaires. Vous êtes chargé(e) de l'accompagner dans sa démarche de recherche de partenaires, depuis le choix du type de réseau le plus adapté jusqu'à la formalisation de la relation avec ses futurs partenaires.

DÉCOUVRIR AUTREMENT
VIDÉO + QUIZ
foucherconnect.fr/22rcar33

MISSIONS & RESSOURCES

MISSION 1 Définir la notion de réseau de partenaires et identifier ses enjeux

Emmanuel Langlois souhaite obtenir des informations sur la notion de réseau de partenaires et s'interroge sur les avantages qu'il pourrait retirer d'une éventuelle collaboration avec un réseau professionnel local déjà existant.

À RÉALISER

1. Déterminez les apports pour ImmoRéso d'un rapprochement avec un réseau professionnel. RESSOURCE 1
2. Identifiez les différents types de réseaux qu'ImmoRéso pourrait intégrer et précisez quels sont leurs principaux avantages et inconvénients. RESSOURCE 2
3. Déterminez quel réseau (BNI ou Club des Entrepreneurs) serait le plus adapté compte tenu des objectifs d'ImmoRéso. RESSOURCES 3, 4

MISSION 2 Identifier les partenaires potentiels pour créer son propre réseau

M. Langlois a intégré le BNI depuis quelques semaines et les nombreux contacts qu'il a pu établir avec les membres du réseau l'ont conforté dans l'idée de faire évoluer son offre et de créer son propre réseau de partenaires.

À RÉALISER

4. Après avoir réalisé un diagnostic d'ImmoRéso et de son environnement, indiquez si la décision stratégique de M. Langlois de créer son propre réseau, afin de commercialiser une offre innovante, vous semble justifiée. RESSOURCE 5
5. Classez, en fonction de chaque pôle retenu, les partenaires potentiels d'ImmoRéso pour la mise en œuvre de sa nouvelle offre. RESSOURCES 5, 6

MISSION 3 Contractualiser la relation entre les partenaires du réseau

M. Langlois a décidé de formaliser les liens qu'il entretient avec ses partenaires. Il vous demande de l'assister dans le choix du contrat de partenariat le plus adapté.

À RÉALISER

6. Identifiez les différents contrats possibles et mettez en évidence leurs points communs et leurs différences. RESSOURCE 7
7. Déterminez les critères à prendre en compte afin de choisir le contrat le plus approprié. RESSOURCE 7
8. Rédigez une note structurée à l'attention de M. Langlois qui justifie le choix d'un contrat au regard des critères retenus.

RESSOURCE 1 Le partenariat : définition, objectifs et avantages

NOTION

- Un partenariat désigne un accord entre plusieurs parties qui souhaitent travailler en coopération dans la poursuite d'objectifs communs. Les membres conservent leur autonomie et mettent en commun leurs efforts afin de répondre à un besoin clairement identifié.
- **Objectifs du partenariat :** neutraliser la concurrence, développer son CA, diminuer ses coûts, atteindre une taille critique, percer un marché protégé, répondre à des besoins de compétences spécifiques, compléter sa gamme de produits ou services, concevoir un produit innovant, répondre aux attentes spécifiques des clients, obtenir des prix plus compétitifs auprès des fournisseurs, etc.
- **Avantages du partenariat :** diviser les coûts et limiter les investissements, partager les risques entre les partenaires, réunir des ressources et des compétences variées autour d'un projet commun, renforcer sa position concurrentielle, s'ouvrir à de nouveaux marchés, se développer en commercialisant de nouveaux produits, avoir accès plus facilement à certaines ressources, conserver sa souplesse et son autonomie.

RESSOURCE 2 Les différents types de réseaux

NOTION

- Le choix d'un réseau est dicté par les objectifs et le degré d'implication du dirigeant d'entreprise.

Un **réseau formel** est régi par des règles et des procédures définies par les membres du réseau et a des objectifs qui vont au-delà de la simple entraide.

Un **réseau informel** consiste à échanger régulièrement avec des professionnels partageant les mêmes préoccupations, chacun gardant sa liberté professionnelle. Il s'agit de groupes ouverts, sans contrainte juridique, qui ont pour objectif principal de développer l'entraide.

- La démarche réseau consiste à utiliser différents types de réseaux :
  - le **réseau relationnel**, composé des relations et des contacts professionnels et personnels de l'entrepreneur ;
  - les **partenariats interentreprises** liés avec d'autres entreprises pour trouver de nouveaux clients, répondre à certaines demandes des clients, pour co-concevoir des produits ou créer une relation d'apport d'affaires ;
  - les **clubs**, **groupements de dirigeants**, **d'entreprises ou d'indépendants** (syndicats professionnels, groupements d'achats, chaînes volontaires…).

Toutes ces structures permettent de développer les relations avec d'autres professionnels, de rompre l'isolement, de continuer à apprendre et, pour certaines d'entre elles, de développer le chiffre d'affaires ou d'optimiser les achats.

- Ces réseaux partenaires peuvent être :
  - **transversaux :** ils rassemblent alors des entreprises appartenant à des secteurs très divers mais regroupés autour d'un objectif commun ;
  - **sectoriels :** constitués de professionnels d'un même secteur, ces réseaux soutiennent l'entrepreneur dans le développement de son activité, favorisent l'entraide et le partage d'expériences, la sous-traitance, la réponse en commun à des appels d'offres, etc.

RESSOURCE 3 BNI, le réseau d'affaires le plus efficace en France, en Europe et dans le monde

La mission de BNI (*Business network international*) est d'aider les entrepreneurs et professions libérales à développer leurs ventes grâce à notre approche structurée, positive et incitative du marketing de recommandation.

Les membres de BNI partagent un même état d'esprit : « Qui donne reçoit ». Celui qui donne des recommandations en reçoit lui-même. C'est parce que tout le monde donne que tout le monde reçoit. C'est cette philosophie qui apporte de la cohésion au groupe, constitue un véritable moteur et implique un mode de fonctionnement basé sur la solidarité, la confiance et l'entraide.

Son équipe de professionnels accompagne, forme et encadre les groupes BNI pour assurer la réussite de tous les membres.

BNI fédère en France plus de 20 000 membres répartis dans plus de 700 groupes.

Lancé en février 2015, le groupe BNI Rodez Dynamique aveyronnaise a déjà échangé des millions d'euros de recommandations (2 669 027 € sur les 12 derniers mois).

Les membres de BNI ont en moyenne augmenté leur activité de 20 % la première année. Les hommes et femmes d'affaires membres du groupe BNI Rodez ont appris comment recommander efficacement une entreprise à une autre. Déjà bien implanté, le groupe dispose encore de catégories professionnelles ouvertes pour des personnes désireuses de mettre en commun leur réseau.

Le groupe Rodez Dynamique aveyronnaise bat également des records au niveau européen : 80 membres et 9 millions d'euros de chiffre d'affaires échangés en deux ans, ce qui en fait le premier groupe « Titanium » d'Europe.

www.bnifrance.fr

RESSOURCE 4 Le Club des Entrepreneurs

Le Club des Entrepreneurs a pour objectif de réunir des entrepreneurs, décideurs et porteurs de projet autour de valeurs communes, de leur apporter des conseils, de les accompagner et de leur fournir un réseau capable de les aider à développer leur activité. Il privilégie les initiatives locales et diffuse des informations pratiques auprès de ses membres.

Ce groupement de professionnels est présent en Aveyron dans la ville de Millau, située à 67 km de Rodez. Il regroupe un grand nombre de chefs d'entreprise de Millau et de sa région. Le club organise des réunions, dîners, soirées et *afterworks* en lien avec des thématiques liées au métier de dirigeant. Ces rencontres conviviales ont lieu chaque mois et permettent à des chefs d'entreprise de présenter leur activité aux autres adhérents et de mettre en avant les spécificités de leur entreprise. En parallèle de ces rencontres, des commissions sont organisées afin de répondre aux problématiques des chefs d'entreprise et de développer l'activité économique millavoise. L'adhésion au club se fait en remplissant un bulletin d'adhésion qui sera ensuite soumis au conseil d'administration pour validation.

RESSOURCE 5 Analyse des besoins d'ImmoRéso

Avant de se lancer dans la recherche de partenaires, ImmoRéso doit évaluer sa propre situation (diagnostic interne de ses forces et de ses faiblesses) ainsi que l'environnement dans lequel elle évolue (diagnostic externe des opportunités et des menaces). La réalisation de ce double diagnostic permettra une meilleure évaluation des besoins de l'entreprise, et conduira à des choix stratégiques plus pertinents.

	Forces	Faiblesses
Opportunités	Comment mobiliser mes forces pour exploiter au mieux les opportunités ?	Comment surmonter mes faiblesses en tirant profit des opportunités ?
Menaces	Comment contourner les menaces en exploitant mes forces ?	Comment procéder pour éviter que les menaces ne se réalisent à cause de mes faiblesses ?

ImmoRéso, bien que récente sur le marché de l'immobilier, véhicule une image de sérieux, de confiance et de respect à l'égard de ses partenaires. Emmanuel Langlois a développé de nombreux contacts avec des professionnels, notamment depuis son adhésion au BNI. ImmoRéso doit faire face à une concurrence intense : ses principaux concurrents ont une taille bien supérieure (en termes d'effectifs, de nombre de clients et de capacité financière) et, pour certains, bénéficient du soutien d'un réseau de franchise d'envergure nationale.

M. Langlois a détecté auprès de ses clients le besoin d'être accompagnés tout au long de leur démarche d'achat immobilier (depuis la recherche d'un terrain ou d'une maison jusqu'à l'installation dans les lieux). Il souhaite saisir l'opportunité qui lui permettrait de se différencier de ses concurrents en apportant une réponse personnalisée à chaque demande. Il envisage pour cela de créer une offre globale de service autour de quatre pôles : juridique, travaux, financier, commodités.

RESSOURCE 6 Extrait de la liste des membres du BNI Rodez

Balat Isolation	bâtiment > isolation
B3f	bâtiment > électricité
Ixo	assurances
Digital Liame	vente d'appareils électroménagers
Studio Napoli	photographie > événements professionnels
Bois et Compagnie	bâtiment > menuiserie
Viaur Alu	bâtiment > vérandas
Arcam	architecte DPLG
Bati Aveyron	bâtiment > fournitures pour la construction
Hk Concept	conception de mobilier
Scp Clément Rural	notaire
Aveyronnaise de crédit	prêts et crédits
Finance Ruthenoise	courtier en prêts immobiliers
Serrurapid	bâtiment > ferronnerie/serrurerie
Zarat	bâtiment > terrassement/excavation
Nuage SARL	bâtiment > plomberie
Gaulois Conseil	défiscalisation immobilière
Cuisinem	aménagement intérieur > cuisiniste
Pomona Lotisseur	immobilier > promoteur
Mirza SAS	bâtiment > peinture en bâtiment

RESSOURCE 7 Les différents contrats de partenariat

NOTION DROIT

Un réseau de partenaires est au commencement une relation de confiance qui va être formalisée par la suite, dans la démarche de partenariat, par un contrat afin de protéger les partenaires et d'assurer la pérennité du réseau. Quelques exemples de contrats :

Groupement d'intérêt économique (GIE) : structure à mi-chemin entre l'association et la société, qui permet à des entreprises indépendantes et déjà constituées de mettre en commun des moyens afin de favoriser leur développement.

Coopérative : type de société permettant à des professionnels indépendants de s'unir, sur un pied d'égalité, au sein d'une même entité. Les adhérents mutualisent leurs moyens, leurs idées et leur savoir-faire ; et ils décident de la politique du réseau sur la base une personne égale une voix.

Association loi de 1901 : convention par laquelle deux ou plusieurs personnes mettent en commun, d'une façon permanente, leurs connaissances ou leurs activités dans un but autre que de partager des bénéfices.

Apporteur d'affaires : contrat par lequel un professionnel (apporteur d'affaires) démarche une clientèle pour le compte d'une entreprise en échange d'une rémunération (souvent une commission calculée sur le CA réalisé).

Franchise : contrat par lequel le franchiseur accorde à un franchisé le droit d'exploiter son nom commercial, sa marque, sa licence, en échange d'une compensation financière (redevance).

Concession : contrat commercial par lequel un concessionnaire se procure auprès d'un concédant (fabriquant, grossiste) des produits qu'il s'engage à commercialiser sous la marque du concédant. Ce contrat confère au concessionnaire une exclusivité pour un temps et dans une ère géographique délimitée.

Partenariat : accord commercial permettant à des partenaires situés à un même niveau hiérarchique (mode de fonctionnement horizontal et mode de décision participatif) d'exploiter le concept d'un des partenaires en contrepartie du versement d'une contribution financière.

ENTRAÎNEMENT

SE TESTER

QUIZ

foucherconnect.fr/22rcar34

EXERCICE 1

1 Déterminez quel est le rôle de l'article L. 330-3 du Code de commerce.
2 Effectuez une recherche documentaire sur les éléments que doit contenir le DIP.

DROIT

Ressource **Article L. 330-3 du Code de commerce (dit Loi Doubin)**

Le franchiseur est tenu de fournir à ses futurs franchisés les informations qui leur permettront de prendre leur décision en connaissance de cause. C'est le rôle de l'article L. 330-3 du Code de commerce, lequel relaie ainsi les exigences de transparence déjà inscrites au Code de déontologie.

Notons que cette loi n'est pas spécifique à la franchise, d'autres systèmes de commerce y sont également soumis (concession, coopérative, etc.), dès lors qu'est transmise, au titre du contrat, une enseigne ou une marque en contrepartie d'un engagement d'exclusivité ou de quasi-exclusivité.

Tout en préservant la confidentialité des éléments relevant du savoir-faire, le franchiseur doit donc respecter l'article L. 330-3 du Code de commerce (l'ancien article premier de la loi Doubin du 31 décembre 1989) et son décret d'application (4 avril 1991). Cette étape, dite précontractuelle, a pour objet de permettre à chaque partie de se confirmer dans sa décision de collaborer. À ce titre le franchiseur doit fournir une information sincère et la plus complète possible en apportant toute information utile pour garantir ou assurer un consentement libre et éclairé du franchisé. Elle se matérialise dans un document appelé le document d'information précontractuelle (DIP). [...] La loi exige que ce document soit remis au candidat franchisé, au minimum vingt jours avant la signature du contrat ou avant le versement de toute somme d'argent. [...]

www.franchise-fff.com

EXERCICE 2

Lors de la mise en place d'un partenariat, une des premières étapes est la réalisation d'un cahier des charges. Son établissement consiste à recueillir les informations indispensables à la définition du partenariat. Ce cahier des charges permet de connaître l'objectif de ce partenariat, les engagements réciproques et de formaliser le recrutement des membres du réseau.

Imaginez un partenariat à mettre en place qui serait profitable à votre entreprise de stage.

1 Indiquez l'intérêt pour votre entreprise et pour le partenaire de rédiger un cahier des charges.
2 Établissez le cahier des charges relatif à ce partenariat.

Ressource 1
Les principaux points d'un cahier des charges

- Présentation du partenariat
- Objectifs du partenariat
- Contexte du partenariat
- Présentation des enjeux du partenariat
- Forme juridique : type de contrat de partenariat
- Prestations réciproques
- Choix des partenaires
- Stratégie de développement du réseau envisagée
- Communication
- Animation
- Suivi des résultats : évaluation, tableaux de bords

Ressource 2
Comment rédiger un cahier des charges fonctionnel ?

Pour être opérationnel, le cahier des charges fonctionnel doit être :

- concis : privilégiez les phrases courtes et les tournures simples. Fixer un nombre de caractères ou de mots peut être une méthode utile pour ce faire ;
- simple : n'employez des termes techniques que lorsque cela est indispensable, utilisez des mots dépourvus d'ambiguïté ou de jugement. L'intérêt du projet doit être démontré de manière claire ;
- organisé : le document doit être structuré par un plan, avec des parties équilibrées.

EXERCICE 3

1 **Déterminez, pour chaque cas, si les entreprises concernées par le partenariat proposent des produits concurrents, substituables ou complémentaires. Justifiez votre réponse.**

2 **Déterminez, pour chaque entreprise, les objectifs du partenariat mis en œuvre.**

3 **Présentez les avantages et les risques éventuels d'un partenariat en vous appuyant sur les différents cas.**

Ressource **Cinq cas de partenariats**

Cas 1 EasyJet et Corsair ont signé un partenariat qui permet à la compagnie française de bénéficier du réseau de son homologue britannique en provenance et à destination de la province française et de l'Europe avec plus de 20 lignes desservies au départ de l'aéroport d'Orly. Ce partenariat intervient dans le cadre du lancement de la plateforme Worldwide by EasyJet. Grâce à lui, Corsair sera désormais revendu sur le site Internet d'EasyJet, qui accueille chaque année 360 millions de visiteurs.

Cas 2 Bluelinea a signé un partenariat avec le réseau d'aide à domicile Adhap Services, afin de lancer son service de téléassistance mobile à destination des personnes en perte ad'autonomie. Adhap Services est constitué de 170 implantations en France et prend en charge quotidiennement 16 200 bénéficiaires. En s'appuyant sur les solutions de Bluelinea, opérateur d'objets connectés dédiés à l'autonomie des personnes dépendantes, Adhap Services propose désormais différentes formules d'abonnements permettant de répondre aux besoins réels de ses clients. Ce service de téléassistance mobile permet d'être en lien 24 h/24, 7 j/7, à domicile comme à l'extérieur, avec une équipe de conseillers spécialement formés pour gérer tout type de situation.

Cas 3 Capgemini a signé un partenariat mondial avec Fortinet, acteur incontournable des solutions de cybersécurité hautes performances. Ce partenariat permet au groupe de services informatiques d'enrichir son portefeuille de services de cybersécurité grâce aux produits de Fortinet. Ensemble, Capgemini et Fortinet proposent de nouveaux services de cybersécurité (sécurité des applications et des centres de données de nouvelle génération) et aident ainsi les entreprises à mieux réagir face aux cyberattaques sophistiquées. Ce partenariat concerne également la formation par Fortinet de 300 ingénieurs Capgemini, qui offriront des services de support sur ces produits de sécurité.

▶▶▶

ENTRAÎNEMENT

Cas 4 Casino a noué un partenariat avec Apex-Brasil afin de favoriser la commercialisation des produits agroalimentaires brésiliens en France. Ce projet a pour objectif de vendre et de promouvoir quarante produits brésiliens pendant une année au moins dans les 156 magasins du réseau de supermarchés et hypermarchés Casino en France. Ces produits feront l'objet d'actions commerciales dans les rayons pour informer les consommateurs français et leur présenter ces innovations.

Cas 5 Darty a renouvelé sa confiance à Crédit Agricole Consumer Finance en signant un accord de partenariat portant sur les cinq prochaines années. Ce partenariat porte sur des services financiers concernant les achats en magasin, sur Internet et dans le réseau Visa et Sofinco, qui devient le financeur des projets de vie des clients Darty. Du côté du crédit, une offre innovante a été lancée dans les enseignes Darty : elle comprend une carte bancaire Visa et un programme de fidélité associé à la carte récompensant ses utilisations par un système de bons d'achat. Cette offre de financement moderne et innovante est en parfaite adéquation avec la stratégie commerciale de Darty et les attentes de ses clients.

EXERCICE 4

L'entreprise Toujoubois est spécialisée dans la fabrication de jeux et jouets éducatifs en matières naturelles (bois, caoutchouc, sans solvants ni colorants chimiques). Elle commercialise ses produits auprès de détaillants spécialisés dans la vente de jouets haut de gamme. Implantée près de Montpellier, elle est leader sur le marché français depuis plusieurs années mais constate un tassement progressif de son chiffre d'affaires sur les derniers mois. Elle souhaite développer son activité en s'adressant à de nouvelles cibles de clientèle.

1 Déterminez quels sont les prescripteurs potentiels (absolus et/ou relatifs) des produits proposés par Toujoubois.

2 Justifiez l'intérêt de proposer un partenariat aux CSE des entreprises de la région.

Ressource **Prescripteur relatif et prescripteur absolu**

- Un **prescripteur** est un individu qui, par son activité, est en position de recommander l'achat d'un produit, d'une marque ou d'un service.
- Un **prescripteur relatif** recommande de manière indicative (et non impérative) l'achat d'une marque ou d'un produit.
Exemple : un professeur de musique, en recommandant une marque d'instrument, est un prescripteur relatif auprès de ses élèves.
- Un **prescripteur absolu** recommande en raison de sa fonction, de manière impérative, un produit ou un service.
Exemple : un médecin est un prescripteur absolu de médicaments ; un enseignant est un prescripteur absolu de manuels scolaires.

Synthèse 9

RETENIR AUTREMENT
AUDIO
foucherconnect.fr/22rcar35

1. Connaître les différents types de réseaux de partenaires

Un entrepreneur peut décider de mettre en place une démarche réseau pour différentes raisons : rompre l'isolement ; développer des relations avec d'autres professionnels ; développer son CA ; mettre en commun des compétences, etc.
Il va pouvoir utiliser différents types de réseaux gravitant dans son environnement :
- le **réseau relationnel**, composé des relations et des contacts professionnels et personnels de l'entrepreneur ;
- les **partenariats interentreprises** liés à d'autres entreprises ;
- les **clubs**, groupements de dirigeants, d'entreprises ou d'indépendants (syndicats professionnels, groupement d'achats, chaînes volontaires, clubs internationaux d'entrepreneurs…).

Le choix d'un réseau est dicté par de multiples critères définis par l'entrepreneur, mais est aussi fonction des objectifs et du degré d'implication du dirigeant d'entreprise. Les réseaux sont nombreux et variés.

A. Les réseaux formels ou informels

Les **réseaux formels** sont des réseaux formalisés qu'une entreprise peut créer ou rejoindre s'ils sont existants. Ils sont régis par des règles et des procédures définies par les membres ou la tête du réseau et ont des objectifs qui vont au-delà de la simple entraide.
Les **réseaux informels** consistent à échanger régulièrement avec des professionnels qui sont dans la même situation et qui partagent les mêmes préoccupations, chacun gardant sa liberté professionnelle. Il s'agit de groupes ouverts sans contrainte juridique. Les groupements informels n'ont pas vocation à développer des affaires, mais peuvent aboutir à de l'entraide.

B. Les réseaux transversaux ou sectoriels

Ces réseaux partenaires peuvent être classés en deux groupes.

Réseaux transversaux	Clubs ou groupements rassemblant des entreprises et des professionnels appartenant à des secteurs très divers, mais regroupés autour d'un objectif commun. Exemples : clubs d'affaires, clubs de créateurs d'entreprises, réseaux de dirigeants, etc.
Réseaux sectoriels	Clubs ou groupements rassemblant des professionnels d'un même secteur qui soutiennent l'entrepreneur dans le développement de son activité. Entraide et partage d'expériences, accompagnement au développement, sous-traitance… leurs objectifs sont multiples.

2. Identifier les enjeux d'un réseau

Les enjeux de la mise en place d'un réseau sont multiples. Un réseau sert notamment à :
- rompre l'isolement et partager des expériences ;
- lutter contre la concurrence ;
- trouver de nouveaux clients ;
- se développer localement ou à l'international ;
- étoffer son offre produit ou service ;
- mutualiser les coûts, réduire les charges ;
- acheter moins cher ;
- répondre à des demandes spécifiques de clients, etc.

3. Choisir le réseau le plus adapté aux projets de l'entreprise sur son marché

Avant de choisir son réseau de partenaires, l'entreprise doit évaluer sa propre situation en réalisant un diagnostic interne de ses forces et faiblesses puis un diagnostic externe des opportunités et menaces de l'environnement dans lequel elle évolue. La réalisation de ces diagnostics permet de mettre en évidence les besoins de l'entreprise. L'entrepreneur va ensuite fixer le principal objectif de sa démarche réseau et affiner ainsi son choix de réseau.

A. Le choix d'intégrer un réseau existant

Un réseau existant doit permettre :
- de bénéficier d'un réseau ;
- de partager des affaires et des recommandations ;
- d'avoir des rapports directs avec des décideurs clés ;
- de bénéficier d'une connaissance approfondie du tissu économique local ;
- de rejoindre un réseau relationnel étendu par le maillage des contacts ;
- d'appartenir rapidement au réseau puisqu'il est déjà existant ;
- de bénéficier de savoirs et savoir-faire expérimentés et profitables.

Cependant, l'entrepreneur devra :
- verser une contribution pour entrer dans le réseau ;
- adhérer aux règles et aux procédures établies ;
- accepter la contrainte d'une structure déjà existante, etc.

B. Le choix de créer son propre réseau

Créer son propre réseau est une démarche longue, ardue et risquée. L'entrepreneur peut agir seul ou se faire accompagner par une société spécialisée. Il doit :
- nommer un responsable ;
- définir le partenaire type et les conditions d'admission des nouveaux membres ;
- formaliser les règles de fonctionnement, la proposition de valeur apportée entre partenaires, le contrat de partenariat, la rétribution entre partenaires.

4. Contractualiser la relation entre les partenaires du réseau

De manière générale, on définit les réseaux d'entreprises comme un ensemble d'entreprises indépendantes qui entretiennent des relations formelles sans que des liens financiers ne les unissent. Ce sont des réseaux professionnels qui ont pour vocation de permettre à leurs adhérents de réaliser des objectifs dans l'intérêt commun de tous et qu'il serait difficile de réaliser par des actions individuelles et séparées.
Un réseau de partenaires est au commencement une relation de confiance qui va être formalisée par un contrat de partenariat afin de protéger les partenaires et d'assurer la pérennité de ce réseau.
Plusieurs types de contrats existent :

- Apporteur d'affaires
- Partenariat
- Franchise
- Concession
- Association loi 1901
- GIE (Groupement d'intérêt économique)
- Coopérative

MOTS-CLÉS

★ apporteur d'affaires ★ association loi de 1901 ★ concession ★ coopérative ★ franchise ★ groupement d'intérêt économique (GIE) ★ partenariat commercial ★ prescripteur ★ réseau de partenaires ★ réseau formel ★ réseau informel ★ réseau sectoriel ★ réseau transversal

voir lexique page 189

10

Développer un réseau de partenaires

COMPÉTENCE

> Participer au développement d'un réseau de partenaires

pix

1.1 Mener une recherche et une veille d'information
1.3 Traiter des données
3.1 Développer des documents textuels

CONTEXTE PRO

Le Jardin des Pivoines
Localisation : Béziers
Effectif : 35 personnes
CA : 3,20 M€

Le Jardin des Pivoines est une enseigne spécialisée dans la création florale artistique située dans le sud de la France, à Béziers. Angèle Debord, créatrice du concept, a ouvert son premier concept-store dans le centre-ville de Béziers il y a dix ans et a rapidement aménagé trois autres points de vente en nom propre dans les environs (Sète, Pézenas et Agde). L'originalité de ses créations, la qualité des services proposés aux clients (professionnels et particuliers) ainsi que le fort potentiel du marché de la création florale ont incité Angèle Debord à décliner son concept sous forme de franchises. Quatre nouveaux magasins ont donc été ouverts par des franchisés à Montpellier, Narbonne, Alès et Nîmes.

Angèle Debord s'interroge sur l'intérêt de poursuivre le développement de son réseau de franchisés dans d'autres départements, limitrophes de l'Hérault : l'Aveyron, la Lozère et le Tarn.

VOTRE OBJECTIF

Vous êtes stagiaire au Jardin des Pivoines et Angèle Debord vous demande de l'aider à identifier les différentes stratégies de développement possible pour son réseau de magasins. Vous devrez ensuite l'assister dans la sélection, le recrutement et l'intégration d'un nouveau partenaire.

DÉCOUVRIR AUTREMENT

VIDÉO + QUIZ

foucherconnect.fr/22rcar36

MISSIONS & RESSOURCES

MISSION 1 Développer le réseau de partenaires

Angèle Debord souhaite s'informer sur les différentes stratégies de développement de réseaux afin de choisir la meilleure modalité de croissance pour son concept.

À RÉALISER

1. Repérez dans quelle phase de son cycle de vie se situe le réseau Le Jardin des Pivoines. RESSOURCE 1
2. Identifiez, parmi les différentes stratégies de développement envisageables pour Le Jardin des Pivoines, celle qui serait la plus appropriée compte tenu des objectifs de Mme Debord. RESSOURCE 2

MISSION 2 Sélectionner des partenaires

Mme Debord a décidé de recruter un nouveau franchisé afin de développer son activité dans le département de l'Aveyron. Elle vous demande de l'assister dans la sélection et le recrutement de ce nouveau franchisé.

À RÉALISER

3. Identifiez quels sont les éléments qui conditionnent la réussite du recrutement d'un nouveau partenaire. RESSOURCE 3
4. Déterminez si Mme Debord a intérêt à privilégier les mêmes critères de sélection que ceux retenus par son concurrent Monceau Fleurs. RESSOURCE 4
5. Déterminez quel est le candidat le plus approprié pour devenir le nouveau franchisé du point de vente Le Jardin des Pivoines de Rodez. RESSOURCE 6
6. Précisez, pour chaque étape du processus d'intégration du nouveau franchisé, les avantages de ce processus pour le franchiseur et pour le franchisé. RESSOURCE 5

MISSION 3 Mobiliser les ressources nécessaires au développement du réseau

Mme Debord souhaite continuer à développer son réseau et vous demande de faire le point sur les ressources disponibles pour financer ce développement.

À RÉALISER

7. Déterminez quelles sont les ressources dont dispose le franchiseur pour poursuivre le développement de son réseau. RESSOURCE 7
8. Précisez le rôle de chaque type de redevance. RESSOURCE 7
9. Calculez le montant total que devra verser le nouveau franchisé au franchiseur si le chiffre d'affaires qu'il réalise est de 510 000 € à l'issue de l'année N. RESSOURCES 7, 8

RESSOURCE 1 Les phases du cycle de vie d'un réseau de partenaires

NOTION

Expérimentation	> Définir le concept, le positionnement souhaité et s'interroger sur le mode de développement le plus adapté.
Modélisation	> Définir précisément le cahier des charges. > S'interroger sur le mode de recrutement du réseau. > Planifier le développement. > Organiser le volet logistique.
Accélération	> Mettre en œuvre le déploiement du réseau en sélectionnant et en recrutant les futurs candidats au réseau.
Valorisation	> Traduit l'arrivée à maturité du réseau. À ce stade, le concept doit être valorisé, décliné et diffusé de façon plus large sur le territoire.

RESSOURCE 2 Les différentes stratégies de développement de réseau

NOTION

Plusieurs stratégies peuvent être mises en place afin de développer un réseau.

Stratégie d'expansion contiguë

Elle consiste à développer son réseau en implantant des points de vente dans des zones situées à proximité des points de vente déjà implantés afin d'obtenir un maillage étroit du territoire.

Stratégie dite de « tête de pont »

À l'inverse de la stratégie d'expansion contiguë, elle consiste à développer son réseau dans de nouvelles zones encore non exploitées et qui présentent un potentiel d'activité intéressant.

Stratégie d'effet de grappe

Elle vise à obtenir une part de marché élevée afin d'assurer un verrouillage du marché avant la concurrence.
Elle se caractérise par une implantation massive et immédiate d'un grand nombre de points de vente.
Afin d'accélérer le développement du réseau et de gagner du temps sur les concurrents, une croissance externe peut alors être envisagée : elle consiste à racheter des points de vente déjà existants. On parle alors de **stratégie d'acquisition de réseau**.

Stratégie d'écrémage

Elle consiste à implanter les points de vente là où se situent les clients les plus rentables, quelle que soit leur localisation.

RESSOURCE 3 Enseigne : comment choisir ses futurs franchisés ?

NOTION

Bien recruter ses franchisés est un véritable enjeu pour la pérennité et le développement d'un réseau. Quelles sont donc les qualités essentielles à prendre en compte ?
Recruter un candidat à l'esprit commerçant et managérial est une base nécessaire mais insuffisante pour assurer son intégration et sa capacité à enrichir un réseau. « Il n'y a pas vraiment de profil type de franchisé. Pour trouver les candidats adéquats, la franchise doit parvenir à déterminer l'ADN de son réseau. Il faut que l'enseigne puisse recruter des franchisés qui "ressemblent" à son fondateur – sans pour autant en être le clone. Il faut que le candidat partage ses valeurs et celles du réseau qu'il a créé », explique Murphy Tailly, directeur associé de TTI Réseau et Franchise, solution d'accompagnement des réseaux dans leur recrutement. […]
Une enseigne apporte une valeur ajoutée au franchisé avec son savoir-faire et sa technique. Elle n'est cependant pas en mesure de modifier fondamentalement le profil du franchisé. « Le savoir-être est donc très important », souligne Murphy Tailly. La solidité financière du candidat, sa capacité à obtenir les ressources nécessaires, savoir s'il a un local… sont des éléments rapidement et facilement vérifiables par l'enseigne. Connaître et appréhender la personnalité du candidat reste plus complexe. Qui est-il ? Pourquoi s'intéresse-t-il à l'enseigne ? […]

[…] Le premier élément à identifier est les valeurs du candidat : elles doivent être partagées ou être complémentaires avec la tête de réseau. […] « Après, il faut regarder les aptitudes personnelles du candidat. Mèneront-elles à la réussite du projet ou au contraire seront-elles discriminantes ? » A-t-il les ressources nécessaires pour manager ? A-t-il un esprit collectif pour bien s'intégrer dans le réseau ? A-t-il bien conscience de l'engagement ? Est-il disposé au projet entrepreneurial ? Est-il prêt à respecter les règles inhérentes au concept ? […]

Elisabeth Crupi (Lendopolis/KissKissBankBank&Co) pour le compte des Échos de la Franchise

RESSOURCE 4
Votre e-mail concernant le recrutement des franchisés Monceau Fleurs

De : stagiaire@jardindespivoines.fr — jeu. 06/12/N 09:27
À : adebord@jardindespivoines.fr
Objet : Étude du recrutement des franchisés de notre concurrent Monceau Fleurs

Monceau Fleurs est une des premières enseignes de vente de fleurs en libre-service. L'enseigne est aujourd'hui leader national sur son secteur et a su imposer son concept sur le marché des fleurs. Les larges amplitudes horaires d'ouverture de ses magasins (7 j/7 et tard le soir) et les produits de qualité qu'elle propose font de Monceau Fleurs un acteur incontournable du marché. Elle fait bénéficier ses franchisés de sa forte notoriété, de son savoir-faire, et leur apporte l'assistance nécessaire à la réussite de leur commerce.

Les franchisés Monceau Fleurs n'ont pas besoin d'avoir des connaissances en horticulture car la formation dispensée par l'enseigne leur procure toutes les compétences nécessaires. Le côté artistique ou poétique n'est pas une priorité car les bottes, les plantes et les bouquets composés sont livrés déjà emballés par la plateforme logistique ou les producteurs.

Les profils recherchés pour les futurs candidats à la franchise sont ceux de créateurs d'entreprise, commerçants indépendants, investisseurs ou repreneurs, ayant des aptitudes en gestion, management et organisation ainsi que de bonnes qualités relationnelles. Les franchisés viennent de domaines très variés tels que la grande distribution, le secteur financier, la publicité, la restauration rapide et le commerce en général.

Cordialement,

Assistant(e) de Mme Debord

RESSOURCE 5 Bien s'intégrer dans son réseau de franchise

NOTION

L'intégration des franchisés au sein d'un réseau de franchise est fondamentale. Le principe même de ce format d'entreprise est de n'être jamais seul, ce qui permet de mieux supporter les conjonctures économiques difficiles. L'intégration est un véritable parcours qui permet au futur franchisé de voir de l'intérieur le fonctionnement de la franchise et au franchiseur de tester l'investissement du franchisé. Les trois étapes d'une intégration réussie sont :

Le parcours d'intégration → **La formation** → **L'accompagnement du franchisé**

Le parcours d'intégration
- Ce n'est pas un simple entretien d'embauche. C'est une sorte de stage concret qui détermine la suite de la collaboration entre le franchiseur et son franchisé.
- Au cours de cette formation, le futur franchisé découvre le mode de fonctionnement de la franchise, apprend à mettre en place des partenariats locaux et s'imprègne du concept de l'enseigne.

La formation
- Une fois le parcours validé par le franchiseur, le franchisé peut commencer sa véritable formation.
- L'enseigne l'accompagne dans l'élaboration de son projet (étude de marché, financement, spécificités…) et le forme à ses process de production et de gestion.

L'accompagnement du franchisé
- Il est indispensable et se prolonge pendant toute la durée de vie de l'entreprise.
- Le franchiseur apporte son expertise et son expérience afin d'aider le franchisé à devenir rapidement rentable.
- Il organise des rencontres entre franchisés afin de favoriser l'entraide et de trouver des solutions aux problèmes rencontrés.

RESSOURCE 6 Prise de notes suite à l'entretien avec deux candidats

→ Candidat 1	→ Candidat 2
BTSA technico-commercial champ professionnel jardin et végétaux d'ornement (lycée agricole de La Roque – Rodez). Formation de 2 mois à Kyoto sur les techniques d'*ikebana* (art floral japonais). Expérience de 2 ans chez un fleuriste indépendant à Millau. Qualités : créative, organisée, persévérante. Peu d'expérience dans le domaine de la gestion.	École de commerce de La Rochelle. Expérience de 15 ans en GSS de bricolage (chef de rayon, directeur de magasin). Souhaite changer de secteur d'activité (intéressé par le potentiel du marché des fleurs) et de région. Peu de connaissances en horticulture. Esprit ouvert, bon manager (sait s'entourer de personnes compétentes), bonne capacité d'adaptation.

RESSOURCE 7 Redevance initiale forfaitaire, redevance publicitaire, redevance périodique, quelle différence ?

NOTION

En franchise, la rémunération du franchiseur se compose d'une part de la redevance initiale forfaitaire, plus communément appelée droit d'entrée, et des redevances périodiques, plus communément appelées royalties. Peuvent s'ajouter, selon les cas, des redevances publicitaires qui ont un statut à part en franchise.

Les redevances en franchise permettent de rétribuer le franchiseur pour l'effort consenti en amont lors de la création du concept et de son test. Elles servent également à financer les frais engagés pour le développement du réseau (recrutement, formation initiale et accompagnement des nouveaux franchisés). Tous ces frais sont globalisés dans le droit d'entrée, également appelé redevance initiale forfaitaire. Les frais engendrés par la mise en place de services aux franchisés en cours de contrat (animation, veille juridique, R&D, formation continue, centrale d'achats…) relèvent quant à eux des redevances périodiques, également appelées royalties. […]

Une fois l'activité lancée, tout ce qui concourt à financer le bon fonctionnement du point de vente au quotidien (animation, R&D…) est également globalisé. Le montant des sommes dues par chaque franchisé au titre du fonctionnement (les royalties) est soit forfaitaire soit proportionnel au chiffre d'affaires. Le paiement se fait périodiquement (chaque mois, chaque trimestre, ou chaque année selon les réseaux), d'où le nom de redevances périodiques.

L'ensemble des redevances acquittées par les franchisés (droit d'entrée + royalties) doit permettre au franchiseur d'avoir les moyens de poursuivre son développement sereinement. Selon le modèle économique développé par chaque réseau, l'équilibre financier se crée en réclamant plus de droit d'entrée et moins de royalties, ou à l'inverse plus de royalties que de droit d'entrée. […]

La redevance publicitaire peut être réclamée en sus des royalties par certains réseaux pour financer des campagnes de communication d'envergure et uniquement dans ce cadre.

www.toute-la-franchise.com, Dominique André-Chaigneau.

RESSOURCE 8 Calcul de redevance de la franchise Le Jardin des Pivoines

- Droit d'entrée : 40 000 €.
- Redevance de fonctionnement : pas de forfait, la redevance de fonctionnement est proportionnelle au chiffre d'affaires et se calcule par tranche de CA.

Montant de chiffre d'affaires réalisé par le franchisé	Moins de 400 000 €	Entre 400 000 et 600 000 €	Au-delà de 600 000 €
Taux de redevance de fonctionnement (en % du CA réalisé)	5 %	4 %	3 %

ENTRAÎNEMENT

SE TESTER

QUIZ

foucherconnect.fr/22rcar37

EXERCICE 1

Afin de soutenir la croissance de son réseau de partenaires, Xerox lance une vaste campagne de recrutement dans toute la France.

1 Justifiez l'intérêt pour Xerox d'aider ses partenaires à recruter leur personnel.
2 Déterminez en quoi Xerox peut être plus efficace dans le recrutement que ses propres partenaires.
3 Identifiez les différents outils d'aide au recrutement utilisés par Xerox.

Ressource **Xerox aide son réseau de revendeurs à recruter 200 commerciaux**

[…] Xerox souhaite […] étendre sa couverture commerciale de plus de 5 % et aider l'ensemble de ses partenaires à développer leurs activités. Actuellement, le réseau Xerox compte 137 partenaires répartis dans toute la France et dispose aujourd'hui d'un effectif de 780 commerciaux. L'objectif cette nouvelle campagne est de permettre au réseau de partenaires de recruter plus facilement de nouveaux talents dans le secteur de la vente. Les postes à pourvoir sont les suivants : *business developer* junior et senior, chefs des ventes et directeurs commerciaux ayant une formation de bac + 2 à bac + 4/5 et étant issus d'écoles de commerce et de BTS. Xerox s'est appuyé sur un partenaire, Spring, pour mettre en place un véritable dispositif de recrutement à la fois sur les principaux sites d'emplois tels que Monster, RegionJob et Indeed, mais aussi sur les réseaux sociaux avec notamment une vidéo de présentation du métier de *business developer* illustrant l'état d'esprit d'« intraprenariat » propre au réseau Xerox. Cette vidéo a été tournée directement dans les locaux de certains partenaires Xerox et met en scène de véritables commerciaux.

www.actionco.fr, Laurent Bailliard, 23.02.2016

EXERCICE 2

Après sept ans d'expérience en tant que manager dans la restauration rapide, Adama Balla souhaite créer son propre restaurant en s'appuyant sur le système de la franchise afin de bénéficier de l'assistance, du savoir-faire et du renom d'une enseigne existante. Pour elle, l'équilibre alimentaire et la qualité des produits vendus sont essentiels. Le montant maximum qu'elle souhaite investir est de 100 000 €. Vous effectuez un stage de six semaines auprès de Mme Balla. Elle vous demande de l'aider à choisir la franchise la plus adaptée à son projet.

1 Calculez, pour chaque contrat de franchise, le montant total à verser au franchiseur à la fin du premier exercice, en vous appuyant sur le chiffre d'affaires potentiel fourni par le franchiseur.
2 Aidez Mme Balla à choisir l'une des deux franchises pour créer son restaurant.

Ressource **Les deux franchises de restauration rapide de qualité**

Deux franchises sont susceptibles d'intéresser Adama Balla.

Franchise 1 : BurgBio

- Enseigne de restauration rapide certifiée 100 % bio
- Apport personnel : 100 000 €
- Droit d'entrée : 20 000 €
- Redevance de fonctionnement : 4,5 % jusqu'à 550 000 € de chiffre d'affaires et 2 % au-delà
- Redevance publicitaire : 1 %
- Chiffre d'affaires potentiel réalisable : 700 000 €

Franchise 2 : BagBio

- Restauration bio avec un large choix de bagels chauds, burgers, salades et frites croustillantes
- Apport personnel : 70 000 €
- Droit d'entrée : 21 000 €
- Redevance de fonctionnement : 7 % jusqu'à 200 000 € de chiffre d'affaires, 4 % entre 200 000 et 300 000 € de chiffre d'affaires, et 3 % au-delà
- Chiffre d'affaires potentiel réalisable : 400 000 €

EXERCICE 3

L'intégration d'un franchisé au sein d'un réseau de franchise est une étape importante qui conditionne la réussite de la collaboration entre les membres du réseau. Vous souhaitez intégrer le réseau de services à domicile Centre Services et ouvrir votre agence dans le 11e arrondissement de Paris. Vous vous interrogez sur la qualité de l'accompagnement que cette franchise pourrait vous apporter.

1 Listez les différentes méthodes et outils utilisés par Centre Services pour garantir la bonne intégration de ses franchisés.
2 Recherchez d'autres méthodes ou outils susceptibles d'améliorer la phase d'intégration.
3 Présentez les bénéfices retirés par les nouveaux franchisés.

Ressource **Centre Services offre à ses franchisés un processus d'ouverture performant**

Le réseau de franchise de services à domicile Centre Services spécialisé dans l'aide à domicile et les services aux particuliers comme le petit bricolage ou la garde d'animaux offre, en plus de son concept éprouvé, un processus d'ouverture performant.
Le réseau de franchise Centre Services accompagne ses franchisés dans l'ouverture de leur agence. L'enseigne a élaboré pour cela un processus d'intégration efficace afin de permettre à chaque nouveau membre de lancer son activité dans les meilleures conditions. Cet accompagnement permet à chaque franchisé de pérenniser et de stabiliser son activité dans un laps de temps réduit. Cet accompagnement démarre par une formation initiale dans laquelle l'enseigne transmet son savoir-faire et présente ses supports et ses outils. Cette formation permet à chaque nouveau franchisé de se familiariser avec le concept et de maîtriser le fonctionnement du réseau ainsi que son progiciel de gestion de clients/intervenants qui lui est propre.
Pour transmettre son savoir-faire, l'enseigne s'appuie sur des manuels opératoires clairs et précis. Ces manuels, dans lesquels sont détaillés tous les processus, sont de véritables guides pour les franchisés. L'enseigne poursuit ensuite son accompagnement en participant au développement et à la croissance de chacune de ses agences franchisées grâce à des formations continues dispensées sur le terrain.

www.toute-la-franchise.com, Laurence Jacquin Théodore

EXERCICE 4

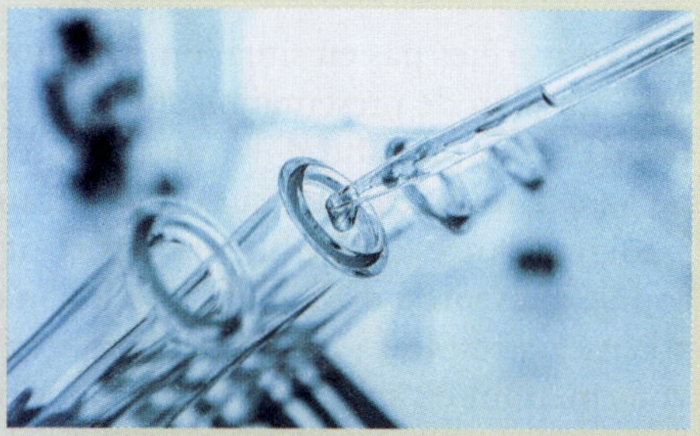

Vous êtes stagiaire au sein du réseau de concessionnaires JBR, spécialisé dans le matériel de verrerie à destination des professionnels. Votre tuteur, Xavier Leral, est chargé du recrutement des nouveaux membres du réseau. Depuis plusieurs mois, il observe une dégradation de la qualité de ce recrutement, génératrice de nombreux conflits. Il souhaite sensibiliser sa hiérarchie à ce problème et vous demande de l'aider à préparer son intervention à l'occasion de la réunion des responsables de JBR France.

1 Déterminez en quoi le recrutement des membres d'un réseau de partenaires constitue un enjeu important pour la tête de réseau.
2 Déterminez quelles peuvent être les conséquences d'un mauvais recrutement.
3 Listez les différents coûts relatifs au recrutement d'un collaborateur.
4 Recherchez quelles sont les différentes étapes nécessaires à un recrutement efficace.

ENTRAÎNEMENT

EXERCICE 5

Le réseau CoDynamic est un club d'entrepreneurs de votre ville et de ses environs. Ce groupe compte actuellement 17 membres. Il est composé de chefs d'entreprises locaux de secteurs d'activité différents qui se réunissent une fois par mois dans un espace de coworking de votre ville.

L'objectif de ce club est de mettre en place un système d'entraide et de recommandation au sein des membres, afin que chaque entreprise participante ne reste pas isolée et puisse développer son réseau de prospects et de clients.

Lors de ces réunions, et à tour de rôle, chaque membre présente une information commerciale de cinq minutes afin de mettre en avant l'activité et l'actualité de son entreprise.

Le recrutement d'un nouveau partenaire s'effectue après invitation du candidat potentiel à participer à une ou deux rencontres et le vote des membres. En effet, le club est attaché à créer une vraie dynamique et une cohésion de groupe. Les membres cherchent donc à recruter des chefs d'entreprise qui partagent leurs valeurs et avec lesquels ils pourront avoir des échanges fructueux.

1 Choisissez votre entreprise de stage ou une entreprise locale de votre choix et préparez une information commerciale.

2 Présentez cette information commerciale à votre classe.

Ressource 1 Règles de présentation chez CoDynamic

✓ Lieu : espace de coworking.
✓ Agencement : table ronde.
✓ Durée : 5 minutes par participant.
✓ Choix du thème : facultatif.
✓ Support : le format numérique pour illustrer les propos est accepté.

Ressource 2 Prendre la parole en public

- Si vous n'êtes pas en situation d'improvisation, prenez le temps de préparer votre présentation à l'écrit. Pensez à un plan de présentation afin de produire une présentation structurée. Vous pouvez agrémenter vos idées par des exemples afin d'illustrer vos propos et de les rendre plus attrayants. Mémorisez votre présentation et ne gardez sous vos yeux que des notes afin de ne pas être tenté(e) de lire.
- Soignez votre diction. Il est important de bien articuler, d'adapter le volume de sa voix au nombre de personnes présentes, de faire évoluer le ton et de varier le rythme de paroles afin de garder son auditoire attentif.
- Pensez à respirer : prendre la parole en public peut engendrer du stress. Plus vous vous serez entraîné(e) en vous mettant en situation, plus vous éviterez tous les parasitages liés à votre trac tels que les tics de langage, les « blancs », les « bafouillages », etc. Lors de vos entraînements, essayez de repérer si vous avez des tics de langage afin de les éviter, car ils peuvent distraire l'auditoire.
- Enfin, prendre la parole en public va au-delà du comportement verbal. Tous vos gestes donnent sens à ce que vous dites et votre posture doit être droite et dynamique : libérez vos bras et vos mains, débloquez vos épaules et le torse. Regardez votre public, ne restez pas fixé(e) sur vos notes ou sur une seule personne.

Synthèse 10

RETENIR AUTREMENT
AUDIO
foucherconnect.fr/22rcar38

1. Le développement du réseau de partenaires

A. Les différentes stratégies de développement de réseau

Une fois le réseau créé par la tête de réseau, se pose la question de son développement. Le fondateur du réseau peut mettre en œuvre différentes stratégies pour le développer.

Stratégie d'expansion contigüe	Elle consiste à développer son réseau en implantant des points de vente dans des zones situées à proximité des points de vente déjà implantés afin d'obtenir un maillage étroit du territoire.
Stratégie tête de pont	Elle consiste à développer son réseau dans de nouvelles zones non encore exploitées et qui présentent un potentiel d'activité intéressant.
Stratégie d'effet de grappe	Elle vise à obtenir une part de marché élevée afin d'assurer un verrouillage du marché avant la concurrence. Elle se caractérise par une implantation massive et immédiate d'un grand nombre de points de vente.
Stratégie d'acquisition de réseau	C'est une stratégie de croissance externe qui consiste à racheter des points de vente déjà existants afin de développer rapidement le réseau.
Stratégie d'écrémage	Elle consiste à implanter les points de vente là où se situent les clients les plus rentables, quelle que soit leur localisation.

B. Les critères de choix d'une stratégie de développement de réseau

Le choix d'une stratégie est conditionné par de nombreux critères : la présence ou non d'une concurrence importante dans le secteur d'activité ; la volonté de se déployer de façon intensive ou plus qualitative sur le territoire ; les moyens financiers, matériels et humains de la tête de réseau, etc.
Le choix de la stratégie la plus adaptée dépend également de la phase du cycle de vie dans laquelle se trouve le réseau. Quatre phases peuvent être mises en évidence.

Phase de valorisation	Elle traduit l'arrivée à maturité du réseau. À ce stade, le concept doit être valorisé, décliné et diffusé de façon plus large sur le territoire.
Phase d'accélération	Elle consiste à mettre en œuvre le déploiement du réseau en sélectionnant et en recrutant les futurs candidats au réseau.
Phase de modélisation	Elle consiste à définir un cahier des charges précis (structures organisationnelle et juridique, méthodes de vente, communication, ressources matérielles, immatérielles, financières, humaines), à planifier le développement (zones géographiques à privilégier, qualité du maillage envisagé, vitesse de déploiement), à organiser le volet logistique et à s'interroger sur le mode de recrutement du réseau.
Phase d'expérimentation	Elle consiste à élaborer le produit (concept), à définir le positionnement souhaité et à s'interroger sur le mode de développement le plus adapté.

2. La sélection des partenaires du réseau

A. Les enjeux de la sélection

Sélectionner de nouveaux partenaires constitue un enjeu important pour la tête de réseau car cela conditionne la performance de l'ensemble du réseau.
En effet, recruter un partenaire qui ne convient pas (parce qu'il ne partage pas les mêmes valeurs que les autres membres du réseau ou parce qu'il refuse de se plier aux exigences imposées par la tête de réseau) peut conduire à la dégradation de l'image de marque du réseau et affecter les ventes de l'ensemble du réseau.

De plus, les « erreurs de casting », comme dans tout recrutement, peuvent coûter cher au réseau : coûts liés aux démarches de recrutement, temps passé à former le partenaire, frais éventuels de rupture de contrat avec le partenaire défaillant, etc. Cela peut également provoquer des déséquilibres ou des conflits au sein du réseau, ce qui nuit à la performance globale de celui-ci.

B. Le choix des critères de sélection

La sélection de nouveaux partenaires doit répondre à des critères fixés par la tête de réseau. Le choix de ces critères dépend avant tout du positionnement de l'enseigne. Par exemple, un spécialiste reconnu dans son secteur d'activité privilégiera les compétences techniques chez ses futurs partenaires, alors qu'une enseigne plus généraliste préférera retenir des candidats ayant des qualités commerciales ou managériales et provenant de secteurs d'activité variés.
Au-delà des compétences nécessaires, il est indispensable que le futur partenaire partage la culture du réseau, ses valeurs (des valeurs différentes mais complémentaires pourront également apporter de la plus-value au réseau).
Enfin, d'autres critères tels que la solidité financière du nouveau partenaire ou sa capacité à capter des ressources humaines, financières ou matérielles, doivent être prises en compte.

C. L'intégration du nouveau partenaire

Pour être efficace, le processus de recrutement doit se terminer par une phase d'intégration du nouveau partenaire. Durant cette phase, le partenaire découvre le mode de fonctionnement du réseau et s'imprègne du concept de l'enseigne. La tête de réseau forme le nouveau partenaire à ses process de production et de gestion et l'accompagne dans l'élaboration de son projet.
Une intégration réussie nécessite trois étapes :
- le **parcours d'intégration**, qui est une sorte de stage concret permettant la découverte du concept de l'enseigne et des modes de fonctionnement du réseau ;
- la **formation** du nouveau partenaire aux process de gestion et de production ;
- l'**accompagnement** du nouveau partenaire tout au long du partenariat (assistance en cas de difficultés, conseils pratiques pour améliorer le fonctionnement, partage d'expérience, rencontres entre partenaires...).

3. Les ressources nécessaires au développement du réseau

Afin de développer son réseau, le créateur doit mobiliser des ressources financières. Dans le cas d'un réseau de franchisés, trois principaux types de redevances permettent au franchiseur de poursuivre le développement de son réseau :
- la **redevance initiale forfaitaire** (appelée également droit d'entrée) rétribue le franchiseur pour la mise à disposition de son concept auprès des franchisés. Cette redevance versée lors de la signature du contrat de partenariat participe au financement du réseau (recrutement et formation initiale des franchisés) ;
- les **redevances périodiques** (ou *royalties*) financent les services apportés aux franchisés au cours du contrat de franchise (animation, veille, recherche et développement, formation continue...). Elles sont versées périodiquement au franchiseur et leur montant peut être forfaitaire ou proportionnel au CA réalisé par le franchisé ;
- la **redevance publicitaire** permet de financer les campagnes de communication et d'aider au développement de la notoriété de l'enseigne.

MOTS-CLÉS

★ franchisé ★ franchiseur ★ processus de recrutement ★ processus d'intégration ★ redevance initiale forfaitaire ★ redevances périodiques ★ stratégie de développement de réseau

voir lexique page 189

Dynamiser un réseau de partenaires et évaluer ses performances

11

COMPÉTENCE

> Mobiliser un réseau de partenaires et évaluer les performances

pix

1.3 Traiter des données
2.2 Partager et publier

CONTEXTE PRO

AquaCenter
Localisation : Figeac
Effectif : 4 personnes
CA : 430 000 €

AquaCenter propose un large choix d'activités aquatiques en bassin (bébé nageur, natation, aquagym, aquabike…) à destination d'un public varié (bébés, enfants, adolescents, adultes et seniors), sur réservation uniquement. Cinquante heures de cours sont dispensées chaque semaine par des professionnels certifiés. Ce modèle économique original fondé sur la réservation des cours garantit une qualité de service plus élevée que la concurrence en évitant aux clients de subir les conséquences d'une affluence trop importante sur certains créneaux horaires.

Consciente de la valeur de son concept et du potentiel du marché, la fondatrice, Octavie Dumas, a décidé, trois ans après la création de son entreprise à Figeac, de lancer une franchise afin de protéger son savoir-faire et de répondre à une volonté de déploiement. Trois autres centres ont alors vu le jour à Cahors, Montauban et Albi, gérés par des franchisés AquaCenter.

VOTRE OBJECTIF

Pour prétendre à une vraie croissance et piloter au mieux son réseau, Mme Dumas vous demande de l'assister dans la mise en place d'actions de dynamisation du réseau de franchisés et dans l'évaluation des performances des différents membres du réseau.

DÉCOUVRIR AUTREMENT

VIDÉO + QUIZ

foucherconnect.fr/22rcar39

MISSIONS & RESSOURCES

MISSION 1 Animer un réseau de partenaires

Désormais à la tête d'un réseau de centres aquatiques qui compte neuf entités, Mme Dumas souhaite se renseigner sur les méthodes d'animation pour dynamiser son réseau. Elle assiste à une conférence sur l'animation de réseau proposée par plusieurs grandes enseignes, dont l'entreprise Legrand.

À RÉALISER

1. Déterminez les raisons pour lesquelles Mme Dumas a tout intérêt à animer et piloter son réseau. RESSOURCE 1
2. Analysez les raisons pour lesquelles Mme Dumas devra être particulièrement attentive à la qualité de sa stratégie d'animation de réseau. RESSOURCE 2
3. Recensez les différentes techniques d'animation de réseau à la disposition de Mme Dumas en vous inspirant notamment des pratiques de Legrand. RESSOURCES 3, 4
4. Indiquez à Mme Dumas en quoi les outils digitaux, dont ceux proposés par Dynamic Incentive, peuvent faciliter l'animation de son réseau. RESSOURCES 5, 6

MISSION 2 Mettre en œuvre une opération de dynamisation du réseau

Mme Dumas constate depuis quelques mois une stagnation de l'activité de ses franchisés et souhaite les aider à améliorer leurs performances. Avec votre aide, elle décide de mettre en œuvre une opération de stimulation.

À RÉALISER

5. Justifiez le choix de la technique de stimulation mise en œuvre. RESSOURCE 7
6. Déterminez si toutes les conditions assurant la réussite de ce challenge sont réunies. RESSOURCES 7, 8
7. Analysez les résultats réalisés par les différentes équipes à l'issue du challenge après avoir calculé les ratios que vous jugerez utiles. RESSOURCE 9 FICHE OUTIL 6
8. Recherchez des indicateurs qualitatifs pertinents afin de compléter l'analyse des résultats.

MISSION 3 Évaluer la rentabilité d'une action de dynamisation du réseau

La gestion de l'établissement AquaCenter de Figeac est très prenante et Mme Dumas ne peut pas consacrer autant de temps qu'elle le souhaiterait à la dynamisation de son réseau. Les franchisés se plaignent d'un manque de suivi dans les moments difficiles, de contacts trop rares, d'un manque d'écoute, voire d'un manque de compétences.

À RÉALISER

9. Indiquez à Mme Dumas quels avantages elle pourrait retirer de la présence d'un animateur au sein de son réseau. RESSOURCE 10 FICHE OUTIL 5
10. Évaluez la rentabilité de ce recrutement sur la première année dans l'hypothèse d'une progression de 15 % du chiffre d'affaires total du réseau grâce au travail de l'animateur. RESSOURCE 11

RESSOURCE 1 L'animation du réseau par le franchiseur

NOTION

L'animation étant prévue dans le cadre du contrat de franchise, le franchiseur est tenu d'apporter cette valeur ajoutée aux membres du réseau.

Les avantages sont multiples pour les franchisés : l'animation du réseau permet aux membres d'échanger sur les bonnes pratiques, de comparer leurs résultats à ceux des autres membres ou d'être soutenus en cas de difficulté.

L'animation apporte également de nombreux bénéfices au franchiseur. Elle lui permet d'établir un contact permanent avec son réseau de franchisés, d'obtenir leur adhésion, de vérifier la bonne application du savoir-faire et d'anticiper d'éventuels conflits. L'animation véhicule une culture positive d'entreprise et de réseau, permet de manager les partenaires et ainsi de créer une véritable dynamique de performance.

RESSOURCE 2 Quelques conseils pour animer son réseau de partenaires

NOTION

Éléments à favoriser

- Donner l'exemple.
- Fixer des objectifs réalistes.
- Tenir compte des compétences de chaque partenaire.
- Accorder de l'autonomie.
- Féliciter.
- Entretenir une bonne ambiance.

Erreurs à éviter

- Oublier de motiver lorsque tout va bien.
- Être moins exigeant avec les partenaires promus.
- Installer une compétition malsaine au sein de l'équipe.
- Négliger le contact humain.
- Ne pas expliquer ses décisions.

RESSOURCE 3 Les différents outils de stimulation

NOTION

La stimulation du réseau a pour objectif de mobiliser les efforts des membres du réseau autour d'un but spécifique (niveau de CA à atteindre, taux de marge, nombre de nouveaux clients, taux de satisfaction clients…).
La stimulation utilise de nombreuses méthodes (voir graphique ci-contre).
Les efforts sont récompensés de différentes façons : gains en argent, cadeaux (bons d'achat, chèques cadeaux), voyages ou récompenses honorifiques (trophées, tableaux d'honneur…).

RESSOURCE 4 Notes prises lors de la conférence sur l'animation de réseau

→ Legrand, fabriquant de matériel électrique, rassemble l'ensemble de ses partenaires (installateurs, électriciens, bureaux d'études, investisseurs…) autour d'événements : journées de lancement de nouveaux produits, réunions d'échange, webconférences, tables rondes, formations, certifications, etc.
→ L'animation du réseau passe également par la communication (avec la diffusion régulière de newsletters) et par la participation des partenaires dans le choix d'un logo commun ou l'amélioration des prototypes proposés par Legrand.

 # vidéo
Réseau de partenaires VDI
Legrand - 2,35 min
foucherconnect.fr/22rcar40

RESSOURCE 5 Les applications mobiles, support d'animation des challenges

Dynamic Incentive, éditeur de logiciels, vient de créer une plateforme mobile d'animation des équipes commerciales. Elle permet aux utilisateurs de suivre leurs performances en temps réel, de participer aux challenges proposés, de communiquer plus efficacement et même de se former. Inspirée des réseaux sociaux, l'application émet des notifications afin de tenir les participants informés. Le commercial se connecte à son compte, visualise son tableau de bord personnel et a accès à certaines informations. L'accent est mis sur la performance et sur les marges de progression plus que sur la dotation à laquelle le commercial pourrait prétendre s'il gagnait le challenge. Le concept développé par l'éditeur s'appuie sur l'idée suivante : collecter et restituer l'information en la rendant motivante pour les commerciaux, tout en fournissant aux managers un outil qui simplifie le pilotage de l'opération.
L'application propose un accompagnement dans la conception du challenge. Cette dernière fonctionnalité est d'autant plus nécessaire que la configuration de l'interface peut se révéler complexe pour le management local.

RESSOURCE 6 Ressources web et médias sociaux

NOTION

Twitter, Viadeo, LinkedIn ou autres applications sur smartphone et supports d'échanges sur le web apportent une multitude de solutions simples et pratiques pour créer une plateforme d'échanges et multiplier les contacts.
Pour animer un réseau, il est nécessaire de se doter des outils adaptés aux objectifs et aux besoins des membres du réseau. Loin d'être des gadgets, ces outils sont des relais utiles d'informations qui favorisent les échanges et améliorent la performance du réseau.

RESSOURCE 7 Challenge régional AquaCenter d'Occitanie

CHALLENGE RÉGIONAL AQUACENTER

Date de l'opération : du 5 au 15 juin N

- **Objectif du challenge** : prospecter les CSE de sa zone de chalandise afin de créer des partenariats.
- **Participants** : centres AquaCenter de Figeac, Cahors, Montauban et Albi.
- **Règles du jeu** :
  1 contact établi : 1 point
  1 partenariat signé : 10 points
- **Bonus** : la meilleure équipe de la journée en nombre de contacts : 10 points
- **Récompenses** :
  Dotation collective :1 journée aux championnats de France de natation pour l'équipe gagnante.
  Dotation individuelle : choix de cadeaux en fonction du nombre de points réalisés.

RESSOURCE 8 Les conditions de réussite d'une opération de stimulation

NOTION

La réussite d'une opération de stimulation dépend de nombreux facteurs et se heurte à des limites.

RESSOURCE 9 Extrait du tableau de bord de suivi du challenge

	Figeac	Cahors	Montauban	Albi
Nombre de prospects du fichier	36	46	48	28
Objectif de prospects à contacter	30	38	40	23
Prospects contactés	27	32	36	28
Nombre de partenariats conclus	16	19	21	11

RESSOURCE 10 Réponse par e-mail de votre recherche sur la fonction d'animateur réseau

De : stagiaire@aquacenter.fr jeu. 23/03/N 15:27
À : odumas@aquacenter.fr
Pièce jointe : vidéo intéressante trouvée sur internet !
Objet : Étude de la fonction d'animateur réseau

L'animateur réseau a un rôle à la fois de consultant, de coach, voire de formateur pour le franchisé. Lors de ses visites dans le point de vente, il vérifie que le savoir-faire défini par le franchiseur est appliqué correctement. Il est l'interlocuteur privilégié des franchisés : il les accompagne en exerçant un management participatif.

L'animateur de réseau est le référent des actions menées par les membres. Il doit donc faire preuve d'une organisation efficace et doit pour cela :

– créer un agenda précis des rencontres, qui sera distribué aux membres afin qu'ils puissent eux-mêmes planifier leur participation ;
– choisir un support d'échanges (page Facebook privative, groupe LinkedIn, forum ou intranet) de façon à ce que chacun puisse s'informer et interagir ;
– être attentif aux membres et détecter les difficultés de communication et les démotivations passagères pour y remédier rapidement.

On compte en moyenne 4,2 animateurs dans les réseaux de plus de 20 points de vente, 1,6 animateur dans les réseaux de moins de 20 points de vente. 61 % d'entre eux reçoivent au moins une formation par semestre.

Cordialement,

Assistante de Mme Dumas

vidéo
Animateur réseau - 3,26 min
foucherconnect.fr/22rcar41

RESSOURCE 11 Éléments financiers relatifs à l'animateur réseau

- Frais de recrutement (profil de poste, annonce, entretiens…) : 400 €.
- Salaire brut horaire : 22 €.
- Durée du travail de l'animateur : 35 heures par semaine (151,67 heures par mois).
- Charges patronales annuelles : 16 817 €.
- Frais liés aux opérations de stimulation organisées par l'animateur dans le cadre de son activité (challenges, incentives, formations, séminaires…) : 10 500 €.
- CA annuel habituellement réalisé : 1 720 000 €.
- Taux de marque : 28 %.

ENTRAÎNEMENT

SE TESTER
QUIZ
foucherconnect.fr/22rcar42

EXERCICE 1

JCB est un constructeur mondial de machines pour le secteur agricole (tracteurs, machines télescopiques…) et pour le BTP (mini-pelles, chargeuses, nacelles…). Ses produits sont vendus par l'intermédiaire d'un réseau de concessionnaires qu'il est nécessaire d'animer. Vous avez effectué une recherche sur les différentes techniques d'animation utilisées par JCB.

1 Déterminez la cible et l'objectif du programme d'animation développé par JCB.
2 Comparez les différents outils d'animation utilisés lors de cette opération.

Ressource Grass Roots anime le réseau de revendeurs de JCB

[…] La direction de JCB s'appuie sur Grass Roots pour mettre en place un programme d'animation de réseau destiné à accompagner le plan d'action commercial des ventes d'engins, d'équipements, de pièces et d'accessoires, de financements ainsi que d'extensions de garantie. L'objectif, qui est d'inciter les concessionnaires à s'engager auprès de JCB, vise donc les vendeurs, les responsables après-vente et les magasiniers. Le programme, d'une durée de douze mois, comporte un concours collectif pièces et accessoires s'adressant aux magasiniers et aux responsables après-vente, et un concours individuel sur la vente de machines, d'accessoires et de financements, qui cible quant à lui les vendeurs.
La mécanique se veut simple, mais rythmée. Chaque vente de machine et d'équipement donne lieu à l'attribution de points selon un barème. Les points acquis donnent accès à un classement national permettant aux meilleurs vendeurs de gagner un voyage individuel. Des bonus sont aussi distribués chaque fois qu'une vente de machine est associée à un contrat de financement ou d'extension de garantie. L'opération comporte aussi un superbonus avec un voyage à la clé pour le vendeur ayant le meilleur taux de pénétration avec un nombre de ventes de financements minimum. Enfin, trois boosters portant sur des produits saisonniers permettent de gagner des places dans le classement national et de remporter des chèques cadeaux.
Concernant la vente de pièces et d'accessoires en équipe, la concession qui arrive en tête bénéficie d'un stage de pilotage en équipe. Enfin […], un tirage au sort trimestriel est réalisé parmi les vendeurs ayant réalisé au moins une vente sur la période, qui permet de gagner immédiatement un cadeau.
Un programme qui a permis à JCB de gagner des parts de marché sur l'ensemble de sa gamme de produits et services.

www.actionco.fr, Laurent Bailliard

EXERCICE 2

La ville de Rodez compte 40 agences immobilières. Dix d'entre elles ont créé L'Atelier 12, un réseau de partage de biens et d'échanges afin de développer leurs ventes, d'accélérer leur activité, de répondre avec une meilleure agilité à la demande. Vous travaillez dans une des agences immobilières et l'on vous demande de participer à l'animation de ce réseau. Dans ce cadre, vous avez réalisé une enquête en ligne que vous avez administrée aux membres du réseau afin d'évaluer leur satisfaction.

1 Rappelez l'objectif principal du CMS WordPress.
2 Expliquez s'il est préférable de créer une page ou un article concernant la rubrique « marché de l'immobilier local ».

Ressource Principaux résultats de l'étude de satisfaction

D'après les résultats de l'enquête, les membres de L'Atelier 12 apprécieraient la création d'un blog qui leur permettrait de consulter facilement et régulièrement les entrées de nouveaux mandats, les recherches des clients, les nouveautés juridiques, les informations partagées sur le marché de l'immobilier local, etc.

EXERCICE 3

CarroDéco est un réseau de fabricants et revendeurs de carreaux de ciment. L'enseigne s'interroge sur l'opportunité d'équiper les membres du réseau d'un CRM. Vous êtes stagiaire au siège de CarroDéco et votre responsable vous demande de l'aider à répondre à cette problématique.

1 Recherchez les avantages pour un réseau d'être équipé d'un logiciel de CRM unique (ressource 1).
2 Expliquez comment le réseau a procédé pour convaincre ses membres d'adopter ce nouvel outil (ressource 1).
3 Déterminez ce que le PRM pourrait apporter au réseau (ressource 2).

Ressource 1 Philippe Spindler (Tryba) équipe son réseau d'un CRM

En dotant son réseau de menuiseries d'un CRM, Tryba a gagné en efficacité et en proximité avec les clients. Un chantier délicat et sensible qui bouleverse les habitudes des commerciaux du réseau [...].
Qui achète des fenêtres aujourd'hui s'équipera peut-être demain de volets roulants ou d'une porte de garage. C'est sur cette base que le spécialiste de la menuiserie PVC, aluminium et bois Tryba a renforcé sa relation client grâce au déploiement d'un CRM. « Nous évoluons sur un marché très concurrencé, où il se vend plus de 9 millions de fenêtres par an, explique Philippe Spindler, directeur commercial de Tryba. Or notre concurrent le plus important est l'artisan, traditionnellement proche de sa clientèle. » Leader sur le marché des enseignes de menuiserie, Tryba fabrique ses propres produits et les vend à travers un réseau de 300 espaces conseils en France. « Nous avons développé un outil CRM en interne, entièrement sur mesure, afin de correspondre à notre métier, poursuit le directeur commercial. Il [...] équipe aujourd'hui plus de 50 % des concessionnaires. » L'objectif étant de couvrir la totalité des points de vente d'ici deux ans, soit 400 commerciaux.
Un challenge pour le réseau, constitué d'entreprises indépendantes et qu'il a fallu convaincre. « Nous avons présenté le projet en convention annuelle, puis entamé un travail de terrain à l'aide d'une équipe spécialisée et de nos sept animateurs en région. Car il s'agit, pour chaque commercial, de bousculer ses habitudes et de renseigner le CRM étape par étape pour tout contact avec un client ou prospect » [...]

www.actionco.fr, Laurent Bailliard

Ressource 2 Les outils de PRM

Les outils de PRM (*Partner relationship management*) sont destinés à gérer les réseaux de commercialisation indirecte. Le principe du PRM s'inspire fortement de la gestion de la relation client (GRC) qui consiste à traiter le partenaire – revendeur, grossiste, concessionnaire, etc. – comme un véritable client. Mais le parallèle ne va pas plus loin. En effet, le logiciel de PRM assure des fonctions spécifiques. Par exemple, il permet d'assurer la gestion des divers partenaires dans une base de données unique, d'effectuer des prévisions des ventes, de rédiger des comptes rendus, de suivre les campagnes de marketing, de gérer des programmes de formation ou de certification.

EXERCICE 4

Vous intégrez, dans le cadre de votre stage, une nouvelle enseigne créée par une ancienne figure de la mode, qui s'est reconvertie en créatrice de produits cosmétiques. Son offre est composée de produits fabriqués en France, labellisés AB, agriculture biologique. Le réseau compte aujourd'hui deux points de vente physiques (Paris et Lyon) et dispose également d'un site de vente en ligne. Votre tutrice vous demande de développer la notoriété du site marchand et vous propose d'utiliser le marketing d'influence.

1 Indiquez les intérêts pour une tête de réseau d'utiliser le marketing d'influence pour animer son réseau.
2 Selon BrandYouLike, dites quelles sont les conditions d'une campagne d'influence réussie, puis précisez les critères à établir pour le recrutement d'un influenceur efficace.
3 Citez des indicateurs de mesure de la performance d'une campagne d'influence.

ENTRAÎNEMENT

Ressource **Le marketing d'influence**

[...] Le marketing d'influence recouvre un ensemble de pratiques visant à utiliser le potentiel de recommandations des influenceurs afin d'accroître la notoriété et la visibilité d'une marque. Mais pas seulement ! Car les influenceurs, en véritables passionnés, façonnent également la perception d'un produit auprès de leur communauté et leur influence peut aller jusqu'à l'incitation à l'acte d'achat. [...]

Les micro-influenceurs, des partenaires idéaux pour les marques

Les influenceurs sont des acteurs à part, il convient donc de les traiter de façon à part ! BrandYouLike a ainsi développé une façon à part de les recruter, de leur parler, de les engager avec une marque, de les rémunérer et de mesurer leurs actions.

Ne pas confondre audience et influence

Le nombre d'abonnés, de followers, etc., ne fait pas tout. Si le volume de l'audience a son importance, il faut surtout juger de la capacité de l'influenceur à modifier les comportements de consommation de sa communauté. C'est le seul moyen de garantir un ROI performant pour ses campagnes de marketing d'influence. Pour cela, il faut bien le connaître, suivre son travail dans la durée, analyser ses résultats, etc. C'est une des missions de BrandYouLike !

Comment identifier et engager les influenceurs ?

Avant d'identifier les influenceurs, il faut, au préalable, bien définir l'objectif d'une campagne d'influence. Cela permet de cibler les influenceurs les plus pertinents sur la thématique définie et surtout avec la communauté la plus « en phase ». BrandYouLike dispose d'une méthodologie et d'outils permettant d'effectuer le ciblage le plus pertinent en fonction de votre marque et de votre objectif. Ensuite, pour engager les influenceurs de la meilleure manière, il faut commencer par ne pas leur imposer trop de règles pour laisser leur talent agir...

L'influence, un levier marketing à piloter

Comme tout levier marketing, la performance d'une campagne d'influence se mesure. BrandYouLike dispose d'un outil de tracking dédié qui permet aux marques de suivre :
- le reach total des contenus ;
- le nombre de clics sur les liens ;
- le nombre d'interactions sur les contenus ;
- le nombre de ventes et le chiffre d'affaires générés.

Cette mesure est indispensable pour valoriser les influenceurs qui ont généré le taux d'engagement le plus élevé et les transformer en ambassadeurs de la marque.

BrandYouLike, service Influence d'Effinity

EXERCICE 5

Terre de feu est un réseau de 15 points de vente spécialisé dans la commercialisation de matériel de sports de plein air à destination des professionnels. Lors de la réunion annuelle organisée par la tête de réseau, un challenge a été lancé auprès des 27 vendeurs des points de vente Terre de feu. Le challenge, d'une durée de trois semaines, récompensera les trois meilleurs vendeurs par un voyage. Un tirage au sort sera également organisé dans chaque point de vente et permettra à un des vendeurs de gagner un bon d'achat (un gagnant par magasin). Une prime sera accordée aux vendeurs ayant atteint l'objectif fixé. Vous êtes chargé(e) d'étudier la rentabilité de cette action de dynamisation du réseau.

1 **Évaluez la rentabilité de l'opération en estimant notamment le nombre de ventes à atteindre pour couvrir les frais engagés** (fiche outil 5).

2 **Au-delà de la rentabilité, déterminez les avantages de cette opération de dynamisation du réseau.**

Ressource **Éléments financiers relatifs au challenge**

- Frais d'organisation du challenge : 200 €.
- Coût du voyage : 400 € par voyage.
- Montant des bons d'achat gagnés lors du tirage au sort : 50 € par bon d'achat.
- Montant de la prime accordée : 150 €.
- 14 vendeurs ont atteint l'objectif.
- Le montant moyen d'une commande s'élève à 800 € HT.
- La marge brute est de 25 % du chiffre d'affaires HT.
- Chaque commercial réalise en moyenne 24 contacts par semaine. Un contact sur huit se traduit par une commande.

Synthèse 11

RETENIR AUTREMENT
AUDIO
foucherconnect.fr/22rcar43

1. L'animation des membres du réseau de partenaires

A. La nécessité d'animer le réseau

L'animation qui vise à mobiliser le réseau et à le rendre dynamique est indispensable pour :
- stimuler les partenaires ;
- motiver les partenaires pour qu'ils soient plus performants ;
- diagnostiquer les problèmes éventuels ;
- informer de façon régulière sur les résultats obtenus, les innovations, l'état du marché, le niveau de la concurrence… ;
- rassurer les partenaires lorsque cela est nécessaire.

L'animation du réseau permet également d'assurer la cohésion au sein du groupe afin que les différents partenaires restent toujours engagés dans le réseau. Elle permet de développer la confiance des partenaires entre eux et vis-à-vis de la tête de réseau ainsi que le sentiment d'appartenance. Elle favorise les échanges entre les membres du réseau et avec d'autres acteurs extérieurs au réseau (groupes de travail thématiques autour d'experts, réunions, voyages d'études, visites d'entreprises…).
Enfin, l'animation est l'occasion de mettre en œuvre des actions de formation, de promotion du réseau, d'amélioration de la qualité, de communication, d'innovation, etc.

B. Les techniques et outils d'animation à mettre en œuvre

De nombreuses méthodes et techniques à disposition de la tête de réseau lui permettent d'assurer une animation efficace. On peut regrouper ces différentes techniques en quatre catégories.

Communication	• Réunions d'activité, de travail, d'information, d'expression • Webconférences • Tables rondes • Petits déjeuners • Journées portes ouvertes
Information	• Entretiens de recrutement, d'activité, d'appréciation, de régulation • Briefings • Newsletters • Brochures
Formation	• Formations aux produits, aux techniques de vente de produits ou de services, au marketing, à la gestion budgétaire • Certifications • Séminaires
Stimulation	• Conventions commerciales • Challenges • Valeurs partagées • Jeux-concours • Recommandations • *Incentives* • Goodies • *Team building*

Les outils digitaux apportent au réseau une certaine interactivité dans la gestion des techniques d'animation et permettent de mettre à disposition des partenaires des informations diverses ainsi que des outils. Les échanges sont ainsi favorisés, ce qui participe à l'amélioration de la performance. La digitalisation des outils facilite le suivi des performances des partenaires (en temps réel et de façon organisée, simple et pratique, grâce aux applications et tableaux de bord accessibles à tout moment sur smartphones ou tablettes). Elle apporte aux outils de pilotage une nouvelle dimension en termes de management.

2. L'évaluation des performances du réseau de partenaires

La tête de réseau doit évaluer de façon régulière les performances du réseau. Elle dispose pour cela d'indicateurs quantitatifs et qualitatifs.

A. L'analyse quantitative

Les indicateurs quantitatifs mesurent de façon directe la performance commerciale. Ils sont exprimés en valeur ou en volume, en données brutes ou en pourcentage. Il existe de nombreux indicateurs quantitatifs : le chiffre d'affaires, le résultat, le nombre de contacts réalisés, le nombre de contrats conclus, le nombre de produits vendus, etc.

Ces indicateurs peuvent être regroupés sous forme de tableau de bord. Il s'agit d'un outil de mesure et de suivi de la performance qui fournit en continu, pour chaque indicateur, l'écart entre l'objectif fixé et le réalisé.

Le seuil de rentabilité permet de connaître le montant de chiffre d'affaires à partir duquel l'entreprise commencera à réaliser des bénéfices. C'est un indicateur important pour l'entreprise, puisqu'il influence notamment la décision de mise sur le marché d'un produit ou son retrait. Il peut être calculé en valeur (montant de chiffre d'affaires) ou en volume (nombre de produits à vendre).

On calcule au préalable la marge sur coût variable (MSCV) et le taux de marge sur coût variable (TMSCV).

MSCV = Chiffre d'affaires – Coût variable

TMSCV = MSCV × 100/Chiffre d'affaires

$\mathbf{SR_{valeur}}$ = Coût fixe/TMSCV

$\mathbf{SR_{volume}}$ = SR_{valeur}/Prix de vente unitaire HT

Si l'on considère que l'activité de l'entreprise est régulière sur l'année, on peut calculer le nombre de jours nécessaires pour atteindre le seuil de rentabilité : c'est le point mort. Au-delà de cette date virtuelle, l'entreprise réalise du bénéfice.

Point mort = SR_{valeur} × 360/Chiffre d'affaires de la période (l'année par exemple)

B. L'analyse qualitative

Les indicateurs qualitatifs viennent compléter l'analyse des indicateurs étudiés précédemment.
Parmi les principaux indicateurs qualitatifs, on peut citer :

- Satisfaction clients
- Satisfaction partenaires
- Qualité du service proposé
- Qualité de la relation client
- Image de marque
- Implication des acteurs dans le challenge
- Amélioration des compétences ou des connaissances

MOTS-CLÉS

★ animateur réseau ★ challenge commercial ★ concours (de vente) ★ incentives ★ indicateurs ★ indicateurs qualitatifs ★ indicateurs quantitatifs ★ partner relationship management (PRM) ★ seuil de rentabilité ★ tableau de bord

voir lexique page 189

FICHE 2 Réseau de partenaires

Développer et piloter un réseau de partenaires

→ Participer au développement d'un réseau de partenaires

→ Mobiliser un réseau de partenaires et évaluer les performances

Partie 1 Mise en activité professionnelle

Agée de 12 ans en 1930, Louise Vallon, passionnée par la haute couture, dessine des costumes à ses heures perdues. À 18 ans, elle prête son talent aux plus grands de ce monde, Chanel et Dior, avant de créer sa propre marque quelques années plus tard. En 1964, la marque de luxe française LVHC (Louise Vallon Haute Couture) voit alors le jour et devient une marque emblématique internationale. En hommage à son mari, champion de rugby, elle décide de s'allier au monde sportif en devenant sponsor officiel du Stade Toulousain grâce à son soutien financier. Ses héritiers envisagent désormais de développer le partenariat en proposant des tenues officielles à l'équipe du XV de France pour la Coupe du monde 2023.

Objectif : alternant(e) dans l'entreprise depuis quelques mois, Mme Martinez, responsable du service marketing, vous charge de l'aider dans le développement de ce nouveau partenariat. Votre mission est de réfléchir à sa mise en place et à des actions de dynamisation du réseau.

Travail à réaliser : à travers un dossier réalisé sur un logiciel de traitement de texte, réalisez les missions ci-après. Afin de gérer au mieux la réalisation des tâches, établissez un planning, puis envoyez l'ensemble du dossier à votre professeur, une fois terminé.

ACTIVITÉ 1 Préparer le rapprochement entre LVHC et le XV de France

ANNEXES 1, 2

Après une série de réunions et d'études sur le projet de partenariat avec l'équipe du XV de France, Mme Martinez vous demande de l'aider à préparer la demande au futur partenaire.

1.1 **Indiquez les avantages d'un partenariat entre LVHC et le XV de France pour les deux parties. En vue de la création du partenariat, rédigez le cahier des charges incluant les éléments suivants : objectifs et utilité du partenariat ; type de partenariat envisagé ; vos attentes vis-à-vis du partenaire en termes de prestations, de ressources, de délais ; vos critères de choix, etc.**

1.2 **En utilisant une messagerie électronique, rédigez l'e-mail que vous enverrez à M. Laporte, Président de la Fédération Française de Rugby (FFR) qui gère l'équipe du XV de France, afin de le convaincre d'accepter le partenariat. Vous devrez présenter le projet et aborder les avantages pour ce dernier.**

PRÉPARER L'ÉPREUVE E6

ACTIVITÉ 2 Mettre en place une opération de dynamisation du réseau ANNEXES 3, 4

Suite à plusieurs entretiens de négociation, M. Laporte a décidé de signer le contrat de partenariat sportif avec votre entreprise LVHC. Le logo de l'entreprise apparaît désormais sur les panneaux publicitaires de plusieurs grands stades et sur le site internet de la FFR. Lors de la Coupe du monde 2023, il sera visible également en arrière-plan des interviews dans les couloirs des enceintes sportives.

2.1 Préparez une publication pour l'un des réseaux sociaux LVHC (Instagram, Facebook, Twitter, Snapchat ou TikTok) annonçant le lancement officiel du partenariat avec le XV de France (pseudo sur les réseaux sociaux : Francerugby). Vous pouvez utiliser le site Canva pour la création de designs gratuits (affiche, animation sur les réseaux sociaux, vidéo, logo...).

Mme Martinez fait le constat suivant concernant les réseaux sociaux : le nombre d'abonnés stagne et ces derniers interagissent peu avec les acteurs LVHC et Francerugby. Vous décidez de proposer une opération de dynamisation pour aider votre partenaire à être plus efficace.

2.2 Proposez le cahier des charges de l'opération de stimulation en indiquant les objectifs, le type d'opération, le budget, le délai, le planning, la récompense. Vous présenterez le budget sur un tableur, que vous insérerez dans votre dossier.

2.3 Présentez la démarche suivie dans le cadre de cette action : avant, pendant et après l'animation.

2.4 Créez un questionnaire de satisfaction (10 questions maximum) à destination des joueurs de l'équipe concernant leurs tenues. Vous pouvez exploiter Google Form pour collecter et organiser des données.

ACTIVITÉ 3 Évaluer la performance du partenariat avec le XV de France ANNEXES 4, 5

Vous avez posté la photo des tenues officielles de l'équipe de France de rugby il y a un mois et vous décidez de faire le bilan, tant au niveau quantitatif que qualitatif.

3.1 Analysez les avis des abonnés sur la publication de LVHC et détectez les points à améliorer.

3.2 Après avoir complété et analysé le tableau de bord, indiquez si le partenariat a été performant au niveau quantitatif. Fiche outil 6

3.3 Concluez quant à la pertinence de l'action.

3.4 Proposez des axes d'amélioration pour aider LVHC à mettre davantage en avant son savoir-faire à travers les tenues pour les joueurs.

ANNEXE 1
Interview de David Vallon, PDG de LVHC et arrière-petit-fils de Louise

Journaliste : Pourriez-vous nous dire quelques mots sur ce partenariat ?

David Vallon : LVHC a signé un partenariat de deux ans avec la FFR et proposera les tenues officielles du XV de France avec des créations inédites en vue de la Coupe du monde 2023 qui sera disputée du 8 septembre au 28 octobre, dans plusieurs régions de France. La tenue habillée devra être portée notamment avant chaque match, lors des galas officiels et des conférences de presse.

Jounaliste : Quel est l'objectif de ce partenariat sportif avec le XV de France ?

D. V. : Outre l'idée de rendre hommage à mon arrière-grand-père, nous souhaitions illustrer le savoir-faire français et mettre en avant nos valeurs : force, courage, excellence. La portée internationale de ce championnat est aussi l'occasion de refléter l'excellence de la marque dans le monde entier et de retenir l'attention de millions de clients potentiels.

Journaliste : Comment s'assurer de la performance de ce contrat ?

D. V. : Il convient d'évaluer le respect de celui-ci par les joueurs : tenues officielles portées lors des passages télé ou lors de reportages photos, affichage du logo sur le site officiel du club et dans les stades. Enfin, nous accordons une grande importance à l'image véhiculée sur les réseaux sociaux du partenaire.

ANNEXE 2
Article sur le sponsoring ou le partenariat sportif

Le sponsoring sportif est un soutien financier ou matériel apporté à un événement, une fédération, une équipe sportive ou un sportif par un partenaire annonceur en échange de différentes formes de visibilité et de collaborations. [...] La marque utilisant le sponsoring sportif souhaite le plus souvent et principalement profiter de la visibilité [...] par le biais de supports publicitaires plus ou moins classiques ou conventionnels présents sur l'événement. Pour une équipe ou un sportif, c'est souvent les tenues vestimentaires et accessoires qui vont servir de supports de visibilité à la marque lors de retransmissions ou reprises presse de l'événement. [...]
[Le plus souvent, il est] complété par différents éléments intégrés dans un accord global :
- mise à disponibilité de loges et billets VIP offerts aux partenaires/clients/prospect du sponsor [...] ;
- participation/figuration aux campagnes publicitaires ;
- utilisation du titre de sponsor de l'événement ou du sportif dans la communication (packaging, promotion, publicité).

[...]
L'action de sponsoring sportif est aussi utilisée et relayée en interne à des fins de cohésion et de motivation des salariés. Lorsque l'action de sponsoring sportif se fait à destination d'une équipe ou d'un individu, elle comporte différents risques : [...] risque d'image lié au comportement du sportif ou de l'équipe [...], retombées médiatiques attendues. [...].

www.definitions-marketing.com, B. Bathelot, 29.03.2021

ANNEXE 3
Mémo de Mme Martinez

Peux-tu publier la photo officielle des joueurs le 1er février stp ?
Précise bien que la collection est inédite (chemises en jacquard tissé, numéro des joueurs brodés au fil d'or, pantalon cigarette).
N'oublie pas les hashtags !

ANNEXE 4
Avis publiés sur la page Instagram LVHC

Toyoo90
Je kiff la collab du XV et de LVHC. Ils ont des tenues de dingue !
Mathieugrondin
Regardez la finesse de ces tenues, très classe. J'adore ! @LVHC
Bella78
Bizarre que LVHC soit dans le rugby et pas dans le foot ! Ce sport de brut n'est pas autant connu et médiatisé.
Nikos
Wesh mon pote @BB33... Ça fait bizarre de voir des rugbymen en costard.

ANNEXE 5
Tableau de bord des performances Instagram Année N

Indicateurs	Janvier		Février	
	Objectif	Réalisé	Objectif	Réalisé
Followers (nombre d'abonnés)	28 M	29 M	30,4 M	29,8 M
Posts (nombre de publications)	35	36	28	32
Analyse publication du 1er février				
Likes			350 000	348 422
Commentaires			1 500	1 421
Partages			250	230
Regram*			30	31

* Un autre compte a republié le post.

Partie 2 Concevoir sa fiche descriptive d'activité professionnelle

Travail à réaliser : il s'agit d'un travail individuel à réaliser à partir du contexte de l'entreprise LVHC. Le réseau de partenaire reste identique : le XV de France.

1. Choisissez une animation de réseau de partenaires que vous avez réalisée dans la partie 1 au fil des activités précédentes avec LVHC.
2. En vous appuyant sur les annexes et les outils que vous avez créés, complétez chaque rubrique de votre fiche descriptive d'activité professionnelle. Voir p. 186
3. Présentez votre travail illustré avec des annexes à la classe, à partir d'un diaporama, de type PowerPoint.

Partie 3 Rédiger son étude réflexive

 # document
Tableau préparatoire à l'étude réflexive
foucherconnect.fr/22rcar44

1. Trouvez un thème commun à vos deux premières fiches.
2. Dégagez une problématique en lien avec ce thème.
3. Proposez des exemples concrets issus de ces deux fiches qui pourraient illustrer ce thème.
4. Proposez les arguments qui répondraient à la problématique.
5. Reclassez dans le tableau préparatoire l'ensemble de vos réponses. Vous les complèterez ensuite avec la fiche n°3.

Partie 4 Présenter sa fiche à l'oral

Afin de réaliser une présentation fluide, agréable et efficace, il convient tout d'abord de maîtriser le contenu de son discours, mais aussi de gérer ses émotions, qui, bien souvent, peuvent perturber la communication.

Conseils pour gérer son stress

Devant une situation à fort enjeu ou un danger, notre corps se protège pour y faire face, en générant du trac. Voici trois clés pour apprendre à le gérer :
- la répétition : tel un grand sportif, le secret est la préparation ! Répétez seul(e), puis devant vos parents, vos amis, voire des personnes que vous ne connaissez pas ;
- la visualisation : écoutez ce qui se passe dans votre corps... Identifiez l'origine de votre stress et trouver une action pour diminuer son impact sur vous ;
- la relaxation : pendant quelques minutes chaque jour, accordez-vous un retour au calme. Faites une pause et prenez soin de vous.

Application

1. La visualisation

Dans la fable de La Fontaine « La grenouille qui se veut faire aussi grosse que le bœuf », la grenouille cherche à égaler le bœuf, son modèle, sans se préoccuper des risques qu'elle prend. Pour une fois, faites comme elle ! Choisissez un personnage/une célébrité qui vous inspire par son éloquence. Visionnez ses prises de parole et notez trois qualités dont vous aimeriez être doté(e). En l'imitant, cela vous donnera confiance en vous pour vos prochaines interventions.

2. La relaxation

De plus en plus pratiquée sur les lieux de travail et à la maison, la méditation limite le stress, favorise l'attention et la sérénité. Pratiquée quotidiennement, elle laisse place aux émotions positives (joie, ouverture d'esprit, enthousiasme, fierté, etc.).
Visionnez la vidéo proposée et prenez 5 minutes pour vous détendre. Il est vivement conseillé de pratiquer les jours précédant l'examen et, si cela est possible, juste avant votre passage.

 # vidéo
Méditation - 5 min pour recentrer
5,37 min
foucherconnect.fr/22rcar45

12

Prospecter, organiser des rencontres et vendre en réunion

COMPÉTENCE

> Prospecter, organiser des rencontres et vendre en réunion

pix

1.3 Traiter des données
3.1 Développer des documents textuels

CONTEXTE PRO

Théa SARL
Localisation : Belfort
Effectif : 32 personnes
CA : 395 000 €

Théa est une société qui commercialise des produits de thé artisanaux distribués exclusivement dans les épiceries fines. Nathalie Derhy, la directrice commerciale, souhaite développer une nouvelle forme de distribution en maintenant une proximité avec une cible clairement identifiée, les femmes. Dans ce cadre, l'entreprise vient d'opérer le lancement d'une gamme de produits dédiée aux clientes de la vente directe.

Actuellement composée de 30 animatrices de vente dédiées au canal traditionnel, des conseillères de vente expérimentées ont été recrutées en tant que VDI afin de développer ce canal. Pour vendre en réunion, elles devront procéder à la prospection d'hôte(sse)s et organiser des rencontres avec ces dernièr(e)s. Pour cela, les conseillères de vente doivent mettre en place un plan de prospection afin de recruter des hôte(sse)s avec qui elles organiseront des ventes en réunion.

VOTRE OBJECTIF

**Vous êtes recruté(e) en tant qu'apprenti(e) commercial(e) au sein de l'entreprise.
Au lancement de ce nouveau canal de distribution, votre principale mission consiste à prospecter et organiser des réunions au cours desquelles les ventes auront lieu.**

DÉCOUVRIR AUTREMENT

VIDÉO + QUIZ

foucherconnect.fr/22rcar46

MISSIONS & RESSOURCES

MISSION 1 Prospecter dans le cadre d'une vente en réunion

Dans le but d'organiser des rencontres, Mme Derhy vous confie la mission d'établir un premier contact avec les clients potentiels. Dans ce cadre, vous prenez connaissance des comptes rendus des animateurs de vente afin qu'ils vous épaulent dans votre mission.

À RÉALISER

1. Indiquez l'importance pour un commercial de mettre en place un plan de prospection. RESSOURCE 1
2. Identifiez les avantages et les inconvénients de chaque source de contacts. RESSOURCE 2
3. Présentez les avantages d'une prospection par téléphone et concevez la fiche de préparation d'un appel afin de prospecter des hôte(sse)s. RESSOURCE 3
4. Traitez les objections courantes lors de la prospection. RESSOURCE 4

MISSION 2 Organiser une vente en réunion

Suite à la prospection réalisée, vous prenez en charge la préparation de la réunion. Dans ce cadre, vous avez un rendez-vous avec l'hôte(sse) contactée par téléphone.

À RÉALISER

5. Identifiez les savoir-être à adopter lors de la préparation de l'hôte(sse). RESSOURCE 5
6. Indiquez l'importance de la préparation de la vente en réunion pour l'animateur et son hôte(sse). Pour cela, listez toutes les tâches dans un ordre chronologique en présentant un tableau d'ordonnancement des tâches. FICHE OUTIL 2

MISSION 3 Vendre en réunion

Après avoir préparé la réunion avec votre hôte(sse), vous disposez maintenant de tous les éléments nécessaires pour votre vente en réunion.

À RÉALISER

7. Justifiez l'intérêt de l'existence d'un code éthique pour l'entreprise et le consommateur.
8. Identifiez les motivations et les freins potentiels lors de cette vente en réunion. RESSOURCES 6, 7
9. Construisez un argumentaire de vente (SONCAS). RESSOURCES 6, 8
10. Évaluez votre performance. RESSOURCES 9, 10

RESSOURCE 1 Les étapes d'une prospection réussie

NOTION

❶ **Déterminer des objectifs de prospection commerciale clairs et raisonnables :** fixer le chiffre d'affaires que vous souhaitez atteindre et le nombre total de ventes que vous souhaitez réaliser.

❷ **Choisir les meilleurs vecteurs de prospection pour votre action :** la prospection téléphonique, la prospection physique, l'e-mailing + relance, le courrier postal + relance, le fax mailing, etc.

❸ **Constituer une base de données de prospection dans le cadre d'une vente en réunion :** élaborer votre liste de prospection commerciale *via* votre réseau relationnel.

❹ **Construire votre message et votre script de prospection :** créer une trame grâce à la méthode CROC lors d'une prospection téléphonique.

❺ **Passer à l'action, être persévérant(e) et garder le sourire :** traiter les objections courantes et décrocher votre rendez-vous.

RESSOURCE 2 Les sources de contacts

NOTION

La vente en réunion passe obligatoirement par une phase de prospection. En effet, c'est en établissant le contact avec le maximum d'acheteurs, consommateurs et hôtes potentiels, que vous pourrez développer votre fichier.
Au démarrage de votre activité, vous devez élaborer une liste de noms, point de départ de la vente en réunion. Cette liste est le capital de votre activité. Dans la vente en réunion, les sources de contacts sont variées.
Pour développer votre fichier de prospection, il faut vous appuyer sur votre réseau relationnel : d'abord dresser une liste parmi vos proches (famille, amis) puis l'étendre aux collègues et enfin aux connaissances. Chaque nom de cette liste peut contribuer à fournir d'autres contacts.
Les ventes en réunion sont des moments privilégiés afin d'identifier de nouveaux hôtes, participants susceptibles de devenir des hôtes potentiels. D'autres sources de contacts existent : les fichiers contacts de votre entreprise, les foires et les salons mais aussi l'achat ou la location de fichiers de prospect.
Une fois votre fichier prospects abondé, il faut préparer votre communication. Le canal le plus adapté pour prendre contact avec des hôtes potentiels est le téléphone. Ce vecteur peut être complété par l'e-mailing, le courrier, ou par la création de pages visibles sur Internet : blog, Snapchat, Facebook, etc.

RESSOURCE 3 La méthode d'appel téléphonique sortant, CROC

NOTION

Contact	Se présenter, demander l'interlocuteur désiré. Vous connaissez votre interlocuteur, une simple phrase de présentation suffira. Exemple : « Bonjour M. Y / Mme Y, je suis Myriam, la maman de Ryan, nos enfants sont dans la même classe. »
Raison	Exposer l'objet de l'appel. L'objectif n'est pas de vendre, mais d'inciter l'interlocuteur à découvrir votre offre à l'occasion d'une réunion de vente. Exemple : « J'organise une démonstration d'un nouveau cuiseur, je sais que vous êtes amateur(trice), j'ai pensé à vous. »
Objectif	Développer les arguments adaptés pour atteindre l'objectif fixé (obtenir un rendez-vous, une commande). Vous êtes dans une démarche d'offrir un RV et non de demander un service. La réunion de vente est l'occasion de tester des produits sans obligation d'achat dans un endroit familier. Lors de cette phase, traitez les objections éventuelles. Exemple 1 : « Les réunions sont des moments sympathiques entre amies ; conviez vos ami(e)s, ce sont des bons moments appréciés par toutes. Afin de remercier les invités et l'hôte(sse) de leur participation, des attentions sont prévues pour chacune d'entre elles. » Exemple 2 : « Je vous propose mardi 12 à 14 h 30. »
Conclusion	Conclure l'entretien avec votre nouvel(le) hôte(sse) en rappelant la date et l'heure de RV ainsi que l'adresse de l'hôte(sse). Exemple : « On se voit donc mardi 12 à 14 h 30 à votre domicile ; je vous envoie une confirmation par e-mail. »

Remarque : dans le cadre d'une vente en réunion, il est nécessaire de prévoir une préparation ; pour cela fixez immédiatement une date pour préparer la réunion.

RESSOURCE 4 Les objections courantes

- **A** Mon appartement est trop petit.
- **B** Je suis très occupé(e).
- **C** Je ne connais personne.
- **D** Il y a les mêmes produits en magasin.
- **E** Mon/ma conjoint(e) ne sera pas d'accord.
- **F** J'ai déjà ce qu'il me faut.

RESSOURCE 5 La préparation de l'hôte(sse)

NOTION

La réussite de la réunion dépend en partie de la préparation de votre hôte(sse) ; plusieurs tâches sont donc à réaliser en amont.

- **Faire preuve de pédagogie :** expliquer à votre hôte(sse) son rôle et le vôtre ; fixer une date et l'heure de la réunion.
- **Lister les invités :** accompagner votre hôte(sse) dans l'établissement de la liste des invités. Il / elle peut émettre des doutes quant au nombre de personnes à convier. Une réunion réussie compte de 4 à 10 invités pour des questions de rentabilité et afin de maintenir un service personnalisé.
- **Contacter les invités :** aider votre hôte(sse) à contacter ses amis grâce à votre méthode de prospection téléphonique.
- **Repérer les lieux :** choisir avec votre hôte(sse) l'endroit et les équipements nécessaires au bon déroulement de la réunion.
- **Partager vos objectifs de chiffre d'affaires :** associer votre hôte(sse) à la fixation de ces derniers en lui proposant les cadeaux à gagner en cas d'atteinte des objectifs.

RESSOURCE 6 Le déroulement d'une vente en réunion

NOTION

Introduire et installer	• Remercier votre hôte(sse). • Créer une ambiance en théâtralisant votre offre : installer votre table de présentation avec vos produits de démonstration, votre nappe de décoration, vos petits cadeaux, vos catalogues, stylos, bons de commande et agenda pour prise de rendez-vous.
Accueillir	• Accueillir chaleureusement en vous présentant ; dans l'attente des arrivées, faire remplir une fiche de contact afin de conserver les coordonnées. • Présenter le rôle de votre hôte(sse)en le/la remerciant pour ce moment. • Possibilité de mettre en place des jeux et des cadeaux dans l'attente des convives.
Présenter et appeler au rendez-vous	• Présenter l'entreprise en quelques mots, expliquer brièvement la vente en réunion et ses avantages ainsi que le principe des cadeaux offerts à hôte(sse): c'est le moment de donner envie de vous rejoindre et de préparer vos futurs rendez-vous.
Animer	• Présenter la gamme de produits : mettre votre hôte(sse)en valeur en lui demandant sa collaboration par une démonstration. • Partager votre enthousiasme et vos expériences avec les invités. Les faire participer (essayages, jeux de rôle, manipulations). Lors de votre démonstration, mettre en avant les caractéristiques des produits. • Promulguer des conseils personnalisés, argumenter avec vos techniques de vente CAP.
Recruter et dater	• Tout au long de la réunion, certains moments sont propices au recrutement de nouveaux hôte(sse). • Lors des entretiens individualisés, il est possible de juger du recrutement de vos potentiels futurs hôte(sse). • Prendre son agenda pour y inscrire vos prochaines réunions.
Traiter les objections	• Être à l'écoute, reformuler et faire preuve d'empathie, argumenter.
Conclure	• Distribuer les bons de commande, proposer des produits additionnels.
Prendre congé	• Remercier l'hôte(sse) et les participants, distinguer l'hôte(sse) pour le cadeau qu'il a gagné et partager un moment de convivialité autour d'un verre. • Actualiser son tableau de bord, rédiger un compte rendu de la réunion.

RESSOURCE 7

Les différents facteurs d'influence du comportement des consommateurs

NOTION

Motivations Pulsions qui incitent à l'achat	**Freins** Pulsions négatives qui empêchent l'achat
• Motivation **hédoniste** : les consommateurs vont chercher à se faire plaisir en achetant des biens ou des services. • Motivation **oblative** : les consommateurs vont chercher à faire plaisir à autrui. • Motivation d'**auto-expression** : chaque consommateur a besoin de s'exprimer au travers de ce qu'il achète.	• **Inhibition** : phénomène de blocage psychologique. Exemple : refus pour une personne discrète, de style classique, de porter un vêtement trop coloré qui l'exposerait aux yeux des autres. • **Peur** : craintes qui empêchent un individu d'agir. Exemple : refus d'acheter un chapeau de peur d'être ridicule.

RESSOURCE 8

Caractéristiques des produits Théa mises en avant lors de la vente en réunion

→ Marque Thea créée en 1918 et implanté dans toute l'Europe.
→ Thé issu du commerce équitable.
→ Thé bio uniquement disponible en vente en réunion.
→ Parfums : épicés, fruités, boisés.
→ Nouveaux parfums de la saison : floral et jasmin d'Orient.
→ Conditionnements : 125 g, 250 g, 500 g.
→ Accessoires : théière, bouilloire, tasses, cuillères à thé, filtres.
→ Coffrets de printemps à moins de 30 €.
→ Livraison offerte dès 75 €, cadeau à partir de 100 € d'achat.

RESSOURCE 9

Une vente en réunion réussie

- *10 contacts obtenus.*
- *500 € de chiffre d'affaires réalisé.*
- *Deux rendez-vous minimum dans les semaines suivantes pour de nouvelles réunions.*
- *Un rendez-vous décroché avec une future nouvelle recrue : votre hôte(sse) et les invitées ont passé un bon moment !*

RESSOURCE 10

Résultats de votre vente en réunion

	Objectifs	Résultats
Chiffre d'affaires	600	800
Nombre de présents	8	10
Nombre de prospects transformés	2	8
Nombre de nouvelles recrues	2	1
Nombre de RV	2	1

ENTRAÎNEMENT

SE TESTER

QUIZ

foucherconnect.fr/22rcar47

EXERCICE 1

Diplômé(e) d'un BTS NDRC, vous intégrez la société Ethik, qui souhaite diversifier ses canaux de distribution. Actuellement, ses produits sont distribués de façon exclusive dans des points de vente spécialisés. Le réseau souhaite développer un réseau de vente directe. Vous avez pour mission d'étudier cette possibilité.

1 Expliquez en quoi la vente directe est une forme de canal adaptée à votre entreprise.
2 Identifiez les motivations pour le vendeur et ses invités.

Ressource La vente directe, c'est quoi ?

[…] Réunions Tupperware, robots Thermomix, cosmétiques Avon… Nous avons tous plus ou moins déjà entendu parler de la vente directe ou de la vente à domicile. Il s'agit d'un mode de commercialisation de produits ou de services directement chez le particulier. Ou en tout cas dans un lieu qui n'est habituellement pas destiné à la vente (comités d'entreprise, salles de sport, campings…). Les sociétés qui se développent par ce biais recrutent presque toutes. […]
Mais vendre n'est pas donné à tout le monde. Il faut aimer le contact, vouloir partager son goût pour un produit auquel on adhère, apprécier les échanges, les rencontres, oser prospecter de nouveaux clients… tout cela avec enthousiasme et en toute convivialité. Car la vente à domicile, c'est avant tout un métier de relationnel. La commercialisation se fait le plus souvent au domicile d'un client que l'on appelle hôte. S'il s'agit d'une vente en face à face, le vendeur (ou conseiller, distributeur, ambassadeur…) prend rendez-vous et lui présente ses produits ou ses services de manière très personnalisée. Mais la réunion de vente est également très répandue. Dans ce cas, l'hôte invite quelques-unes de ses connaissances chez elle. Le distributeur a ainsi accès à un certain nombre de clients potentiels, entre cinq et dix personnes en moyenne. Comme avec le face-à-face, il faut présenter la société et les articles, mais l'ambiance est différente, entraînée par l'effet de groupe. L'avantage de ce mode de distribution est qu'il s'adapte à de nombreux secteurs. Les soins cosmétiques sont par exemple l'occasion pour la clientèle de toucher, sentir, tester les produits, d'échanger des avis, de poser des questions en direct au vendeur. Si le vendeur commercialise de la lingerie féminine ou du prêt-à-porter, c'est l'occasion d'organiser un petit défilé avec les clients volontaires. Le conseiller vend des ustensiles de cuisine ? Il proposera un atelier culinaire où tout le monde pourra mettre la main à la pâte avant de déguster les plats préparés. […]

http://ventedirectemagazine.fr

EXERCICE 2

Vous intégrez en tant que vendeur(se) la société Simbatek, entreprise de vente directe spécialisée dans les produits cosmétiques pour hommes.

Votre directeur des ventes souhaite vous sensibiliser sur le code éthique de la vente directe. Il définit les règles professionnelles concernant la conduite à adopter à l'égard des consommateurs. Ces règles sont appliquées par les entreprises adhérentes de la Fédération de la vente directe (FVD). Il vous remet une documentation à ce sujet.

1 Repérez pour chaque garantie le moment de son exécution lors de votre processus de vente.
2 Expliquez le principe d'interdiction de paiement et d'un délai de rétraction.
3 Retrouvez dans le code éthique de la vente directe le rôle de chaque entité adhérente.

ENTRAÎNEMENT

Ressource **Les garanties du code éthique de la vente directe**

1. Un vendeur identifié.
2. Une présentation précise du produit et de l'offre commerciale.
3. Un service personnalisé.
4. Un document d'informations précontractuelles et un bon de commande complets et lisibles.
5. Un principe d'interdiction de paiement et un délai de rétractation.
6. Un service après-vente.
7. Une médiation gratuite.

 # document
Code éthique de la vente directe
foucherconnect.fr/22rcar48

EXERCICE 3

Responsable des ventes dans une entreprise de vente directe, vous souhaitez évaluer les performances d'un vendeur récemment recruté.

1 Calculez les ratios des performances du meilleur vendeur, de la moyenne de l'équipe, ainsi que celles du nouveau vendeur.

2 Proposez des actions afin d'améliorer les performances du nouveau vendeur.

Ressource **Les performances de l'équipe commerciale**

	Le meilleur vendeur	La moyenne de l'équipe	Le nouveau vendeur
Fichier prospects	200	200	200
Contacts réalisés	195	185	80
Nombre de réunions programmées	40	30	9
Nombre de réunions réalisées	37	25	6
Nombre moyen de participants par réunion	9	7	5
Nombre de nouveaux rendez-vous	20	16	2
Moyenne des ventes en € par réunion	990	600	400

EXERCICE 4

Vous intégrez une société de vente directe en tant qu'animateur/animatrice des ventes. Vous avez sous votre responsabilité 30 vendeurs indépendants. Vous souhaitez intégrer la digitalisation de la relation client dans les tâches de vos vendeurs. Pour cela, vous présentez les pratiques existantes à vos équipes.

1 Expliquez la notion de *social selling* dans l'exercice des missions d'un VDI.

2 Indiquez quelles peuvent être les limites de ce mode de prospection.

Ressource **Les nouvelles formes de prospection complémentaires**

Le *social selling* est une démarche qui consiste à utiliser les réseaux socioprofessionnels tels que LinkedIn, Viadeo, Twitter, Google+ afin de se connecter avec des acheteurs potentiels.
Le *social selling* ne s'arrête pas à la simple création de profils sur les différents réseaux sociaux. C'est un processus de vente qui consiste à utiliser les médias sociaux afin de générer des prospects et de développer son fichier clients.
90 % des meilleurs vendeurs dans une entreprise utilisent le *social selling*.
Les commerciaux utilisant le *social selling* ont 51 % de chances de plus d'atteindre leurs objectifs de vente.
64 % des équipes de vente qui utilisent le *social selling* atteignent leurs quotas.

En conclusion, le *social selling* permet à vos commerciaux de mieux appréhender les besoins, de trouver plus facilement le bon contact et de pouvoir rapidement lui adresser un message ciblé au meilleur moment.

ENTRAÎNEMENT

EXERCICE 5

Dans le cadre de vos missions professionnelles, vous décidez de collaborer avec l'entreprise Kakodis. Cette entreprise sélectionne en France et en Belgique des artisans et petites PME réputées pour leur savoir-faire et la qualité de leurs chocolats, biscuits, gâteaux et spécialités.

Pour vous accompagner lors cette mission, l'entreprise vous fait parvenir un kit comprenant des catalogues, des bons de commande et une affiche pour promouvoir votre opération.

Catherine Henry, la directrice, vous donne quelques conseils pour démarrer cette activité.

Votre mission consiste à organiser des ventes en réunion ; Mme Henry vous demande de vous préparer à cette activité.

1. **Établissez le planning de préparation de votre réunion : objectifs, missions, tâches.**
2. **Accompagnez votre hôte(sse) dans le lancement des invitations en le préparant et en traitant ses inquiétudes.**
3. **Réalisez, à l'aide d'un logiciel adapté, le carton d'invitation à transmettre aux invités.**

EXERCICE 6

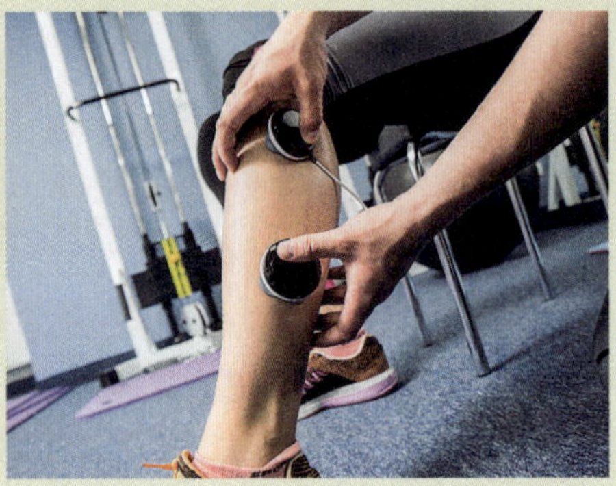

Diplômé d'un BTS NDRC, vous avez été sensibilisé(e) aux activités de vente directe. Vous décidez de collaborer avec l'entreprise Compex, marque d'origine suisse qui a développé en un peu plus de vingt ans une expertise sans précédent dans les domaines de la rééducation, du traitement de la douleur et de l'entraînement sportif. L'électrostimulation, technologie phare de Compex, s'est imposée au fil des années comme l'alliée incontournable des professionnels de la santé et des sportifs les plus exigeants. C'est aujourd'hui une technique largement répandue chez les amateurs, utilisée pour la préparation physique, la récupération musculaire, la prévention des blessures, la rééducation ou le traitement des douleurs.

Vous intégrez l'équipe de Marie-Claire Auffray qui vous accompagne dans vos premiers pas dans la vente en réunion. Vous avez comme première mission de préparer la phase de prospection d'hôte(sse)s dans votre entourage, qui vous recevront pour des ateliers de démonstration.

1. **Identifiez les avantages et les inconvénients de réaliser une prospection dans son entourage.**
2. **Proposez d'autres sources de contacts potentiellement à votre disposition.**
3. **Élaborez une fiche contact de votre entourage (famille, voisins, collègues et connaissances dans le monde du sport, de 30 à 100 personnes) sur un outil de votre choix, en listant au préalable les informations pertinentes et le mode de communication adapté.**
4. **Rédigez votre e-mail de prospection.**
5. **Réalisez votre guide de simulation téléphonique.**
6. **Anticipez et traitez les objections possibles lors de cette prospection.**
7. **Réalisez une simulation en binôme.**

Ressource **Les objections**

① « Je n'ai pas le temps. »
② « J'ai déjà essayé ce genre de produit. »
③ « J'ai des enfants en bas âge, ça va être difficile de s'organiser. »
④ « Mes amis ne seront pas intéressés. »

Synthèse 12

RETENIR AUTREMENT

AUDIO

foucherconnect.fr/22rcar49

1. Prospecter dans le cadre d'une vente en réunion

Pour réussir une prospection dans le cadre d'une vente en réunion, le vendeur doit respecter différentes étapes :

- étape 1 : il détermine des objectifs de prospection commerciale clairs et raisonnables en calculant un chiffre d'affaires qu'il souhaite atteindre et le nombre de ventes totales qu'il souhaite réaliser ;
- étape 2 : il choisit les meilleurs vecteurs de prospection pour son action : prospection téléphonique, prospection physique, e-mailing + relance, courrier postal + relance, fax, mailing, etc. ;
- étape 3 : il se constitue une base de données de prospection via son réseau relationnel ;
- étape 4 : il construit son message et son script de prospection (phase d'action) en créant une trame grâce à la méthode CROC lors d'une prospection téléphonique ;
- étape 5 : il passe à l'action en étant persévérant et en gardant le sourire.

2. Organiser une vente en réunion

A. La préparation de l'hôte

La réussite de la réunion dépend en partie de la préparation avec l'hôte afin de le rassurer, de le motiver et de lui transmettre de l'enthousiasme. Plusieurs tâches doivent être réalisées en amont.

Le vendeur doit d'abord faire preuve de pédagogie envers son hôte et lui expliquer son rôle et le sien, et fixer une date ainsi que l'heure de la réunion. Lors de cette rencontre, il accompagne son hôte dans l'établissement de la liste des invités.

Le vendeur aide ensuite son hôte à contacter ses amis grâce à une méthode de prospection téléphonique (CROC).

Enfin, il repère les lieux puis partage les objectifs de chiffre d'affaires : il intègre son hôte dans la fixation des objectifs en lui proposant des cadeaux à gagner en cas d'atteinte desdits objectifs.

B. La préparation de la rencontre

Lors de la préparation de la rencontre, le vendeur doit maîtriser plusieurs tâches afin de réussir sa vente en réunion.

Tout d'abord, il demande à son hôte de faire confirmer la participation des invités le jour de la réunion. Puis, il actualise ses connaissances en testant ses nouveaux produits et/ou en étudiant les offres promotionnelles avant d'élaborer son argumentaire.

Il prépare son programme de rencontre en identifiant le thème de la rencontre, les produits à mettre en avant et réfléchit à l'animation éventuelle. Enfin, il prépare et vérifie son matériel (bon de commande, catalogue, stylos, matériel pour démonstration).

C. Le jour de la rencontre

Le jour J, le vendeur arrive en avance afin de préparer son hôte et installer son matériel. Il prépare le lieu en théâtralisant son offre. Une fois les convives confortablement installés, il anime sa réunion, prend des rendez-vous et recueille les commandes.

Lors de la réunion, le vendeur fait preuve d'empathie, de pédagogie, de patience et de persévérance. Il pratique l'écoute active afin de mieux cerner les besoins.

3. Vendre en réunion

A. Les étapes de la vente en réunion

1re étape
Le vendeur doit accueillir les convives chaleureusement en se présentant. Il fait remplir une fiche de contact afin de garder les coordonnées de chacun puis présente le rôle de son hôte en le remerciant pour ce moment. Il a la possibilité de mettre en place des jeux et des cadeaux dans l'attente des derniers convives.

2e étape
Une fois la réunion commencée, le vendeur présente son entreprise en quelques mots et explique brièvement la vente en réunion et ses avantages ainsi que le principe des cadeaux offerts à l'hôte. C'est le moment de donner envie de le rejoindre et de préparer les futurs rendez-vous.

3e étape
Lors de son animation, le vendeur présente la gamme de produits et met son hôte en valeur en sollicitant sa collaboration lors d'une démonstration. Il partage son enthousiasme et ses expériences avec les invités. Il fait participer par des essayages, des jeux de rôle, des manipulations. Lors de la démonstration, il met en avant les caractéristiques des produits en prodiguant des conseils personnalisés et en argumentant avec la technique de vente CAP.

4e étape
Tout au long de la réunion, les moments sont propices pour recruter de nouveaux hôtes. Lors des entretiens individualisés (moments en face-à-face avec les invités), le vendeur juge le potentiel de recrutement des futurs hôtes. Avoir son agenda lui permet de prendre date pour les prochaines réunions.

5e étape
Le vendeur doit être à l'écoute et répondre aux objections. Il reformule et fait preuve d'empathie.

6e étape
Lors de la conclusion de la vente, le vendeur distribue les bons de commande et propose des produits additionnels.

7e étape
Enfin le vendeur prend congé en remerciant l'hôte et les participants. Il distingue l'hôte par l'intermédiaire du cadeau qu'il a gagné et partage un moment de convivialité autour d'un verre.

B. Le suivi de l'activité

Le vendeur doit réaliser le suivi de son activité une fois par mois dans le cadre d'une activité complémentaire ; une fois par semaine quand il est à temps plein.
Afin d'évaluer les performances, plusieurs indicateurs sont à utiliser :
- le taux de réalisation des objectifs ;
- le chiffre d'affaires et la marge brute ;
- le taux de prise de rdv : il permet d'évaluer l'efficacité de la prospection ;
- le taux de transformation : il analyse l'efficacité lors d'une vente en réunion ;
- le taux de nouveaux clients : l'observation des performances se réalise grâce un tableau de bord et à un tableau de suivi de clientèle.

Les actions pour améliorer les performances sont les suivantes :
- augmenter le chiffre d'affaires ;
- augmenter les actions de prospection ;
- travailler les méthodes de prospection ;
- travailler l'animation des ventes.

MOTS-CLÉS

★ hôte ★ prospect ★ vendeur direct ★ vente directe ★ vente en réunion

voir lexique page 189

13

Recruter et former des vendeurs à domicile indépendants

COMPÉTENCE

> Recruter et former des vendeurs à domicile indépendants

pix

1.3 Traiter des données

3.1 Développer des documents textuels

CONTEXTE PRO

Beauty Home Bio

Localisation : Mulhouse
Effectif : 22 personnes
CA : 45 000 €

Fortes de leurs expériences dans la vente à domicile en tant que vendeuses, puis animatrices d'équipe et enfin animatrices des ventes, Myriam Kribs et Sophie Schmitt ont créé la société Beauty Home Bio, qui commercialise des cosmétiques bio 100 % français.

Elles ont pour priorité la structuration du réseau grâce au déploiement de vendeurs à domicile indépendants. « À terme, nous espérons atteindre 2 000 vendeurs, soit une vingtaine par département. Nous avons commencé par un recrutement classique ; une fois les vendeurs installés, nous privilégierons la cooptation, qui est une source de recrutement spécifique à ce secteur d'activité », témoigne Sophie Schmitt.

Les premiers recrutements ont eu lieu sur le département du Bas-Rhin. Aujourd'hui, aartement voisin du Haut-Rhin et former les vendeurs actuels.

VOTRE OBJECTIF

Diplômé(e) d'un BTS NDRC, vous avez une expérience réussie en tant qu'animateur(trice) d'équipe. Vous intégrez Beauty Home Bio en tant qu'animateur(trice) des ventes avec pour objectif la préparation du recrutement des futurs VDI et la formation de l'équipe commerciale.

DÉCOUVRIR AUTREMENT

VIDÉO + QUIZ

foucherconnect.fr/22rcar50

MISSIONS & RESSOURCES

MISSION 1 Choisir un statut juridique des vendeurs à domicile indépendants (VDI)

Sophie Schmitt s'interroge sur les différents statuts juridiques d'un VDI. Elle vous confie la gestion de ce dossier. Elle vous informe qu'elle souhaite garder le contrôle de la marchandise ainsi que la maîtrise de ses prix.

À RÉALISER

1. Concevez un tableau de comparaison entre les différents statuts des VDI. RESSOURCE 1
2. Choisissez un statut juridique adapté à votre entreprise. Justifiez votre choix.

MISSION 2 Préparer le recrutement des vendeurs à domicile indépendants

Le statut pour vos futures recrues sélectionné et validé, vous devez maintenant vous charger du recrutement des futurs VDI de l'entreprise.

À RÉALISER

3. Dressez le profil type du vendeur indépendant. RESSOURCES 2, 3
4. Après avoir retenu deux sources de recrutement, sélectionnez deux candidats pour un entretien. Justifiez vos choix. RESSOURCES 4, 5
5. Préparez la future grille d'entretien. RESSOURCE 3

MISSION 3 Former les vendeurs à domicile indépendants

Le métier de VDI nécessite une formation tout au long de la carrière des commerciaux. À l'aide des évaluations des performances de l'équipe et des entretiens réalisés, Sophie Schmitt vous demande d'évaluer les besoins en formation des VDI.

À RÉALISER

6. Évaluez les performances de l'équipe des VDI Bas-Rhin. Commentez vos résultats. RESSOURCE 6
7. Déterminez les axes d'amélioration pour chaque membre de l'équipe commerciale. RESSOURCE 6
8. Proposez une formation externe à distance et qualifiante pour les membres de l'équipe. RESSOURCES 7, 8

RESSOURCE 1 Les statuts de vendeurs à domicile indépendants

NOTION DROIT

Le VDI peut se voir proposer deux principaux types de contrats qui, sans changer son statut social, modifient la nature de la relation commerciale entre l'entreprise, le vendeur et le client.

• **Le contrat VDI mandataire** : le mandat est défini et régi par les articles 1984 et suivants du Code civil. Ce contrat stipule que l'entreprise (le mandant) donne au vendeur (le mandataire) le pouvoir de prendre des commandes auprès de la clientèle. Pour le VDI, ce type de contrat est sans risque puisque l'entreprise reste propriétaire de la marchandise et que le vendeur n'a pas à en faire l'acquisition. En contrepartie de son activité, le vendeur perçoit des commissions généralement assises sur le chiffre d'affaires réalisé et sur lesquelles des cotisations sociales seront calculées. Le vendeur dont les gains dépassent le seuil légal doit s'inscrire au registre spécial des agents commerciaux (RSAC) et devient agent commercial.

• **Le contrat VDI acheteur-revendeur** : il stipule que le vendeur achète puis revend à son tour la marchandise fournie par l'entreprise de vente directe. Il bénéficie de remises quantitatives sur les produits qu'il revend et livre à ses clients avec une marge bénéficiaire. Les charges sociales sont calculées sur la base de la marge bénéficiaire dégagée. Le vendeur dont les gains dépassent le seuil légal doit s'inscrire au registre du commerce et des sociétés (RCS) et devient commerçant.

RESSOURCE 2 Fiche Rome « D1403 – Conseiller en vente directe »

NOTION

Définition

Prospecte une clientèle de particuliers, présente et vend des produits ou des services selon les méthodes et la stratégie commerciale de l'entreprise.
Peut animer des réunions de vente au domicile de personnes.
Peut réaliser une étude technique lors de la vente d'équipements particuliers (cuisine, piscine, véranda, store…).
Peut coordonner une équipe.

Accès à l'emploi métier

Cet emploi/métier est accessible sans diplôme, ni expérience professionnelle.

Condition d'exercice de l'activité

L'activité de cet emploi/métier s'exerce au sein d'entreprises commerciales ou de services commerciaux d'entreprises en relation avec différents services (production, logistique…) et en contact avec la clientèle.
Elle peut s'exercer en activité complémentaire et les fins de semaine.

Environnement de travail

Structures : entreprise commerciale, industrielle, société de services.
Secteurs : commerce, vente.
Conditions : agent commercial, travail indépendant, vendeur à domicile indépendant (VDI), VRP exclusif, VRP multicartes.

Compétences de base

Mettre en place des actions de prospection, identifier les besoins d'un client, présenter des produits et services, conseiller un client, enregistrer les données d'une commande, réaliser le suivi d'une commande, effectuer le suivi d'une relation client, proposer des solutions correctives, collaborer avec l'ensemble des intervenants à la réalisation d'un objectif commun, réaliser un suivi d'activité, conduire un entretien de vente.

Spécificités

Vendre des produits ou services, animer un réseau de vente.
Monter un dossier de crédit, réaliser une étude technique, assurer le suivi d'un portefeuille clients, mener une action commerciale, former du personnel à des procédures et techniques, coordonner l'activité d'une équipe.

RESSOURCE 3 Compte rendu d'entretien avec Mmes Kribs et Schmitt sur les profils recherchés

De : Animateur(trice) des ventes
À : Mmes Kribs et Schmitt
Objet : Compte rendu - Profil type du vendeur indépendant

Nous recherchons tout type de profil, débutant ou expérimenté, à la recherche d'une activité complémentaire ou ayant perdu son emploi.
Nous souhaitons recruter des personnes organisées qui sauront définir des objectifs motivants, réalisables, précis et quantifiables. La qualité indispensable dans ce métier est la pratique de l'écoute active : lors des entretiens, nos vendeurs doivent comprendre l'acheteur et être en mesure d'apporter une réponse à ses besoins. C'est un métier qui demande de la patience et de la persévérance. De plus, une appétence pour la digitalisation de la relation client serait appréciée chez nos futures recrues, telle que la maîtrise et l'utilisation des réseaux sociaux. Enfin, le profil recherché aura comme mission à court terme de participer au recrutement par cooptation de nouveaux vendeurs, et ainsi pourra évoluer vers un poste d'animateur.

NOTION

RESSOURCE 4 Recruter un vendeur à domicile indépendant

Le recrutement est la phase la plus importante lors de la constitution de votre équipe de VDI.

Les sources adaptées au recrutement des VDI

- La cooptation
- Les réseaux sociaux
- Les sites Internet des entreprises de VDI (ex. : Tupperware, Stanhome)
- Les sites dédiés à la collecte de CV : la Fédération de la vente directe
- Les salons VDI (ex. : les Printemps de la vente directe, source FVD)

La cooptation est le mode de recrutement privilégié des sociétés de vente directe. Afin de définir une cible de vendeurs potentiels, elles s'appuient sur les vendeurs actuels pour mener cette phase de recrutement. Ces derniers trouveront des vendeurs potentiels parmi leurs clients et leurs amis. L'identification des vendeurs potentiels s'établit selon plusieurs critères : perte d'emploi, souhait d'un revenu complémentaire, etc.

L'entretien se déroule suivant les mêmes étapes qu'un entretien de vente.

Étape 1 – Accueil du vendeur potentiel : en tant que VDI recruteur, vous instaurez un climat convivial afin de mettre votre prochaine recrue potentielle en confiance.

Étape 2 – Plan de découverte : il vous permet de découvrir les besoins, les attentes et les motivations de votre recrue. Il vous faut adopter une écoute active et laisser votre interlocuteur s'exprimer.

Étape 3 – Argumentation : appuyez-vous sur les techniques utilisées lors d'une vente (méthode CAP ou CAB).

Étape 4 – Traitement des objections : si votre recrue potentielle émet des doutes, vous devez rester positif et convaincant.

Étape 5 – Conclusion de l'entretien : lors de cette phase d'accompagnement, le VDI propose un essai légal de vente à domicile afin de rassurer la recrue sur ses qualités et ses compétences.

Étape 6 – Prise de congé et suivi du candidat : présentez votre recrue à votre équipe, invitez-le à une session de formation.

Une fois la recrue intégrée à l'équipe, prévoyez un temps de formation sur les techniques de vente et/ou la connaissance des produits. Ces formations peuvent évoluer vers des compétences managériales.

RESSOURCE 5 Synthèse des CV reçus par Beauty Home Bio

	Yvana	Mariama	Laurence	Patrick
Âge	18	26	33	53
Formation	CAP AEPE	Bac STMG, option Marketing	Bac ES BTS MUC	Bac pro Vente BTS Force de vente
Expériences professionnelles (durées)	• Stage dans les écoles (6 mois)	• Baby-sitting (2 ans) • Vendeuse chez Naturalia (4 ans)	• Vendeuse Darty (3 ans) • Conseillère clientèle Séphora (3 ans) • Manager Séphora (1 an)	• Commercial Peugeot (10 ans) • VRP dans les produits isolants (15 ans) • Animateur des ventes chez Nocibé (7 ans)
Compétences dans la vente	Aucune	Bases commerciales	Compétences commerciales avancées	Compétences commerciales et managériales très avancées
Digitalisation de la relation client	• Blog personnel • Snapchat	• Blog personnel • Facebook • Instagram	• Twitter • Snapchat	• Facebook
Loisirs	Sport de glisse	Mode de vie bio	Lecture, cinéma, ceinture noire de judo	Passionné par les produits de beauté, pratique des échecs

RESSOURCE 6 Données quantitatives au 1er trimestre

Objectifs : ratio présents/contactés 40 % ; ratio clients/présents : 80 % ; panier moyen : 80 € ; ratios clients fidélisés/client présents au 1er RV : 50 %.

VDI Bas-Rhin	Nouvelle VDI	Paul	Fatiha	Natalia
Nombre de prospects contactés	90	230	150	180
Nombre de prospects présents à une 1re réunion	30	50	75	54
Nombre de clients au 1er RV	30	40	60	30
Chiffre d'affaires généré (en €)	1 800	4 000	3 000	2 400
Clients fidélisés présents à une 2e réunion	20	15	10	25

RESSOURCE 7 Synthèse des entretiens individuels de l'équipe des VDI

VDI	Ancienneté	Formation suivie dans l'entreprise	Projet d'évolution
Nouvelle VDI	6 mois	Produits	• Acquérir des compétences dans l'animation en réunion.
Paul	12 mois	Techniques de vente	• Obtenir une qualification en vente.
Fatiha	18 mois	Prospection téléphonique	• Obtenir une qualification soit avec une validation des acquis de l'expérience (VAE), soit en formation qualifiante.
Natalia	24 mois	Produits, techniques de vente Coaching des nouvelles recrues lors de la première réunion	• Acquérir des compétences dans le management. • Évoluer en tant qu'animatrice d'équipe.

RESSOURCE 8 La formation professionnelle pour la vente directe

NOTION

Les objectifs de la formation

Qu'elle soit distribuée en interne [...] ou en externe [...], la formation ne se cantonne pas à la connaissance du produit et apporte au vendeur des connaissances plus théoriques en matière de principes de vente (généraux, en face-à-face, en réunion...) ; méthodologie et organisation du travail ; prospection, recrutement et management ; réglementation... [...]

La Vente Directe Académie

C'est une formation à distance née de la collaboration de la FVD (fédération de la vente directe), du CPRO Stephenson (organisme de formation professionnelle) et de l'AGEFOS PME (organisme paritaire collecteur agréé). Proposée aux entreprises adhérentes à la FVD, elle comprend 4 niveaux :
- vendeur niveau 1 : découvrir le métier de vendeur à domicile ;
- vendeur niveau 2 : perfectionner les acquis de vendeur à domicile ;
- responsable d'équipe : le management d'équipe ;
- responsable force de vente : perfectionnement.

La certification professionnelle de la vente directe

La FVD a ouvert en 2013 la première session de certification professionnelle par la formation professionnelle continue et la VAE (validation des acquis de l'expérience) avec les titres de :
- conseiller/ère en vente directe ;
- animateur/trice d'équipe en vente directe ;
- animateur/trice des ventes en vente directe.

Une licence professionnelle pour la vente directe

Signe incontestable d'une professionnalisation des métiers de la vente directe et de la pérennisation du secteur, la création par l'université de Paris-Est-Créteil d'une licence professionnelle Marketing et Management de la vente directe. [...]

https://objectifvdi.com

ENTRAÎNEMENT

SE TESTER
QUIZ
foucherconnect.fr/22rcar51

EXERCICE 1

La société Kitchim, basée à Paris, est spécialisée dans les ustensiles de cuisine. Elle compte aujourd'hui 145 vendeurs à domicile indépendants. Son fondateur, Roberto Ghin, souhaite développer son activité en recrutant 55 nouveaux vendeurs. Vous intégrez la société pour répondre à cet objectif de développement des effectifs. Vous souhaitez vous reposer sur les vendeurs actuels pour opérer le recrutement.

1 Donnez deux sources de recrutement adaptées à votre société.
2 Identifiez les avantages de la cooptation pour l'entreprise et pour le vendeur parrain.

Ressource **Système de parrainage de VDI**

De par sa vision globale de l'entreprise et sa maîtrise du secteur et du métier, le VDI est le meilleur vecteur de communication pour une marque de vente directe en transmettant sa passion. L'aspect relationnel très fort de la vente directe fait qu'il établit un lien personnel et affectif avec ses clients et ses hôtes (hôtesses), qui donne envie à ces derniers de le rejoindre et de devenir VDI. C'est en effet lors des ventes à domicile que le VDI a le plus de chances de recruter de nouveaux vendeurs à domicile indépendants. En aucun cas, le VDI ne peut débaucher des vendeurs ou dénigrer les produits d'une autre entreprise de vente directe.
Les nouveaux vendeurs intègrent l'équipe du cooptant. Ce dernier devient animateur du réseau de distribution de l'entreprise. En contrepartie, l'entreprise lui reverse un pourcentage sur les ventes de ses filleuls (entre 2 et 5 %). Le cooptant sera tenu d'assurer leur formation sur le statut VDI et ses obligations et il aura la charge de les encadrer et de les aider à développer leurs activités mais il n'y a en aucun cas un lien de subordination avec les nouveaux VDI.
Le cooptant est aussi appelé « parrain », il devra faire part de son expérience et transmettre sa passion pour le métier et les produits. Son rôle est aussi d'accompagner les nouveaux VDI lorsqu'ils démarrent leur activité, de valider avec eux que leurs objectifs sont réalistes et atteignables, de les aider à mettre en place une stratégie de marketing réseau pertinente.
Être parrain, c'est aussi manager son équipe, être ambitieux pour les nouveaux VDI, s'assurer qu'ils savent comment utiliser les ressources que l'entreprise met à leur disposition (accès au site Web, matériel de formation, webinaires ou téléconférences…), leur présenter l'organisation commerciale, les nouveaux produits et les actions promotionnelles lancés par l'entreprise. Il s'agit de les guider et non de faire les choses à leur place. Les notions d'écoute et de conseil sont très importantes et permettront aux filleuls d'apprendre à devenir indépendants. Les échanges entre animateur et cooptés se feront soit pas téléphone ou par mail, soit lors de rencontres individuelles, soit dans le cadre de réunions de travail ou de formation.

www.devenir-vdi.com

EXERCICE 2

VDI confirmé, vous participez à une phase de recrutement par cooptation et, comme vous le savez, l'entretien de recrutement suit les mêmes étapes qu'un entretien de vente.

1 Construisez trois arguments de vente en utilisant la méthode CAP (caractéristique, avantage, preuve) et en vous appuyant sur les éléments suivants :
Revenu complémentaire/Souplesse d'organisation/Passion du produit
2 Traitez les objections potentielles des recrues suivantes :
« Je ne sais pas animer. »/« Je ne connais personne. »/« Je n'ai pas le temps. »

EXERCICE 3

> À partir de la page https://objectifvdi.com/comparaison-statut-vdi-auto-entrepreneur, concevez un tableau de comparaison entre les statuts de VDI et d'auto-entrepreneur (domaine, activité, durée, chiffre d'affaires, responsabilité et assurance).

EXERCICE 4

Vous êtes VDI acheteur-revendeur dans le domaine de la décoration. Vous souhaitez participer à des formations externes à votre société. Vous avez envie de vous perfectionner dans l'animation d'équipe. Intéressé(e) par une formation, vous vous interrogez sur la rentabilité de cette action au regard de votre chiffre d'affaires. Votre objectif est d'évaluer le coût de cette formation.

1. Évaluez le coût de cette formation.
2. Calculez le montant des achats afin que votre marge finance cette formation (vous réalisez 30 % de taux de marge sur vos achats).
3. Évaluez le nombre de produits à vendre en tenant compte d'un prix moyen HT de 45 € avec un taux de marge identique.

Ressource Mémo sur les éléments de coûts

- Lieu de la formation : Besançon, à 120 km de votre domicile.
- Frais de transport SNCF, aller-retour : 130 €.
- Chambre d'hôtel située près du lieu de formation (nuitée : 65 €, dîner : 22 €, petit-déjeuner : 7,80 €).
- Coût de la formation : 800 € pour un groupe de 4.
- Durée de la formation : 7 heures par jour pendant 2 jours.
- Frais de garde des enfants pendant 2 jours : 80 € par jour.

EXERCICE 5

Animateur des ventes dans l'entreprise Home Gadget, société spécialisée dans les produits d'équipement de la maison, vous êtes chargé(e) de mettre en place une formation pour vos vendeurs à domicile. On vous remet un ensemble d'informations pour vous aider à choisir entre une formation en interne et une formation en externe.

1. Évaluez l'opportunité d'une formation externe en calculant l'équation du coût total selon le nombre de stagiaires pour chaque type de formation (ressources 1, 2).
2. Déduisez-en les avantages et les inconvénients de chaque type de formation.

Ressource 1 Coûts de la formation VDI réalisée en interne

Coûts fixes (pour 1 à 20 stagiaires)		Coûts variables par stagiaire	
• Formateurs • Pack de formation • Matériel	7 000 € 4 000 € 2 000 €	• Salaires et charges • Frais	1 200 € 600 €

Ressource 2 Coûts de la formation VDI réalisée à l'externe

Coûts variables par stagiaire	
• Formateur • Salaires et charges • Frais	1 900 € 1 200 € 600 €

ENTRAÎNEMENT

EXERCICE 6

Josie Fonclaud est directrice commerciale pour l'entreprise Jewel Vint spécialisée dans la commercialisation de bijoux. L'entreprise distribue ses produits par le canal de la vente en réunion. Dans le but de renforcer son maillage territorial, vous avez pour mission de recruter des nouveaux vendeurs à domicile. Ces derniers seront susceptibles d'évoluer vers un poste d'animateur de vente.

1 **Proposez un statut juridique pour ces futures recrues.**
2 **Construisez des arguments afin de convaincre les futures recrues de choisir votre entreprise (ressource 1).**
3 **Rédigez l'annonce de recrutement, puis proposez des canaux de diffusion (ressource 2).**
4 **Sélectionnez deux candidats pour un entretien et justifiez votre choix (ressource 3).**
5 **Élaborez un guide d'entretien.**
6 **Réalisez une simulation en binôme.**

Ressource 1 Kit de démarrage

- Le kit de démarrage contient les outils commerciaux et d'aide à la vente nécessaires à l'exercice de l'activité : best-sellers, catalogues, cartons d'invitation, cartes de visite, échantillons, documents commerciaux, code éthique de la vente directe.
- Les outils digitaux : catalogue interactif ; système intégré (commande, encaissement, suivi des commandes) ; page personnelle sur nos réseaux sociaux.
- Mise à disposition du stock de départ : 300 €.
- Réalisez 900 € de CA dans les 3 premiers mois de votre activité et obtenez le remboursement de votre kit pour un démarrage rapide sans investissement.

Ressource 2 Profils recherchés

Expérience : candidat(e) avec une expérience dans la vente et à la recherche d'une activité complémentaire.

> Missions :
- prospecter et organiser des réunions ;
- définir des objectifs de vente, développer le CA ;
- réaliser des ventes, suivre des commandes, gérer la relation client ;
- participer au développement du réseau ;
- évoluer vers un poste de manager de conseillères.

> Qualités :
- sens du contact, organisé(e) ;
- rigueur et ténacité ;
- appétence pour les outils digitaux.

> Permis B

Ressource 3 Tableau de synthèse des CV reçus

	Marie-Claire	Lina	Fatiha	Neiba
Âge	20 ans	24 ans	40 ans	49 ans
Formation	CAP petite enfance	BAC STMG BTS Banque	BAC S BTS MUC (ancien MCO)	Bac Pro commerce BTS force de vente (ancien NDRC)
Expériences professionnelles	Stages dans une crèche	Conseillère banque chez BNP-Paribas Vente directe chez Kodis	Vendeuse FNAC (5 ans) Conseillère beauté Nocibé (4 ans) Manager de rayon	Vendeuse E. Leclerc, rayon bijoux Animatrice de ventes Yves Rocher
Compétences dans la vente	Aucune	Gestion de la relation client	Compétences commerciales avancées	Compétences commerciales très avancées
Digitalisation de la relation client	Snapchat TikTok Instagram (1 000 abonnés)	Blog Instagram (250 abonnés)	Maîtrise avancée de Twitter, Facebook (300 contacts)	Maîtrise avancée des outils Facebook (750 contacts) et Instagram
Loisirs	Cinéma	Équitation	Fitness	Passionnée par les accessoires
Permis B	Non	Oui	Oui	Oui

Synthèse 13

RETENIR AUTREMENT

AUDIO

foucherconnect.fr/22rcar52

1. Choisir un statut juridique des VDI

L'emploi dans la vente directe englobe différents statuts.

A. Les vendeurs indépendants

Les vendeurs indépendants peuvent exercer sous le statut de VDI (vendeurs à domicile indépendants) ou de vendeurs inscrits à un registre professionnel, si les seuils de chiffres d'affaires sont dépassés.
Il existe deux statuts de vendeurs indépendants définis par un contrat spécifique.

> Le VDI mandataire

Le contrat stipule que l'entreprise (le mandant) donne au vendeur (le mandataire) le pouvoir de prendre des commandes auprès de la clientèle au nom et pour le compte de l'entreprise. L'entreprise reste propriétaire de la marchandise et le vendeur n'a pas à en faire l'acquisition.
Parfois, le contrat de mandat peut être associé à un contrat de dépôt. Dans ce cas, le vendeur se voit également confier une mission de stockage des marchandises à livrer. En contrepartie de son activité, le vendeur perçoit des commissions généralement assises sur le chiffre d'affaires réalisé et sur lesquelles des cotisations sociales seront calculées.
Le vendeur, dont l'activité devient à plein temps et dont les gains dépassent le seuil légal, devra s'inscrire au registre spécial des agents commerciaux (RSAC) et deviendra agent commercial.

> Le VDI acheteur-revendeur

Dans ce cas, le contrat stipule que le vendeur achète puis revend à son tour la marchandise fournie par l'entreprise de vente directe. Le vendeur est libre d'appliquer les tarifs de revente qu'il souhaite, dans la limite d'un éventuel tarif maximum conseillé par l'entreprise. Les clauses du contrat permettent de préciser le fonctionnement de la relation d'affaire. Les charges sociales sont calculées sur la base de la marge bénéficiaire dégagée.
Le vendeur dont l'activité devient à plein temps et dont les gains dépassent le seuil légal devra s'inscrire au registre du commerce et des sociétés (RCS) et deviendra commerçant.

B. Les vendeurs salariés

Les vendeurs en vente directe salariés peuvent être représentants statutaires (VRP) ou non statutaires.
Ces deux statuts salariés se différencie par des conditions de forme :
- le VRP : les conditions d'exercice de ce statut sont définies par l'article L. 7311 du Code du travail ;
- les représentants non statutaires sont des représentants qui ne remplissent pas toutes les conditions d'un VRP.

Ces deux statuts bénéficient du régime de la Sécurité sociale.

2. Préparer le recrutement des VDI)

A. Les sources de recrutement

Les entreprises de vente directe disposent de différentes sources pour recruter des vendeurs indépendants :
- entreprises spécialisées dans la vente directe : Stanhome, Avon, Tupperware par exemple ;
- sites dédiés à la collecte de CV : www.fvd.fr par exemple ;
- salons professionnels de la vente directe : printemps de la vente directe à la FDV par exemple ;
- réseaux sociaux.

La cooptation est le mode de recrutement privilégié des sociétés de vente directe. Elle s'appuie sur les vendeurs déjà en place pour mener la phase de recrutement.

B. Le processus de recrutement

Le recrutement d'un vendeur à domicile indépendant se fait en plusieurs étapes.

Étape 1	**Définir le besoin, analyser le poste :** missions, compétences, salaire.
Étape 2	**Définir le profil du candidat :** formation, expériences professionnelles.
Étape 3	**Choisir son mode de recrutement :** cooptation, site de l'entreprise, salon, presse.
Étape 4	**Sélectionner les CV, convoquer les candidats :** étude des CV, entretien téléphonique, entretien collectif.
Étape 5	**Évaluer les candidats, choisir un candidat :** entretiens individuels, tests et mises en situation.
Étape 6	**Intégrer le candidat :** journée intégration, formation, accompagnement.

3. Former des VDI

A. L'évaluation des VDI

La compétence et le professionnalisme des VDI restent la première force d'une société. Il est nécessaire de les évaluer régulièrement afin de les inciter à suivre des formations adaptées. Il faut pouvoir détecter à la fois les besoins de l'équipe, mais aussi ceux de chacun de ses membres.
Deux outils permettent de répondre à cette problématique :
- le tableau de bord : ce document synthétique, régulièrement consulté, permet de dresser à la fois les forces de l'équipe et celles de chaque vendeur, mais aussi de dégager les axes d'améliorations ;
- la réunion commerciale : moment où l'animateur des ventes fait le point avec son équipe sur l'évolution des ventes. C'est aussi un moyen d'échanger, de comprendre ce qui n'a pas fonctionné, de mieux cerner les besoins de chacun et d'inciter à suivre une formation.

B. Le plan de formation

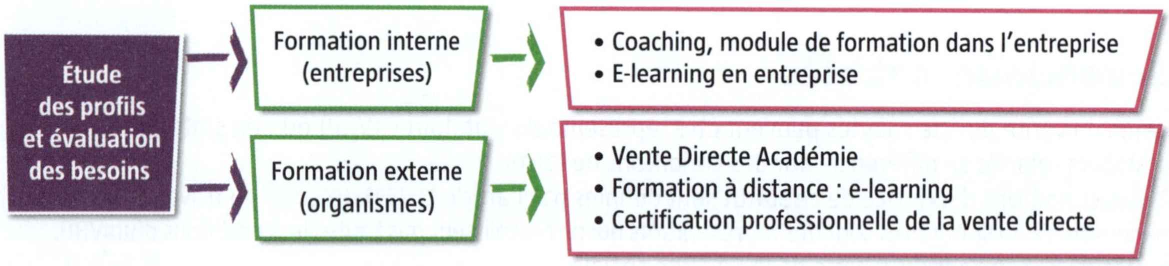

MOTS-CLÉS

★ animateur d'équipe ★ animateur des ventes ★ cooptation ★ vendeur à domicile indépendant (VDI)

voir lexique page 189

Développer le réseau de vente directe

14

COMPÉTENCE

> Impulser une dynamique de réseau

pix

1.1 Mener une recherche et une veille d'information
1.3 Traiter des données

CONTEXTE PRO

Couptayout SARL
Localisation : Aubenas
Effectif : 8 personnes
CA : 1 €

Couptayout est une entreprise unipersonnelle à responsabilité limitée créée en 2010. Spécialisée dans le commerce d'outils de coupe, elle s'adresse aux entreprises de jardiniers et jardineries et aux coopératives agricoles pour la partie professionnelle de sa gamme, et aux magasins de bricolage et aux grandes surfaces ayant un rayon jardinerie pour la partie grand public de sa gamme.

Au tout début de son existence, elle a connu une très forte croissance avant de voir son chiffre d'affaires stagner puis baisser. Depuis quelques mois, l'entreprise a recruté deux vendeurs à domicile indépendants afin de développer la clientèle de particuliers.

VOTRE OBJECTIF

Étudiant(e) en BTS NDRC, vous effectuez un stage dans cette entreprise, où vous assistez la responsable, Eva Faure, dans ses tâches. Forte de son succès du premier trimestre avec les deux VDI, Mme Faure se demande comment développer très rapidement la présence de Couptayout auprès de la cible des particuliers qui habitent en maison individuelle. Elle souhaite s'appuyer sur cette clientèle captive pour s'assurer un niveau d'activité prometteur et une croissance importante.

DÉCOUVRIR AUTREMENT

VIDÉO + QUIZ

foucherconnect.fr/22rcar53

MISSIONS & RESSOURCES

MISSION 1 Préparer un plan d'action commercial de vente directe

Conquérir cette clientèle de particuliers en maison individuelle rapidement exige une prospection réalisée dans un temps très court. Or les deux VDI ne peuvent assurer seuls cette tâche. Mme Faure envisage plusieurs cas de figure et vous demande de lui faire part des projections de chacune de ces situations.

À RÉALISER

1. Montrez l'intérêt de mettre en place un plan d'action commercial dans le cas de Couptayout. RESSOURCE 1
2. Chiffrez pour chaque option le coût d'une telle opération. RESSOURCES 2 à 5
3. Présentez l'option qui vous paraît la plus pertinente à court terme puis à long terme.

MISSION 2 Dynamiser et pérenniser un réseau de vente directe

Mme Faure vous charge de dynamiser le réseau qui se constitue à partir d'individualités très diverses. Il faut trouver des outils afin de créer une cohésion et permettre au groupe de capitaliser et pérenniser cette dynamique.

À RÉALISER

4. Recensez les atouts que vous possédez pour dynamiser et pérenniser votre réseau de vente directe. RESSOURCES 4, 6 à 8
5. Dans l'hypothèse d'un conflit entre VDI, présentez les différentes approches qui peuvent être mises en œuvre. RESSOURCES 6 à 8
6. Présentez les différentes actions qui peuvent être menées afin de créer une émulation dans votre réseau.

RESSOURCE 1 Le plan d'action commercial (PAC)

NOTION

Le PAC se décompose en deux parties.

• **Action stratégique**
Fixe les buts et les grands objectifs de l'entreprise sur une période précise (de 5 à 10 ans).
Exemple : une société veut devenir leader sur son marché et gagner des parts de marché d'ici 6 ans.

• **Action opérationnelle**
Met en évidence les actions du marketing mix, la vente directe, l'utilisation des réseaux de distribution, etc. à mettre en place pour atteindre les objectifs en tenant compte des moyens et des budgets alloués.
Exemples : innovation au niveau des produits afin d'obtenir un avantage concurrentiel ; extension du réseau de distribution pour atteindre l'ensemble du marché (pratique du multicanal) ; choix de la vente directe pour être au plus près de la clientèle et assurer les remontées d'informations de la part des clients ; fixation des objectifs intermédiaires (par mois, par an…) car l'objectif final est sur le long terme et très difficilement appréciable ; prévision des moyens matériels et humains nécessaires pour mener à bien cette opération et du budget pour financer le tout.

 # vidéo
Le plan d'action et ses composantes - 2,55 min
foucherconnect.fr/22rcar54

RESSOURCE 2 Directives de Mme Faure pour le développement du réseau de vente directe

Nous avons trois options pour conquérir la nouvelle cible (particuliers en maison individuelle).

- **Option 1 :** utiliser la force de vente déjà en place pour prospecter et négocier, sachant que celle-ci ne pourra y consacrer que 5 à 10 % de son temps. C'est peu, mais cela est nécessaire pour combler la perte de CA et des ventes de ces dernières années.
- **Option 2 :** faire appel à une force de vente extérieure (supplétive) pour assurer la prospection des particuliers. Il faut trouver un ou deux VRP multicartes implantés dans ce domaine ou dans cette zone géographique. Le taux de commission fixé dans ce secteur est de 7 % du CA dégagé.
- **Option 3 :** la force de vente de l'entreprise se charge de prospecter les clients professionnels et les VDI s'orientent vers les clients particuliers en prospectant mais aussi en développant un réseau de vendeurs par le biais du parrainage. Le taux de commission fixé dans ce secteur est de 25 % du CA dégagé pour le VDI. Celui-ci perçoit également une commission indirecte de 2,5 % du CA réalisé par le filleul.

RESSOURCE 3 Les résultats du premier trimestre des VDI

VDI	CA	% de progression/ mois	Nb de commandes	Nb de clients obtenus	% de progression/ mois	Salaire
Moussa	20 500	+ 25	360	130	+ 17	5 125
Sylvie	17 800	+ 20	275	98	+ 12	4 450
Total	38 300		635	228		9 575

Remarque : d'après une enquête téléphonique effectuée auprès d'un échantillon de clients des VDI, on enregistre un taux de satisfaction de près de 90 %. Certains clients endossent même le rôle d'ambassadeur des produits, au point de jouer les intermédiaires avec les prospects.

RESSOURCE 4 Prise de notes sur le potentiel de la zone

→ 200 000 logements dans le département.
→ 80 % de maisons individuelles (département très rural, peu de villes importantes).
→ 70 % des maisons sont des résidences principales.
→ 66 % sont propriétaires de leur résidence.
→ 2 prospects sur 3 passent commande la première fois.
→ Le panier moyen de la première commande est de 75 €.
→ 90 % demeurent clients, avec des commandes moyennes de 57 €, deux fois par an.
→ La configuration du département laisse apparaître 6 zones qui pourraient être des secteurs de clientèle (à subdiviser en sous-zones).

RESSOURCE 5 Rendements de visites des VRP et VDI

Statut	VRP	VDI
Visites/jour	8 prospects	17 prospects
Nb de jours travaillés/semaine	5	5
Remarques	Le VRP multicarte ne consacre pas tout son temps à nos produits.	Par le biais des réunions, le VDI peut rencontrer plus de prospects en même temps. Il peut se démultiplier par le système de parrainage (marketing multiniveau).

RESSOURCE 6 Les motivations des collaborateurs

NOTION

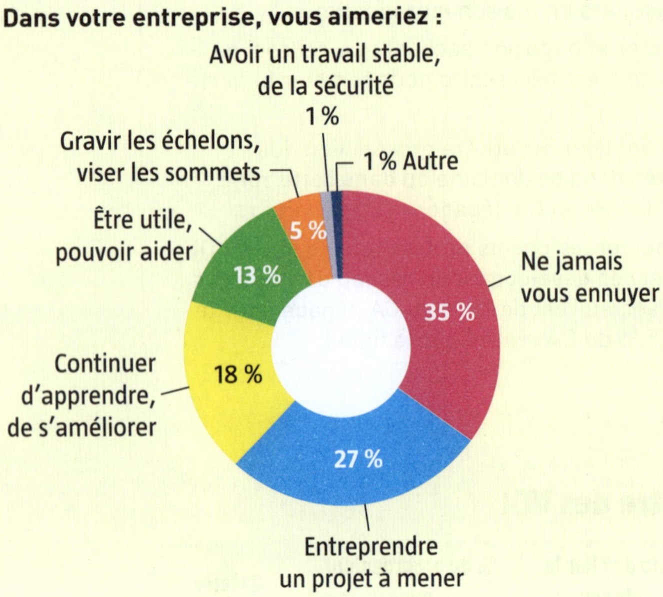

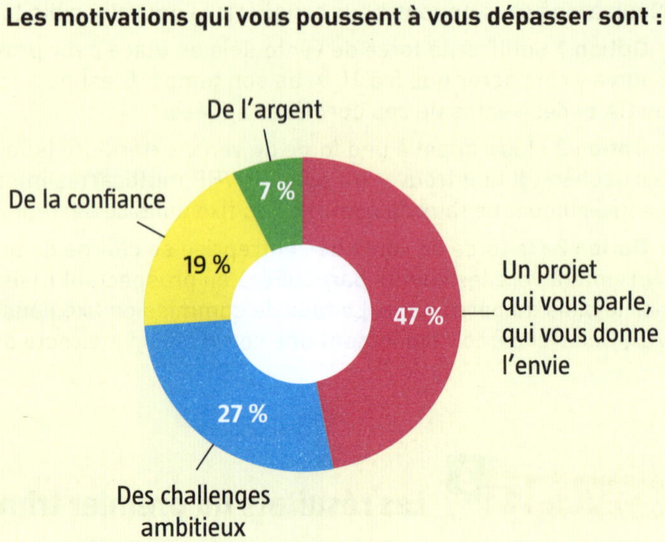

D'après Actionco, 2018

RESSOURCE 7 Les cinq leçons à tirer de Nelson Mandela pour fédérer vos équipes

NOTION

1. Communiquez par tous les moyens possibles

[…]

2. Échangez, discutez, débattez

Dans un contexte difficile, utilisez les moyens pédagogiques adaptés pour faire vivre la vision, l'idéal vers lequel portent vos efforts collectifs. […]

3. Apprenez à relier

[…] Développez trois comportements du leadership du « savoir relier » : authentique, généreux et générateur. […] Sachez mettre en place un leadership du « savoir relier » pour construire un projet collectif autour de trois axes :

- une perception globale, holistique de votre environnement […] ;
- une analyse détaillée des forces en présence […] ;
- la gestion des tensions au sein du groupe du fait de la pression de l'environnement.

4. Affrontez les conflits

La méthode « Mandela » pour gérer les tensions du fait de la pression de l'environnement repose sur quatre piliers :

- la perception : analyse factuelle des points de tension ;
- la reliance : trouver l'intérêt supérieur commun entre les membres du groupe (cf. sa capacité à explorer toutes les facettes de « l'idéal commun »), faciliter des interactions entre les individus d'un même groupe ;
- la résilience : capacité à rebondir face à une situation traumatisante ;
- la coresponsabilité : Mandela cherchera toujours à développer le sens de la responsabilité individuelle et collective pour maintenir la cohésion de ce groupe, pendant 27 années*.

5. Gagner en profondeur, en authenticité et en clarté

[…] « D'autres critères sont peut-être plus importants pour juger de l'accomplissement d'un homme et d'une femme : l'honnêteté, la sincérité, la simplicité, l'humilité, la générosité, l'absence de vanité, la capacité à servir les autres, qualités à la portée de toutes les âmes. Cette réussite-là n'est pas accessible sans un solide travail d'introspection et une connaissance de ses forces et de ses faiblesses. » […]

*Nelson Mandela a été incarcéré pendant 27 ans.

beaboss.fr, Éloïse Cohen, 29.10.15

RESSOURCE 8 Heureux comme un vendeur en vente directe !

NOTION

Troisième canal de distribution, la vente directe, forte de 600 000 vendeurs en France, démontre une belle santé ! Non seulement la profession affiche un solde de création d'emploi annuel positif de plusieurs dizaines de milliers de personnes, mais il semblerait bien que ses acteurs soient pleinement heureux ! Selon une étude nationale dévoilée par l'institut d'études Occurrence*, 93 % des acteurs de la vente directe déclarent s'épanouir dans leur activité de vendeur à domicile !

Un bien-être qui impacte le secteur. 97 % des personnes qui travaillent dans les entreprises de vente directe déclarent ainsi « qu'il y fait bon vivre » alors que les Français dans leur ensemble ne sont que 75 % à valider cette affirmation. « Le statut d'indépendant est vécu paradoxalement comme un bonheur et la notion de liberté prend le pas devant celle de l'indépendance », note la Fédération de la vente directe.

Par ailleurs, l'étude montre bel et bien que les vendeurs sont attachés à leur métier. Pour preuve, 93 % d'entre eux plébiscitent le secteur et ils sont 92 % à vouloir poursuivre leur activité dans leurs entreprises actuelles. Un constat qui n'est pas étonnant. L'étude révèle en effet que les acteurs de la vente directe se sentent mieux considérés par leur entreprise (+ 33 %) mais aussi par leurs clients (+ 38 %) ! Il faut dire aussi que le temps passé chez ces derniers est loin d'être anecdotique… 40 % des acteurs de la vente directe déclarent ainsi passer en moyenne plus de deux heures à chaque rendez-vous contre seulement 9 % des commerciaux parmi les Français actifs interrogés. À leur décharge, notons tout de même que seulement 4 % des vendeurs en vente directe travaillent plus de 40 heures par semaine.

Temps de travail dans la vente directe comparé à la moyenne dans les autres secteurs

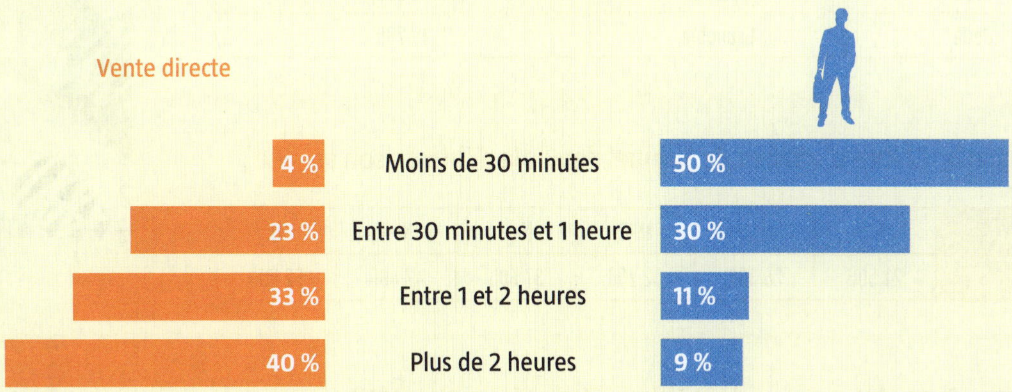

Malgré la distance physique avec l'entreprise, le vendeur à domicile n'est pas isolé. 84 % d'entre eux ont le sentiment d'être suffisamment accompagnés pour réussir dans leur activité professionnelle, contre seulement 56 % des Français actifs. Un accompagnement qui passe aussi par de la formation : 70 % déclarent avoir suivi une formation au cours des derniers mois.

* Étude réalisée par Occurrence pour la fédération de la vente directe auprès de 7 690 collaborateurs FVD et 1 000 Français actifs (mai-juin 2017).

actionco.fr, Laurent Bailliard, 26.06.17

ENTRAÎNEMENT

SE TESTER

QUIZ

foucherconnect.fr/22rcar55

EXERCICE 1

Samuel, professeur de gym dans une salle de sport, habite Lyon. Son activité se déroule essentiellement le soir. Depuis cinq ans, il s'assure un complément de revenu en commercialisant des compléments alimentaires et des articles de sport de la société Sport&Alim. Samuel a très bien développé sa clientèle sur une zone géographique assez importante. Depuis quelque temps, il en a parlé à des amis qui sont aussi intéressés par cette activité. Céline est domiciliée à Dijon, Youri à Valence et Célia à Grenoble. Il leur présente ses performances et sa progression et leur fait part des potentiels attendus pour chacun. Pour les rassurer, il leur garantit qu'il va les encadrer dans le lancement de leur activité.

1 Déterminez la rémunération de la première année des trois filleuls d'après les prévisions (ressources 1, 2).

2 Évaluez les perspectives sur trois ans des chiffres d'affaires des trois filleuls (ressources 1, 2).

3 Calculez la rémunération de Samuel avec l'arrivée des trois filleuls. Commentez vos résultats.

4 Indiquez la conséquence du statut de Samuel si les résultats suivent cette progression (ressources 1 à 4).

Ressource 1 Le mode de fonctionnement de Sport&Alim

- Une croissance du chiffre d'affaires de 20 % par an en moyenne les cinq premières années.
- Une rémunération de 35 % sur le chiffre d'affaires HT dégagé.
- Une commission indirecte de 3 % sur le chiffre d'affaires HT des filleuls pour le parrain.

Ressource 2 Les chiffres d'affaires prévisionnels des filleuls

Filleuls	Villes	CA prévisionnels (€)
Céline	Dijon	20 000
Youri	Valence	18 500
Célia	Grenoble	19 700

Ressource 3 Chiffre d'affaires de Samuel depuis le début de son activité

Années	N-5	N-4	N-3	N-2	N-1	N
CA	21 500	26 300	32 200	37 600	47 400	52 000

Ressource 4 Le statut de vendeur à domicile indépendant (VDI)

C'est un statut d'indépendant avec des aménagements spécifiques puisque le VDI bénéficie des avantages sociaux, fiscaux et juridiques d'un salarié.
Il existe trois types de contrats :
- le contrat VDI-mandataire ;
- le contrat acheteur-revendeur ;
- le contrat de courtier.

Si, pendant trois années civiles complètes et consécutives, le VDI obtient une rémunération brute annuelle supérieure à 50 % du plafond annuel de la Sécurité sociale, il doit obligatoirement s'immatriculer au registre du commerce ou au registre des agents commerciaux.

EXERCICE 2

Bascul'Tout est une entreprise spécialisée dans la commercialisation de matériel de pesage. Elle s'adresse à l'ensemble des secteurs professionnels (balances industrielles, commerciales, de précision...) mais aussi aux particuliers (pèse-personnes, balances de cuisine...). Aujourd'hui, l'entreprise rencontre des difficultés face à une concurrence importante, notamment dans le secteur grand public.

Souhaitant redynamiser son équipe de vente, le responsable envisage de se retirer progressivement des réseaux de revendeurs (distributeurs traditionnels) et de créer un réseau de vente directe. Son idée est de faire basculer peu à peu ses commerciaux salariés vers un statut de VDI pour ceux qui sont en charge des produits grand public.

1 Recensez les arguments favorables et défavorables à l'évolution du mode de distribution (ressources 1, 2).

2 Choisissez le meilleur mode d'organisation.

Ressource 1 Évolution des parts de marché et du chiffre d'affaires

Secteur	PDM en %	Évolution	CA HT en €	Évolution
Industriel	25	+ 0,3	1,5 M	+ 2 %
Commerce	16	+ 0,2	950 000	+ 1,3 %
Métiers de précision	21	+ 1	764 000	+ 1,7 %
Revendeurs	3	− 17	317 000	− 37 %

Ressource 2 La vente directe résiste à la crise

« Il y a une résilience incroyable. Nous sommes entrés dans une nouvelle ère », assure le président de la Fédération de la vente directe (FVD), Olivier Guilbaud, lors de la présentation du baromètre annuel de la FVD. En effet, la vente directe (en dehors des magasins) a enregistré une baisse de chiffre d'affaires de 3 % en 2020 par rapport à 2019 pour s'établir à 4,492 milliards d'euros mais a attiré 13 000 vendeurs en plus (+2 %), portant les effectifs à 713 000. Pour le président, ces « bons chiffres », compte tenu de la période (le PIB a baissé de 7,9 %), sont liés à l'importance de l'humain dans le secteur : « l'aspect social est notre raison d'être. Nous sommes un créateur de lien social, un remède contre l'isolement et un découvreur de talents », assure-t-il.

« Le canal traverse mieux la crise que d'autres », défend Jacques Cosnefroy, délégué général de la FVD. Mais tous les secteurs de la vente directe n'ont pas été affectés de la même façon. La vente en réunion a baissé de 3 %. « Certaines sociétés ont dû s'adapter pour rester en contact avec les clients de façon dématérialisée. Quand, du jour au lendemain, on doit créer un nouveau modèle, développer des outils et former sa force de vente, c'est malgré tout une belle année ».

La vente en face-à-face a, elle, perdu 5 %. « 98 % ou 99 % des salariés dans ce secteur n'ont plus travaillé et ont été au chômage technique. Il n'était plus possible de rien faire », poursuit-il. En revanche, la vente directe à son réseau a progressé de 5 %. Le numérique s'est d'ailleurs développé à la fois dans la vente, la communication et le recrutement. 65 % des entreprises ont une stratégie multicanale en 2020, une progression de cinq points. Et sur 2021, le délégué général observe « une évolution considérable des résultats. »

Des vendeurs plus jeunes et satisfaits

La hausse des effectifs montre qu'une certaine attractivité perdure, ce que la fédération explique par deux facteurs. Tout d'abord, la crise elle-même et les différents confinements, qui ont augmenté le temps libre, le temps passé au domicile, le besoin de lien social, l'envie de trouver de nouveaux centres d'intérêt, mais aussi le besoin de revenus supplémentaires. Ensuite, la digitalisation des processus de recrutement, que ce soit *via* les réseaux sociaux ou la visioconférence, a permis d'attirer un nouveau public, plus jeune, avec une hausse de 2 % des salariés de moins de 25 ans, et de 4 % pour les vendeurs indépendants. […]

www.actionco.fr, Aude David, 15.10.2021

ENTRAÎNEMENT

EXERCICE 3

Cosmet'bio est une entreprise qui fabrique et commercialise des produits cosmétiques biologiques exclusivement en vente directe. Des vendeurs organisent des réunions au cours desquelles les clients peuvent essayer les produits et devenir par la suite eux-mêmes vendeurs (cooptation). Aujourd'hui, l'entreprise fait face à une baisse constante de son volume de ventes ainsi que de son CA. À cela s'ajoutent le vieillissement et la diminution des effectifs de sa force de vente (beaucoup de vendeurs arrêtent car ils sont trop âgés), laissant ainsi des zones géographiques totalement abandonnées.

À la lecture du baromètre de la FVD, le responsable ambitionne de rajeunir et de dynamiser l'entreprise. Il souhaite adopter une stratégie multicanale et recruter de jeunes vendeurs à l'aise avec les outils digitaux. L'objectif est de sortir l'entreprise de cette mauvaise situation.

1 **Listez les outils utilisés pour réaliser ce projet et indiquez brièvement leur mode de fonctionnement.**

2 **Indiquez de quelle manière l'introduction de nouveaux outils digitaux permet de conserver un équilibre avec le modèle déjà en place (en termes de management, de rémunération, de volume d'affaires…).**

3 **Fixez les axes de votre plan d'action commercial pour les trois prochaines années.**

Ressource 1 Vente directe : entre digitalisation et rajeunissement

Si la crise de la Covid-19, et notamment la période de confinement, a ébranlé bon nombre de business, certains ont su saisir ce bouleversement pour se créer des opportunités, à l'instar des acteurs de la vente directe. D'après le 7e baromètre annuel de la Fédération de la vente directe (FVD), ils en ont profité pour accélérer leur digitalisation, et réinventer leur modèle de vente vers le multicanal. Si seul un tiers des entreprises de la vente directe optaient pour la diversité des canaux de vente il y a 5 ans, elles sont aujourd'hui deux tiers à intégrer cette stratégie.

Le digital au service du business

Ainsi, si 83 % des outils digitaux sont destinés à la communication avec les clients, 70 % servent au recrutement, 50 % à la prospection et 40 % à la vente pure. Mais ce n'est pas tout, puisque 37 % des outils digitaux sont utilisés afin d'effectuer des essais à distance, particulièrement pratiques alors que les ventes en réunion ont dû être, sinon annulées, du moins repensées avec le contexte actuel. […]

Aujourd'hui, les deux tiers des entreprises de la vente directe optent pour une stratégie multicanale, avec, en complément des ventes en réunion, le e-commerce (90 % d'entre elles), la vente par correspondance (28 %), ainsi que les points de vente physiques (11 %).

Des forces de vente rajeunies

Deuxième grand enseignement du baromètre : la force commerciale de la vente directe qui se fait un peu plus jeune, avec 63 % des vendeurs indépendants qui ont moins de 44 ans, tandis que la part des vendeurs salariés de 25-34 ans a augmenté de 3 % depuis 2018.

En parallèle de ce rajeunissement des forces de vente, les entreprises de la vente directe espèrent étoffer leurs équipes, pour 68 % d'entre elles. […]

 # vidéo
Vente directe : tout sur la vente à domicile et en réunion - 4,39 min
foucherconnect.fr/22rcar56

www.actionco.fr, Laure Trehorel, 08.10.2020

Ressource 2 Caractéristiques de l'entreprise Cosmet'bio

✓ La moyenne d'âge des vendeurs est de 55 ans.
✓ La vente en réunion est la méthode exclusive adoptée par l'entreprise.
✓ Le recrutement a lieu au cours des réunions, lorsque les vendeurs rencontrent les clients ou les hôtes et tentent de les coopter.
✓ Absence sur internet (pas de site marchand, ni de site vitrine).
✓ Baisse du volume des ventes de 15 %.
✓ Baisse du chiffre d'affaires de 25 %.
✓ Un quart des vendeurs a quitté l'entreprise sans être remplacé.
✓ Un tiers du territoire n'est plus couvert, ce qui est dû à la perte des vendeurs qui ont arrêté leur activité.

Synthèse 14

RETENIR AUTREMENT
AUDIO
foucherconnect.fr/22rcar57

1. Préparer un plan d'action commercial de vente directe

Plan d'action commercial (PAC)

Action stratégique
> Fixe les buts et les grands objectifs (de 5 à 10 ans).

Action opérationnelle
> Actions du marketing mix.
> Vente directe.
> Utilisation de réseaux de distribution.
> Actions à mettre en place pour atteindre les objectifs selon les moyens et les budgets alloués.

A. Le plan stratégique

Un plan d'action commercial (PAC) doit s'inscrire dans la stratégie commerciale de l'entreprise : celle-ci fixe les buts et les grands objectifs à moyen (5 ans) et à long termes (10 ans).

Exemple : une société veut devenir leader sur son marché et gagner des parts de marché d'ici six ans.

B. Le plan opérationnel

Pour le département vente, le PAC est le volet opérationnel de la stratégie marketing ou d'entreprise (selon la taille et l'organisation de la structure).
Le plan d'action commercial va devoir tenir compte :

- des actions du marketing mix et plus particulièrement du domaine de la distribution afin de donner la place qui convient à la vente directe et au développement de ce réseau ;
- des objectifs fixés avec des objectifs intermédiaires pour ajuster l'action ;
- des actions à mettre en place pour atteindre les objectifs ;
- de l'évaluation des moyens mis à disposition ainsi que des budgets alloués pour réaliser ces actions ;
- de la mise en place d'outils pour évaluer les actions effectuées (tableau de bord…).

Exemple : une entreprise souhaite augmenter ses parts de marché de 30 % d'ici cinq ans.

De manière classique, l'entreprise va répartir cette augmentation de manière linéaire, à raison de six points par an.
Ainsi, le plan d'action pour l'année sera d'améliorer le CA de 6 %. Il faut donc fixer des objectifs aux vendeurs qui vont permettre d'atteindre ce chiffre au global, en déclinant cette augmentation mensuellement ou trimestriellement.
Il faudra aussi évaluer les moyens à disposition (en ressources humaines mais aussi en ressources matérielles) afin de rectifier si besoin. Il faut également ajuster le budget en conséquence.
À l'issue de cette action, un bilan sera effectué afin de constater si l'action a été réussie ou si c'est un échec. Pour cela, un tableau de bord semble être l'outil adapté. Il permet de comparer les objectifs fixés au début et les résultats obtenus en fin d'exercice. Il sera donc possible de mesurer les écarts entre les deux et d'apporter l'analyse qui permettra de réagir.

2. Dynamiser et pérenniser un réseau de vente directe

Recrutement de nouveaux membres du réseau : parrainage, hôte(sse)s pour les ventes en réunion, etc.

↓

Objectifs
> Conquête de nouveaux clients
> Augmentation des parts de marché
> Augmentation du chiffre d'affaires

↓

Résultats
> Augmentation des revenus des VDI
> Augmentation des parts de marché de l'entreprise

Un réseau de vente directe est dynamique s'il génère un volume d'activité important et se développe. Pour se faire, il faut que les vendeurs assurent suffisamment de réunions afin d'obtenir des commandes, mais aussi recruter de nouveaux hôtes ou nouvelles hôtesses. Ceci constitue le premier niveau.

Au deuxième niveau, les vendeurs recrutent de nouveaux vendeurs et deviennent ainsi vendeurs et manageurs. Dans cette configuration, certains vendeurs se rendent compte qu'ils ont davantage la fibre managériale que commerciale et se consacrent davantage à cette tâche.

Pour assurer la pérennité de l'entreprise, il faut constituer une force de vente qui ne se cannibalise pas. Dans l'extension d'un réseau de proches, de connaissances, il est possible que les secteurs de clientèles soient les mêmes. Cela revient à un écueil du système de vente directe qu'il faut éviter. Les nouveaux entrants marchent sur les plates-bandes des parrains et tout le monde va perdre en chiffre d'affaires d'abord et en motivation ensuite.

Les objectifs à poursuivre demeurent classiques :
- la conquête de nouveaux clients (prospects) ;
- l'augmentation des parts de marché ;
- l'augmentation du chiffre d'affaires.

Les résultats attendus sont une augmentation des revenus des VDI et une motivation suffisante pour que de nouveaux vendeurs se lancent dans l'aventure.

MOTS-CLÉS

★ marketing de réseau multiniveau ★ plan d'action commerciale (PAC)
★ team building ★ vendeur à domicile indépendant (VDI)

voir lexique page 189

15

Manager le réseau de vente directe

COMPÉTENCE

> Impulser une dynamique de réseau

pix

1.1 Mener une recherche et une veille d'information
1.3 Traiter des données

CONTEXTE PRO

Sac'Embal (SASU)
Localisation : Saint-Brieuc
Effectif : 12 personnes
CA : 12 300 €

Sac'Embal est une société qui a été créée en 2010. Elle fabrique et commercialise toutes sortes d'emballages (papier, carton, plastique…). Les nouvelles normes environnementales ont amené l'entreprise à innover afin de modifier et d'adapter sa production.

Aujourd'hui, avec ses nouveaux emballages plastique, l'entreprise désire toucher une autre cible. Cette nouvelle cible est constituée de petits commerces saisonniers et de leur clientèle touristique, de commerces traditionnels (métiers de bouche…) impliqués dans la préservation de l'environnement et de commerçants ambulants présents sur les marchés en France.

VOTRE OBJECTIF

Vous succédez au responsable des ventes, qui vient de prendre sa retraite. Assez directif dans son management, il se fiait principalement à son expérience et à son instinct. Vous souhaitez en priorité faire évoluer le management de l'équipe. Cependant, il vous faut assurer une transition qui ne soit pas trop brutale et qui laisse le temps à votre équipe de bien s'adapter.

DÉCOUVRIR AUTREMENT
VIDÉO + QUIZ
foucherconnect.fr/22rcar58

MISSIONS & RESSOURCES

MISSION 1 Fixer les objectifs des commerciaux

En préparation de votre première réunion, vous avez consulté les objectifs que votre prédécesseur avait fixés pour le mois de janvier. Vous allez dans un premier temps faire le point sur ces objectifs puis définir ceux à venir pour le même mois de l'année N+1.

À RÉALISER

1. Repérez si les objectifs fixés par votre prédécesseur répondaient à la méthode SMART. RESSOURCES 1, 2
2. Indiquez les conséquences potentielles si les objectifs ne répondent pas à cette exigence.
3. Fixez les objectifs de vos commerciaux pour le mois de janvier N+1. RESSOURCES 3 à 5

MISSION 2 Définir des missions et répartir des tâches

Cette année, vous demandez à vos commerciaux de prospecter une nouvelle cible. Celle-ci se compose de petits commerçants saisonniers, de commerçants traditionnels et de commerçants ambulants. La charge de travail étant plus élevée, vous vous demandez si chaque membre de l'équipe pourra assumer la charge de travail supplémentaire.

À RÉALISER

4. Déterminez le nombre de prospects potentiels (arrondir à l'entier inférieur) à contacter puis calculez le nombre de clients obtenus par cette prospection. RESSOURCES 6, 7
5. Estimez le temps nécessaire que va devoir consacrer chacun des commerciaux à cette phase de prospection. RESSOURCES 6, 7
6. Évaluez la charge de travail de chacun sur l'année complète à venir. RESSOURCES 6 à 8
7. Concluez quant à cette nouvelle organisation et formulez des recommandations.

RESSOURCE 1 Les objectifs fixés par votre prédécesseur

Lors d'une réunion mensuelle, le responsable des ventes avait fait le point avec ses commerciaux sur le mois terminé tout en fixant leurs objectifs pour le mois à venir.

Vous prenez connaissance des messages suivants notés dans le compte rendu de la réunion :

- pour Enzo : « Vous augmenterez vos ventes de 10 % par rapport au même mois de l'année dernière (mois de novembre). Vous êtes capable de réaliser cet objectif, il est à votre portée. »
- pour Rania : « Votre secteur connaît un accroissement, la disparition du concurrent devrait permettre de reprendre 30 % des parts de marché. Je compte sur vous pour réaliser cela. »
- pour Simon : « Vous résultats sont faibles ce mois-ci. Ils doivent être améliorés pour le mois prochain. Il est impossible d'en être autrement. Dans le cas contraire, nous devrons mettre un terme à notre collaboration. »
- pour Sophie : « Vous m'avez indiqué que 7 prospects vous avaient retourné les devis que vous avez établis. Je veux que vous concrétisiez ces contrats. Il est impensable qu'un seul contrat nous échappe. »

RESSOURCE 2 Fixer un objectif avec la méthode SMART

NOTION

Spécifique	L'objectif est exprimé de façon explicite et concrète.
Mesurable	L'objectif fournit des résultats observables.
Atteignable	L'objectif ne doit ni être trop difficile, ni trop facile.
Réaliste	L'objectif doit prendre en compte l'ensemble des paramètres de l'environnement dans lequel évolue le commercial.
Temps	L'objectif doit être défini dans le temps, c'est-à-dire avoir une échéance connue au moment de sa fixation.

RESSOURCE 3 Tableau de bord des commerciaux pour le mois de décembre

Commerciaux	CA	Prospects visités	Nouveaux clients	Clients	Évolution clients (%)	Marge	Ventes
Enzo	13 200	4	1	83	+ 1,2	2 640	42
Rania	16 100	7	3	112	+ 2,7	4 830	55
Simon	9 700	2	0	64	– 3,1	1 940	38
Sophie	13 500	5	2	97	+ 2,11	3 375	49

RESSOURCE 4 Les tendances du marché de l'emballage plastique

Depuis le 1er juillet 2016, les sacs en plastique ne sont plus distribués à la caisse des grandes surfaces, des petits commerces et des marchés. Cette décision, dans la lignée des décisions antérieures des distributeurs de faire payer les sacs, entérine les différentes prises de position en faveur de l'écologie et notamment du respect de la planète.

Quels impacts sur nos courses ?

Pour le marché fruits et légumes, les sacs ont été remplacés par des sacs en papier et/ou biosourcés et compostables. Les sacs biosourcés sont principalement composés de matières organiques (amidon de pomme de terre ou de maïs généralement) mais contiennent encore une part de plastique qui se décompose totalement. La loi prévoit que ces sacs soient biosourcés à 60 % en 2025. Les sacs compostables sont en mesure, quant à eux, de se dégrader seuls et de se transformer en eau et en CO^2.

Et en Europe ?

Depuis fin 2018, l'Union européenne tend vers une harmonisation des pratiques de ses états membres : les États doivent, soit rendre payants les sacs fins non biodégradables ; soit imposer des mesures pour réduire la consommation annuelle de sacs par habitant.

 # vidéo
La filière des fruits et légumes prépare la fin de l'emballage en plastique le 1er janvier - 3,16 min
foucherconnect.fr/22rcar59

RESSOURCE 5
Mémo sur la demande locale des secteurs de chaque commercial

⇒ 80 % de la clientèle actuelle achète des sacs en plastique.

⇒ Les nouveaux sacs seront vendus environ 25 % plus cher.

⇒ La demande va baisser de 10 %.

⇒ Le prix moyen d'une commande est de 350 € HT.

RESSOURCE 6
Note sur les visites terrain des commerciaux

→ D'après l'expérience de votre entreprise :
- le temps moyen d'une visite chez un client est d'une demi-heure ;
- le temps passé chez un prospect est d'une heure.

→ Pour les nouveaux clients : au cours de la première année, le commercial passe en moyenne une heure par visite. Il faut le temps que celui-ci maîtrise les besoins de son client et que le client connaisse bien votre éventail de produits et services.

→ Chaque commercial consacre en moyenne 20 heures par semaine au face-à-face avec les clients ou les prospects.

RESSOURCE 7
Les missions et la répartition des tâches des commerciaux

NOTION

Les différentes missions d'un commercial :
- **prospection** : recherche de nouveaux clients ;
- **communication** : transmission des informations concernant les produits ou services aux clients ciblés ;
- **négociation** : présentation commerciale des produits et conclusion des ventes ;
- **fidélisation** : suivi et maintien du lien et renouvellement des achats.

Les tâches se répartissent selon un ordre de priorité qui tient compte des objectifs et de la stratégie fixés par l'entreprise. La **matrice d'Eisenhower** illustre la manière de raisonner sur l'ordre à donner pour les tâches.

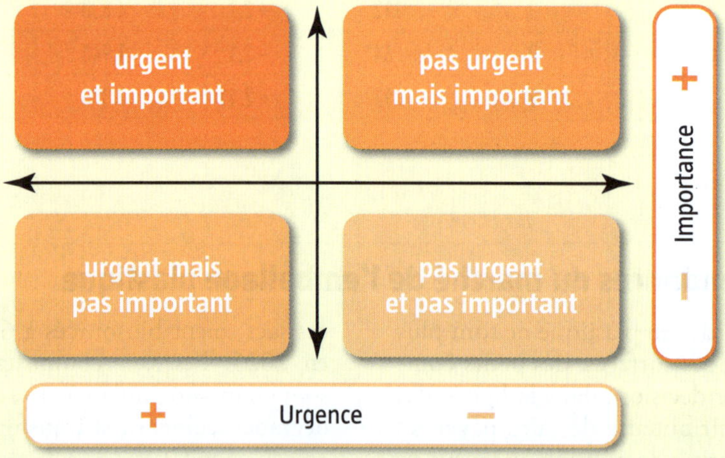

RESSOURCE 8
Répartition de la nouvelle cible entre les commerciaux

Commerciaux	Prospects recensés	Taux de prospects fidèles à un fournisseur	Taux de transformation par commercial
Enzo	39	25 %	25 %
Rania	53	37 %	42 %
Simon	44	31 %	20 %
Sophie	49	38 %	40 %

ENTRAÎNEMENT

SE TESTER

QUIZ

foucherconnect.fr/22rcar60

EXERCICE 1

Vous êtes en stage au sein de l'entreprise Try com' spécialisée dans la communication d'entreprise (sites internet, blogs, applications mobiles, plaquettes, organisations d'événements, autres supports...).

Vous assistez à la réunion annuelle qui permet de faire le bilan de l'année écoulée et de préparer la suivante. Dans un premier temps, cette réunion est collective. Le manager évoque les résultats collectifs pour l'ensemble de l'équipe et énonce les orientations générales de l'entreprise. Dans un deuxième temps, le responsable reçoit individuellement chaque commercial afin de faire le point sur ses résultats avec ses points forts et ses points à améliorer. C'est aussi l'occasion de fixer les objectifs de chacun pour l'année à venir.

Vous êtes présent à l'ensemble des entretiens et prenez des notes sur tout ce qui s'y dit.

1 Analysez la clarté et la précision de chaque objectif fixé par le responsable afin de repérer s'il répond au cahier des charges de la méthode SMART (ressource 1).

2 Reformulez chacun de ces objectifs en appliquant la méthode SMART (ressources 1, 2).

Ressource 1 Notes prises lors de la réunion collective et des entretiens individuels

- **Réunion collective**

– Le chiffre d'affaires est légèrement en deçà de l'objectif global fixé. En revanche la conquête client est plutôt positive.

– Dans la mesure où l'un de nos concurrents vient de cesser son activité et qu'il représentait 15 % de part de marché, je veux que nous récupérions la totalité de ces parts abandonnées.

– Je compte 4 % d'augmentation due à une revalorisation de l'ensemble de nos prestations + 15 % supplémentaires suite à la récupération des parts de marché et donc du chiffre d'affaires du concurrent disparu. Cette progression est répartie de manière identique entre vous trois.

- **Entretiens individuels**

– Commercial 1 : Élias

Votre CA est en deçà de l'objectif, mais vous êtes une équipe et vous devez assurer la part du résultat à la hauteur de vos collègues. Si votre secteur compte moins de grandes entreprises, ce n'est pas une excuse. Vous pouvez visiter plus de clients ou prospects et par l'effet du nombre, vous obtiendrez un chiffre d'affaires plus important. Organisez-vous et soyez plus méthodique. Prenez exemple sur Raphaël.

– Commercial 2 : Raphaël

Les résultats sont bons, que ce soit en chiffre d'affaires généré ou en conquête client. Votre secteur a un potentiel très important. Le concurrent, qui nous laisse le champ libre alors qu'il était très présent sur votre secteur, va vous permettre d'exploser nos chiffres. J'ai fixé les mêmes objectifs que pour les autres mais je suis convaincu que vous allez largement faire plus.

– Commercial 3 : Myriam

L'objectif est atteint en ce qui concerne le chiffre d'affaires, mais vous n'avez aucune conquête client. Attention ! À terme ce n'est pas bon, avec des conséquences sur votre chiffre d'affaires. Il va falloir rattraper le manque de prospects de l'année en plus de récupérer les clients du concurrent qui n'est plus là. Vous allez devoir miser au maximum sur la prospection. Je vous rappelle que je ne veux perdre aucun client du concurrent.

ENTRAÎNEMENT

Ressource 2 **Tableau de bord de la force de vente**

Commerciaux	Objectif CA année N	Résultats CA année N	Écarts objectifs/ résultats	Objectif CA N+1	Nouveaux clients année N	Nouveaux clients année N+1
Élias	330 000	318 500	96,52 %	392 700	+ 8	+ 35
Raphaël	330 000	334 200	101,27 %	392 700	+ 11	+ 42
Myriam	330 000	331 600	100,48 %	392 700	0	+ 56
Équipe	990 000	984 300	99,42 %	1 178 100	+ 19	+ 133

EXERCICE 2

Votre société Sign'up vient d'absorber une entreprise qui travaille dans le même secteur d'activité que vous, à savoir la commercialisation de produits de signalétique de chantiers. Votre société s'est développée plutôt sur une clientèle professionnelle (entreprises de BTP, sites de production, aéroports, administrations...) alors que l'autre société était plus tournée vers une clientèle de particuliers (copropriétés...) et de professionnels (parcs de loisirs, golfs mais aussi petits revendeurs...).

La volonté des directions de regrouper ces deux entités est de créer une synergie pour faire face à une concurrence de plus en plus forte. Votre force de vente actuelle compte trois commerciaux répartis sur des secteurs géographiques distincts. L'arrivée de la nouvelle société rajoute à cette force de vente deux commerciaux supplémentaires qui évoluent sur les mêmes secteurs.

Vous devenez le manager de cette nouvelle force de vente et avez pour mission de réorganiser celle-ci de la manière la plus optimale possible.

1 Calculez le potentiel global de la nouvelle organisation après l'absorption et la fusion des deux forces de vente avec leur clientèle respective (ressource 1).

2 Établissez la charge de travail pour les cinq commerciaux (ressources 1, 2).

3 Répartissez les secteurs des cinq commerciaux selon le mode d'organisation qui vous paraît le plus pertinent (ressource 3).

Ressource 1 Caractéristiques des deux forces de vente

Force de vente de l'entreprise Sign'up

Commerciaux	Clients professionnels	Clients particuliers	Prospects professionnels	Prospects particuliers
Richard	140	324	116	287
Sonia	163	295	102	249
José	157	318	103	305
Total	460	937	321	841

Temps de visites clients et prospects par an :

- professionnels : une visite pour les clients d'une durée de 30 minutes et deux visites aux prospects d'une durée respective de 1 h 30 pour la première visite et d'1 h pour la deuxième visite ;
- particuliers : une visite pour les clients d'une durée de 15 minutes et deux visites aux prospects d'une durée respective de 1 h pour la première visite et de 30 min pour la deuxième visite.

Force de vente de l'entreprise Biensigne

Commerciaux	Clients professionnels	Clients particuliers	Prospects professionnels	Prospects particuliers
Cyrine	482	126	432	169
Maxime	513	141	409	152
Total	995	267	841	321

Temps de visites clients et prospects par an :

- professionnels : une visite pour les clients d'une durée de 15 minutes et deux visites aux prospects d'une durée respective d'1 h pour la première visite et d'1 h pour la deuxième visite ;
- particuliers : une visite pour les clients d'une durée de 15 minutes et deux visites aux prospects d'une durée respective d'1 h pour la première visite et de 30 minutes pour la deuxième visite.

Remarques

- 20 % de la clientèle professionnelle de Sign'up est identique pour l'entreprise Biensigne.
- 30 % de la clientèle de particuliers de l'entreprise Biensigne est identique pour l'entreprise Sign'up.
- Les prospects recensés sont les mêmes pour les deux sociétés.

Ressource 2 Répartition globale des clients et prospects après la fusion

Commerciaux	Clients professionnels	Clients particuliers	Prospects professionnels	Prospects particuliers
Total	636	1 635	321	841

Ressource 3 Mode de répartition des secteurs

Répartition	Caractéristiques
Géographique	Si la gamme de produits est homogène, peu diversifiée et que la clientèle est fortement concentrée géographiquement.
Produit	Si les produits sont techniques et complexes, très hétérogènes ou très nombreux.
Clientèle	Si la clientèle nécessite une approche très spécifique.

ENTRAÎNEMENT

EXERCICE 3

Vous effectuez un stage dans l'entreprise Toutpropr', spécialisée dans la vente de produits ménagers et d'entretien. Cette société pratique la vente directe et possède une équipe de vendeurs à domicile.

Votre tuteur, le directeur commercial, vous demande de l'aider dans ses tâches courantes. Au cours du trimestre précédent, il avait fixé lors d'une réunion des objectifs aux vendeurs de Toutpropr'. La fin du trimestre approche et les résultats doivent être reportés afin d'analyser les performances de chaque vendeur.

1 **Reportez les résultats de chaque vendeur, puis mesurez et analysez les écarts constatés. (ressource 1).**

2 **Expliquez la cohérence des critères choisis par le directeur commercial pour fixer les objectifs avec la situation du marché (ressources 2 et 3).**

3 **Fixez les nouveaux objectifs pour chacun en justifiant vos choix.**

Ressource 1 Tableau de suivi des activités des vendeurs

Vendeurs	Ancienneté des vendeurs	Objectif CA (€)	CA réalisé (€)	Objectifs nouveaux clients	Nb de nouveaux clients	Objectifs nouveaux vendeurs	Nouveaux vendeurs recrutés
Céline Faure	5 ans	12 000	13 400	25	13	3	3
Delphine Pons	1 an	8 000	7 600	10	11	1	0
Sylvie Ferrer	6 ans ½	14 000	15 100	27	24	4	5
Fabienne Morelec	7 mois	6 500	6 380	7	8	1	1
Lydia Mira	4 ans et 8 mois	13 000	17 000	25	25	3	5

Ressource 2 Les nettoyants ménagers ont plus que jamais le vent en poupe

Chiffres : + 23,8 % : évolution du chiffre d'affaires des nettoyants ménagers et des désinfectants, soit 445,9 M€ […]
La pandémie a dopé le marché de l'entretien et notamment cvelui des nettoyants ménagers. « Les sprays et les lingettes représentent près de 70 % de la croissance et, plus particulièrement, les produits désinfectants et antibactériens. C'est une croissance saine : plus de 90 % de cette croissance vient du fond de rayon », souligne Manon Glisière, brand manager Cif et Domestos chez Unilever France. Les Français se sont rués sur les produits qu'ils connaissaient pour nettoyer leur intérieur et éliminer les virus. L'eau de Javel a ainsi vu ses ventes progresser de 17 %. Selon L'Observatoire Maison verte, 57 % des Français pensent qu'elle a un impact positif sur leur santé (+14 points *vs* 2019). Plus globalement, un Français sur quatre estime qu'un foyer sain est un foyer sans microbes ni bactéries (+5 points *vs* 2019). […]
Si le besoin de désinfection s'est renforcé, l'attente de produits écologiques reste forte. Près de trois Français sur quatre utilisent au moins un produit ménager écolabellisé, selon L'Observatoire Maison verte. Les marques écologiques continuent donc à développer leur offre. De nouveaux acteurs apparaissent aussi sur le marché. Ainsi, Les Secrets de Léontine, en GMS depuis moins d'un an, propose des ingrédients pour faire soi-même ses produits d'entretien et des recettes toutes prêtes de nettoyants ménagers. Onze de leurs références sont déjà certifiées Ecocert. La marque a d'abord séduit les supermarchés Match puis certains magasins Carrefour et Auchan dans le Nord. Elle débute maintenant sa conquête du reste du territoire.

Isa.fr, Mirabelle Belloir, 31/03/2021

 # vidéo
Consommation : les ventes de produits détergents s'envolent - 1,54 min
foucherconnect.fr/22rcar61

Ressource 3 Note du directeur commercial à votre intention

✓ Pour les objectifs du prochain trimestre, je souhaite augmenter chaque objectif de 6 % par rapport aux objectifs précédents.

✓ Ceci s'appliquera au chiffre d'affaires, à l'obtention de nouveaux clients, mais aussi au recrutement de nouveaux vendeurs.

✓ Pour les deux derniers objectifs, veillez à arrondir vos résultats à l'entier le plus proche.

RETENIR AUTREMENT
AUDIO
foucherconnect.fr/22rcar62

1. La fixation des objectifs

A. Le principe

Le principe des objectifs en cascade consiste à définir, dans un premier temps, les objectifs stratégiques de l'entreprise (court et long termes), puis, dans un second temps, à les décliner en objectifs de performance pour les équipes. Les objectifs des équipes et les objectifs individuels seront alignés sur ceux de l'entreprise.
Ces objectifs présentent un double intérêt pour :

- l'entreprise : elle lui permet de suivre la stratégie fixée par la direction ;
- le commercial : elle lui permet de savoir quelle va être sa contribution sur une période donnée dans la réalisation de cette stratégie.

B. L'outil smart

Une des meilleures façons de fixer un objectif est de suivre la méthode SMART.

Chaque lettre du sigle SMART se décline de la manière suivante.

S pour spécifique
On doit connaître exactement ce qui est attendu. L'objectif doit être formulé de manière claire, sans laisser de place à l'interprétation.

Exemple : conquérir 15 nouveaux clients par mois.

M pour mesurable
On détermine des indicateurs chiffrés afin de mesurer la réalisation.

Exemple : augmenter le chiffre d'affaires de 8 % par rapport à l'année précédente.

A pour atteignable
L'objectif peut être ambitieux, mais doit rester à la portée d'un commercial qui accomplit un travail jugé comme normal.

Exemple : augmenter le chiffre d'affaires de 8 % d'une année sur l'autre, si les études montrent que c'est la tendance du marché actuellement.

R pour réaliste
Il doit être accepté par le collaborateur compte tenu des moyens (compétences, ressources humaines, matérielles, etc.) mis à sa disposition.

Exemple : un commercial doit conquérir une nouvelle clientèle ; l'entreprise lui dispense une formation spécifique, communique auprès de cette cible et met à sa disposition une documentation particulière, ainsi que des échantillons.

T pour temporellement défini
Un objectif qui ne présente pas de date précise peut être démotivant pour le collaborateur ; il peut aussi être repoussé sans cesse sans jamais être atteint.

Exemple : pour le premier trimestre, tous les clients qui n'ont pas commandé l'année dernière doivent être visités.

Les objectifs peuvent être fixés de deux façons :
- par le manager de manière unilatérale, de façon autoritaire (style directif) ;
- conjointement entre le manager et le collaborateur, de manière participative (style collaboratif).

2. La définition des missions et la répartition des tâches

Pour définir les missions et décider de la répartition des tâches, le manager doit tenir compte de paramètres qui sont à la fois externes et internes à l'entreprise.

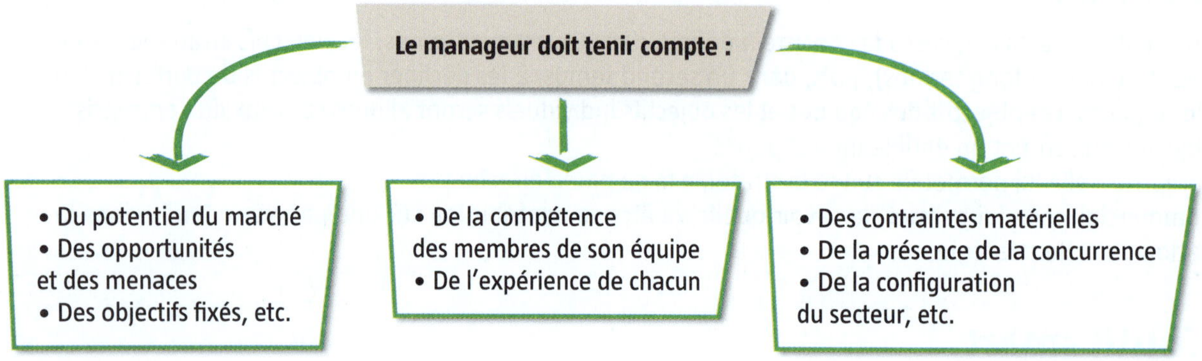

A. D'un point de vue externe

Le manager doit s'interroger sur le potentiel du marché :
- est-ce un marché en croissance ou bien a-t-il atteint sa maturité ?
- ou encore est-il sur le déclin ?

Selon la position, le manager devra ajuster sa force de vente.
Les opportunités et les menaces vont également avoir une incidence sur l'organisation. Dans un cas, l'organisation va tendre à une hausse, alors que dans l'autre, on peut s'attendre à une phase moins favorable et donc à des restrictions.
Selon les objectifs que l'on fixe, les ambitions et leur mise en œuvre peuvent évoluer et la répartition des tâches peut s'en voir modifiée.

B. D'un point de vue interne

Le manager s'interroge sur la compétence de l'équipe ou plus particulièrement de chacun des membres de l'équipe. Ce paramètre va influer sur les missions que l'on va attribuer à chacun.

Exemple : certains commerciaux sont plus doués dans les phases de prospection, alors que certains se révèlent davantage dans la fidélisation.

L'expérience peut aussi être déterminante, notamment quand l'entreprise dispose d'une clientèle grands comptes : il sera préférable de la confier à un commercial confirmé plutôt qu'à un commercial junior.
D'autres contraintes peuvent également intervenir :
- contraintes matérielles : la structure de l'entreprise ne permet pas d'équiper les commerciaux en voitures de fonction ou d'assurer un bureau pour chaque vendeur ;
- contraintes concurrentielles : le positionnement sur le marché va déterminer la façon de déployer la force de vente et la manière d'entrer en contact avec la clientèle ;
- la configuration du secteur peut également agir sur l'organisation de la force de vente.

MOTS-CLÉS

★ méthode SMART ★ missions ★ objectif ★ répartition des tâches ★ tableau de bord

voir lexique page 189

16

Animer et stimuler le réseau de vente directe

COMPÉTENCE

> Impulser une dynamique de réseau

pix

1.1 Mener une recherche et une veille d'informations
1.3 Traiter des données

CONTEXTE PRO

Azurprotect
Localisation : Carros
Effectif : 21 personnes
CA : 26 700 €

Spécialisée dans la confection et la commercialisation de vêtements professionnels, l'entreprise Azurprotect compte ses clients dans le BTP, les collectivités territoriales (communes, départements, régions…), le médical, les métiers de bouche, le yachting et les objets publicitaires.

La force de vente d'Azurprotect est constituée de quatre commerciaux salariés qui se partagent les différents secteurs par activité. Les secteurs du yachting et des objets publicitaires ont été confiés à un VRP multicarte pour développer plus rapidement un volume d'affaires.

VOTRE OBJECTIF

En qualité de stagiaire, vous assistez la responsable commerciale, Mme Le Pourhiet, dans la gestion de la force de vente. Elle vous fait part de son interrogation sur l'efficacité du VRP. En effet, depuis environ un an et demi, ses performances ne sont plus tout à fait ce qu'elles étaient. Mme Le Pourhiet vous demande de réfléchir sur ce dossier afin de prendre une décision quant au maintien du VRP ou à son remplacement par un commercial salarié afin d'uniformiser l'ensemble de la force de vente.

DÉCOUVRIR AUTREMENT

VIDÉO + QUIZ

foucherconnect.fr/22rcar63

MISSIONS & RESSOURCES

MISSION 1 Évaluer, motiver et stimuler la force de vente

Mme Le Pourhiet vous demande d'évaluer les résultats de la force de vente. Elle souhaite que vous déterminiez et repériez des pistes pour stimuler les commerciaux si cela est possible.

À RÉALISER

1. Indiquez la conduite à tenir auprès des différents commerciaux après avoir déterminé les taux de conversion et d'attrition. RESSOURCES 1, 2
2. Proposez des pistes afin de motiver l'équipe et chacun des commerciaux. RESSOURCES 3, 4
3. Indiquez quels sont vos moyens d'action pour agir sur la motivation ou la stimulation d'un VRP. Tirez-en une conclusion.

MISSION 2 Rémunérer des commerciaux

Mme Le Pourhiet vous demande de calculer les rémunérations des commerciaux pour le mois de décembre. Celles-ci comportent, en plus du fixe et des commissions, des primes liées aux efforts de prospection et de fidélisation pour l'année N. Elle envisage de recruter un commercial salarié sur le secteur de l'actuel VRP multicarte et vous charge pour ce faire de comparer le salaire perçu pour chaque statut.

À RÉALISER

4. Calculez la rémunération des quatre commerciaux salariés ainsi que celle du VRP multicarte. RESSOURCES 1, 5 à 8
5. Analysez ces deux types de rémunération.
6. Comparez la rémunération du VRP avec celle d'un commercial salarié. Pour cela, vous appliquerez les règles de rémunération de ce dernier afin d'obtenir le salaire correspondant.
7. Recensez les points positifs et les points négatifs des deux systèmes de rémunération.

RESSOURCE 1 Résultats des commerciaux

Commerciaux	CA du mois de décembre	Nb de prospects contactés	Nb de prospects acquis	Nb de clients perdus	Clients restants au 31/12/N
1. M. Elno	45 000	22	13	14	72
2. Mme Diaz	38 900	11	9	0	54
3. M. Allard	42 500	17	4	9	117
4. M. Raouch	29 350	31	22	19	213
VRP M. Beraud	Y* : 31 200 Op** : 16 400	60	52	39	95

* Y = Yachting ** Op = Objets publicitaires

RESSOURCE 2 Calcul des taux de conversion et d'attrition

NOTION

Taux de conversion ou de transformation = (nombre de contrats/nombre de prospects) × 100

Taux d'attrition = (nombre de clients perdus/ nombre de clients total) × 100

RESSOURCE 3 Évaluer les commerciaux de l'entreprise : un check-up indispensable

NOTION

Comment évaluer les commerciaux ?

Pour bien évaluer les commerciaux, il faut avoir en tête la liste de toutes les étapes d'un acte commercial puis identifier les qualités nécessaires pour réussir.
Par exemple, pour réussir dans l'entreprise Y, les effectifs commerciaux doivent :

- 1. réaliser un travail de préparation avant toute relation commerciale [...] ;
- 2. avoir des qualités d'organisation [...] ;
- 3. maîtriser un certain nombre de savoir-faire [...] ;
- 4. maîtriser telles ou telles compétences techniques [...] ;
- 5. posséder une réelle maîtrise des techniques de vente [...].

Une fois cet inventaire réalisé, écrit et classé par grands chapitres, alors la phase d'évaluation peut débuter. [...]

Évaluer, oui, mais après ?

Dans un premier temps, l'évaluation commerciale va permettre de mettre en évidence les zones d'amélioration de chacun des membres de l'équipe commerciale. Cette démarche permet aussi de se forger une vision globale des acquis et du chemin restant à parcourir pour atteindre l'excellence. [...]
Le fait de mettre en évidence les difficultés et de partager les points de vue amorce bien souvent les pistes de solutions à mettre en place.
L'un des points positifs de ces démarches d'évaluation est de permettre de mieux former le/les collaborateurs, exactement là où se situent les besoins et les difficultés... [...]

Et les résultats ?

Une évaluation commerciale ne doit jamais être un « outil » de démotivation ou de préparation à une sanction. Elle doit pointer de la façon la plus adulte possible ce qui, en s'améliorant, permettra d'atteindre le Graal commercial et donc de faire grandir le/les collaborateur(s) ET l'entreprise.
Lorsque, sous cet aspect, l'évaluation et les éventuels recadrages sont acceptés, les résultats obtenus a posteriori dépassent généralement les espérances. [...]

www.netpme.fr

RESSOURCE 4 Comment motiver ses commerciaux ?

NOTION

❶ Entretenir la motivation des commerciaux par la rémunération

[...] Pour les commerciaux, les politiques sont particulières puisque la part de rémunération variable [...] peut être assez importante. Pour la déterminer, il faut veiller à bien se fier au profil de chacun des collaborateurs : est-il en début ou en fin de carrière, est-il en recherche perpétuelle de nouveaux contrats ou se contente-t-il d'entretenir sa clientèle ? Il s'agira aussi de faire le choix entre les primes et les commissions. L'essentiel étant que la politique de rémunération soit claire et équitable.

❷ Entretenir la motivation des commerciaux par l'esprit de compétition

La stimulation des commerciaux passe aussi par l'organisation de challenges et de concours de vente. Le manager doit trouver le bon dosage : ne pas les renouveler trop souvent au risque d'essouffler les équipes ou de leur mettre trop de pression, mais ne pas non plus négliger ce genre d'opérations, qui cassent la routine et insufflent une dynamique nouvelle. Là encore, les règles doivent être claires et compréhensibles par l'ensemble des forces de vente. Par ailleurs, il ne faut pas que le challenge commercial s'étire trop dans le temps (quelques mois au maximum) et risque d'épuiser la motivation des collaborateurs concernés. [...]

❸ Entretenir la motivation des commerciaux par un management spécifique

Les commerciaux doivent faire face à une pression importante. [...] Les collaborateurs doivent se sentir encadrés, suivis, mais également responsabilisés. [...] Lorsque les chiffres sont bons, ils devront aussi sentir le soutien de leur hiérarchie. Les commerciaux apprécieront donc d'être reconnus et intégrés dans la stratégie commerciale de l'entreprise. [...]

❹ Entretenir la motivation des commerciaux par l'esprit d'équipe

Les commerciaux sont sensibles à l'ambiance de travail qui règne au sein de l'entreprise. Une équipe soudée améliore leur motivation. Le travail en équipe, les échanges entre vendeurs, ainsi que les conseils distillés par le manager sont autant de leviers pour améliorer les performances commerciales de chacun.

beaboss.fr, 15.12.2015

RESSOURCE 5 Calcul de la commission par tranche

NOTION

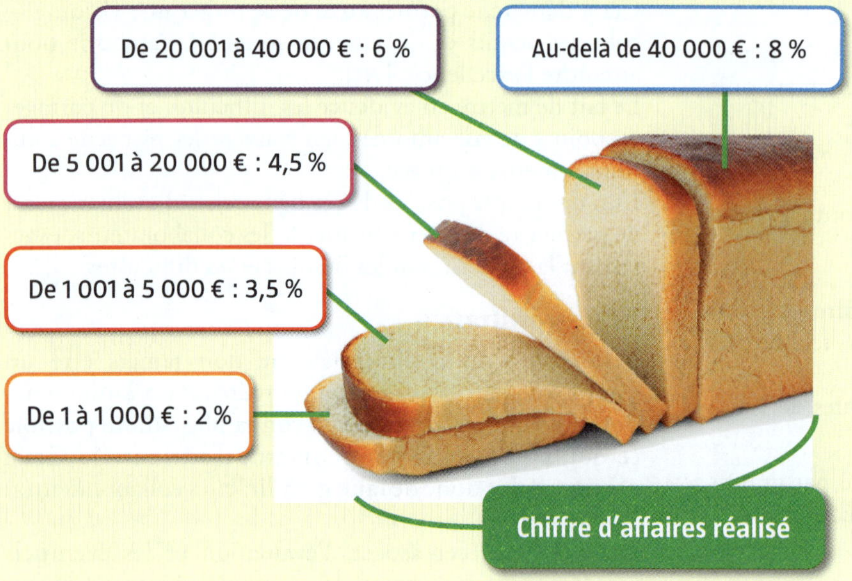

Exemple pour un CA de 58 000 €

Détail du calcul	Rémunération
1 000 × 0,02	20
(5 000 – 1 000) = 4 000 × 0,035	140
(20 000 – 5 000) = 15 000 × 0,045	675
(40 000 – 20 000) = 20 000 × 0,06	1 200
(58 000 – 40 000) = 18 000 × 0,08	1 440
Total	3 475

RESSOURCE 6 La prime

NOTION

Une prime est une somme déterminée à l'avance et liée à l'atteinte d'un résultat.

Exemples :
Prime de 100 € si le commercial obtient 5 nouveaux clients dans le mois.
Prime de 200 € si le commercial obtient 10 nouveaux clients dans le mois.

RESSOURCE 7 Système de commissions et de primes des commerciaux salariés

Commissions

De 1 à 1 000 € de CA :	2 %
De 1 001 à 5 000 € de CA :	3,5 %
De 5 001 à 20 000 € de CA :	4,5 %
De 20 001 à 40 000 € de CA :	6 %
Au-delà de 40 000 € de CA :	8 %

Types de primes annuelles

Prime 1 : prime de prospection	Prime 2 : prime de fidélisation
• Si le taux de transformation est compris entre 50 et 80 % : 300 €. • Si le taux de transformation est compris entre 80 et 100 % : 500 €.	• Si le taux d'attrition est compris entre 0 et 10 % : 200 €. • Si le taux d'attrition est égal à 0 : 400 €.

RESSOURCE 8 Calcul de la commission du VRP

Deux systèmes de commissions par univers de produits :
- les vêtements de yachting : 3 % ;
- les objets publicitaires : 5 %.

ENTRAÎNEMENT

SE TESTER

QUIZ

foucherconnect.fr/22rcar64

EXERCICE 1

À l'occasion de la sortie de son nouveau produit (une mutuelle santé prévoyance pour des personnes à hauts revenus), votre société a mené une opération de prospection de grande ampleur impliquant l'ensemble des commerciaux. Le temps a été la principale contrainte. Il fallait rencontrer beaucoup de prospects dans un temps très limité (n'excédant pas deux semaines) afin de ne pas perturber les visites clients sur le secteur des commerciaux.

Le choix s'est porté sur l'installation d'un stand pendant une semaine dans un centre commercial situé à égale distance des secteurs des trois collaborateurs. Ce choix est aussi motivé par une forte représentation de la cible visée.

Votre force de vente se compose de trois commerciaux salariés. Yacine vient de terminer sa période d'essai et commence son CDI en tant que commercial salarié. Guillaume, commercial depuis sept ans, retrouve une grande partie de son secteur clientèle au sein du centre commercial. Estelle, la plus ancienne commerciale, maîtrise parfaitement toutes les techniques de prospection. De plus, elle bénéficie d'une grande notoriété acquise via son important réseau social.

1 Analysez les résultats de cette opération (ressources 1, 2).
2 Évaluez l'effort de chaque commercial (ressource 2).
3 Indiquez la teneur des propos que vous aurez avec chacun d'entre eux lors de l'entretien de bilan.

Ressource 1 Les statistiques de la clientèle du centre commercial

- Fréquentation du centre commercial (chiffres moyens) :
  – lundi et mardi : environ 1 500 visiteurs par jour ;
  – mercredi et jeudi : environ 2 000 visiteurs par jour ;
  – vendredi et samedi : environ 2 500 visiteurs par jour.
- Cible choisie : les cadres et les professions libérales.
Ils représentent 35 % des visiteurs du centre commercial.
- D'après les statistiques d'opérations précédentes :
  – 20 % de la cible s'arrête sur le stand pour écouter la proposition du commercial ;
  – 30 % de ces personnes demandent un devis ou un rendez-vous ;
  – la moitié d'entre elles finissent par signer un contrat.

Ressource 2 Objectifs fixés et résultats obtenus

Commerciaux	Objectifs			Résultats		
	Prospects contactés	Devis (RV)	Contrats conclus	Prospects contactés	Devis (RV)	Contrats conclus
Yacine	280	84	42	322	60	27
Guillaume	280	84	42	291	112	49
Estelle	280	84	42	265	140	71
Total	840	252	126	878	312	147

ENTRAÎNEMENT

EXERCICE 2

La société Stopincend est spécialisée dans la vente d'extincteurs et de matériel de sécurité pour les entreprises et les bâtiments administratifs. Son directeur, M. Claret, souhaite revoir le système de rémunération des commerciaux, qu'il juge peu stimulant. Il vous charge de travailler sur ce dossier.

Vous avez réfléchi à un nouveau système de rémunération afin de dynamiser les résultats. Vous effectuez une simulation sur deux commerciaux. Le premier représente la rémunération moyenne de la force de vente et le deuxième, récemment recruté, obtient pour l'instant les résultats les plus faibles.

Voici les caractéristiques de l'actuel système : essentiellement un fixe de 1 000 € mensuel et une commission de 3 % sur le chiffre d'affaires.

Depuis un certain temps, vous constatez une baisse régulière du chiffre d'affaires alors que les ventes se maintiennent plutôt bien.

1 **Calculez la rémunération selon le modèle actuel (ressource 1).**

2 **Calculez la rémunération en tenant compte des nouvelles modalités (ressource 2).**

3 **Choisissez le modèle de rémunération qui vous semble le plus adapté. Justifiez votre choix (ressource 3).**

Ressource 1 Résultats des commerciaux (extrait)

Commerciaux	Chiffre d'affaires (en €)	Coût de revient des produits vendus (en €)
M. Aziz	41 000	28 000
Mme Berkova	27 000	19 500

Ressource 2 Nouveau système de rémunération

Éléments de rémunération	Conditions de fixation	Montant ou éléments de calcul
Fixe mensuel		780 €
Commissions selon les tranches de CA	Jusqu'à 20 000 €	3 %
	De 20 001 à 35 000 €	4 %
	De 35 001 à 50 000 €	5 %
	Au-delà de 50 001 €	7 %
Prime sur marge	Si la marge est supérieure à 25 %	200 €
	Si la marge est supérieure à 35 %	400 €

Ressource 3 Quid de la rémunération variable ?

Une rémunération variable bien construite peut être un véritable levier de performance pour les collaborateurs commerciaux. En revanche, un système de commissionnement commercial mal conçu peut être délétère pour l'entreprise, sa croissance et sa paix sociale.

La rémunération variable est un excellent levier pour dynamiser ses équipes et la croissance de l'entreprise.

Un bon plan de commissionnement doit être :

- clair et précis ;
- juridiquement bien ficelé ;
- compréhensible et non contestable par les collaborateurs ;
- en droite ligne avec les impératifs stratégiques de l'entreprise.

EXERCICE 3

Vous êtes manager d'une équipe de cinq commerciaux. L'arrivée d'un concurrent dans votre région déstabilise l'équilibre établi depuis plusieurs années. Les résultats sont globalement en baisse et le moral de vos troupes l'est tout autant. Cette morosité engendre des tensions au sein de l'équipe, qui jusque-là connaissait une bonne ambiance et une solidarité infaillible.

À la recherche de recettes pour redynamiser vos collaborateurs, vous avez trouvé un document qui vous donne des idées pour motiver votre force de vente.

1 Recensez les moyens que vous pouvez mettre en place, qui ne soient pas d'ordre financier, pour permettre de retrouver les performances habituelles et la bonne ambiance qui régnait auparavant (ressources 1, 2).

2 Expliquez la façon dont vous traitez l'aspect financier afin d'essayer d'inverser la tendance.

Ressource 1 Tableau de bord de la force de vente (extrait)

Commerciaux	CA N-2	CA N-1	Nombre de clients N-2	Nombre de clients N-1	Refus des clients perdus année N
M. Pino	72 800	66 900	232	207	24 (sur 25 au total)
Mme Faure	74 700	69 400	246	219	25 (sur 27 au total)
Mme Belila	64 700	61 000	197	188	9 (sur 9 au total)
M. Gastaud	71 300	65 800	244	231	12 (sur 13 au total)
M. Rivet	71 500	67 200	253	249	4 (sur 4 au total)

Ressource 2 Six conseils pour motiver votre force de vente

1. Récompensez non seulement les résultats mais aussi les comportements
L'atteinte des résultats liés à l'objectif n'est pas l'unique élément à prendre en compte. L'implication et les efforts déployés pour y parvenir sont tout aussi importants. Cet effort doit se mesurer sur le long terme.

2. Célébrez les événements
Les contrats conclus sont l'aboutissement d'un long travail. Il est important de marquer ces moments avec vos commerciaux en mettant à l'honneur les bons résultats (soirées festives, repas, loisirs en journée…). Fédérez votre équipe avec « un cri de guerre » ou une musique qui représente pour l'ensemble des membres le ralliement à quelque chose de positif et qu'il faut retrouver le plus fréquemment possible.

3. Favorisez les défis au sein de votre équipe
Par nature un commercial apprécie le challenge. Le goût pour la compétition fait partie intégrante de son profil. Il est opportun de permettre aux commerciaux de se défier entre eux. Cela crée une émulation collective qui va motiver l'ensemble de l'équipe à vouloir se surpasser.

4. Accordez une place importante aux refus essuyés par vos commerciaux
Les commerciaux peuvent essuyer un nombre important de refus de la part des prospects. Cela ne traduit pas forcément que le commercial est mauvais. Au contraire, cela peut être le signe d'une forte implication de sa part. Malgré d'innombrables refus, il ne désarme pas et reste motivé. Il serait malavisé de ne pas récompenser cette attitude qui demeure une qualité indispensable du bon commercial.

5. Assurez une bonne ambiance de travail
Si vous maintenez un climat convivial et détendu au sein de l'équipe, le résultat sera très positif. Nombre d'études prouvent qu'il est bon de rire pour le bien-être et l'épanouissement de tout un chacun. Le rire est contagieux et se propage jusqu'à devenir un élément indispensable au bon fonctionnement de l'équipe et pourquoi pas devenir un outil de management ?

6. Mettez en avant les collaborateurs
À l'occasion de l'annonce des résultats, ne pas hésiter à mettre en lumière publiquement les bons éléments ; la mise en avant de leurs bons résultats ne peut que donner envie aux autres commerciaux de réaliser les mêmes performances, voire de les dépasser.

ENTRAÎNEMENT

EXERCICE 4

La société Cosmet'Ethic commercialise des produits cosmétiques ayant obtenus les labels Bio et produits éthiques. Après avoir connu une forte croissance durant les trois premières années, elle fait aujourd'hui face à un repli de sa clientèle, de son CA et même du nombre de ses vendeurs (turnover important, de l'ordre de 60 % ; les parrains ayant beaucoup de peine à maintenir leurs jeunes recrues en activité et à les motiver). Le responsable vous demande votre avis sur la situation actuelle et sur les actions qu'il entend mener pour relancer sa société.

1 **Mesurez l'adéquation entre les conseils donnés et les propositions du responsable (ressources 1, 2).**

2 **Calculez la rémunération des deux vendeurs avec le système actuel et celui que propose le responsable (ressource 3).**

3 **Analysez vos résultats.**

Ressource 1 5 conseils pour optimiser son processus de recrutement en vente à domicile

Conseil 1 : Définir des valeurs et une éthique pour votre marque de vente à domicile
[…] Si vous misez sur la convivialité de vos produits, il est indispensable d'être à l'écoute et proche de vos vendeurs, de développer un esprit d'équipe. […]

Conseil 2 : Prendre le temps d'établir le contact avec les futurs vendeurs
[…] La vente à domicile mise beaucoup sur la convivialité et la proximité entre la marque et le client. […] Une marque disposant d'un réseau conséquent devra alors déléguer cette tâche à d'autres vendeurs. C'est une excellente perspective d'évolution et donc un moteur potentiel pour vos vendeurs. […]

Conseil 3 : Bien expliquer son plan de rémunération et les évolutions possibles
[…] Un vendeur qui s'engage doit pouvoir calculer rapidement combien il est susceptible de gagner en fonction des heures de travail qu'il souhaite réaliser. […] L'autre moyen d'engager vos vendeurs est d'être transparent sur les objectifs de l'entreprise et comment cela pourra impacter l'activité du vendeur […]. Il est également important d'expliquer les évolutions possibles. […]

Conseil 4 : Former vos vendeurs à votre activité : un vecteur de fidélisation
[…] La formation est sûrement le vecteur le plus important à privilégier pour fidéliser vos vendeurs suite au recrutement. […] Il ne suffit plus de leur envoyer un kit de démarrage comprenant les produits. Il faut aussi leur envoyer les informations pratiques relatives à leur activité, aux promotions en cours, à la bonne utilisation des produits.

Conseil 5 : Utiliser les bons outils
Pour finir, n'oubliez pas non plus d'adapter vos outils de recrutement et de fidélisation à votre stratégie ! […]

www.sellingathome.com

Ressource 2 Propositions de rémunération

✓ Un système de commission progressive : jusqu'à 1 000 €, un taux de 20 % ; au-delà de 1 000 €, un taux de 25 %.

✓ Une prime de recrutement de 100 € par vendeur recruté (avec une commission de 5 % sur les ventes réalisées par ce vendeur par la suite).

✓ Une voiture de fonction : pour cela, avoir atteint les 5 000 € de CA par mois en moyenne sur un an et avoir 25 vendeurs recrutés et actifs.

Ressource 3 Tableau de bord (extrait)

Système de rémunération actuel : une commission de 20 % sur les ventes.

Vendeurs	CA (en €)	Taux de commission	Vendeurs recrutés ce mois	CA moyen par mois sur 1 an (en €)	Cumul vendeurs recrutés
Céline Faure 4 ans d'ancienneté	5 600	20 %	3	4 930	23
Sophie Le Pourhiet 2 ans d'ancienneté	1 000	20 %	1	790	12

Synthèse 16

RETENIR AUTREMENT

AUDIO

foucherconnect.fr/22rcar65

1. L'évaluation, la motivation et la stimulation

Au niveau managérial, l'évaluation est une action qui mesure à un instant T, au sein d'une équipe, la réalisation des performances des commerciaux.
Dans le cas de performances positives, le manager ne peut que les encourager à poursuivre leurs efforts.
Dans le cas où les performances sont plus nuancées, voire médiocres, le manager doit intervenir avec des mesures « incentives », telles que la stimulation ou la motivation.

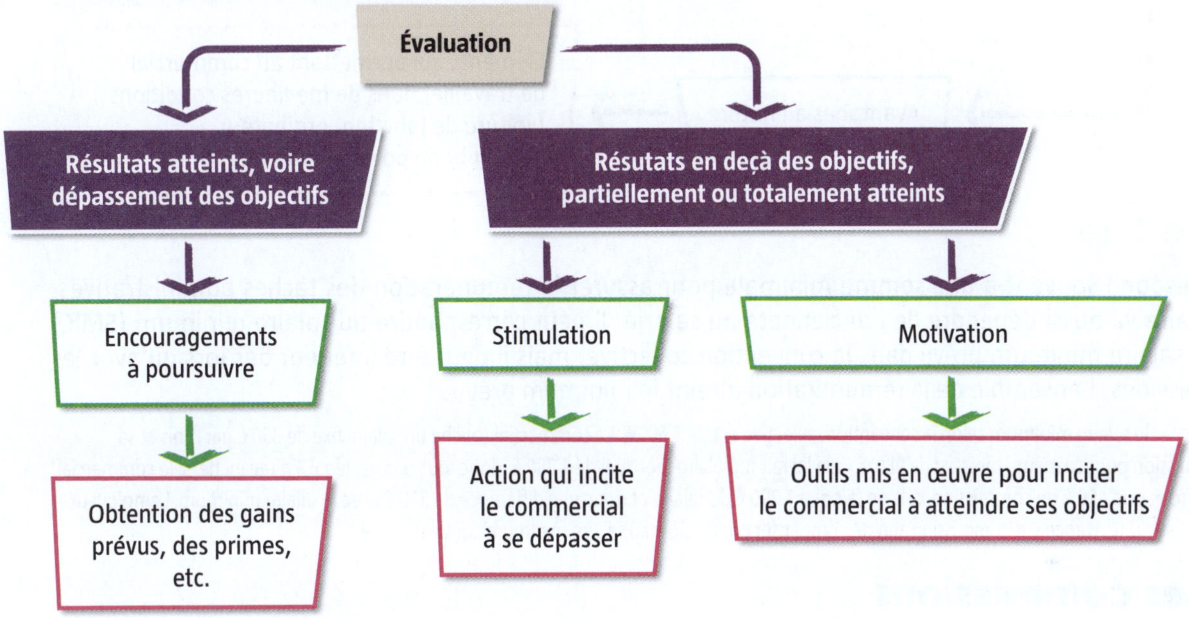

A. La stimulation

C'est une action qui incite le commercial à se dépasser.

Exemple : la mise en place d'un challenge au sein de l'équipe ou entre régions, qui peut prendre la forme d'un concours ou d'un séminaire.

B. La motivation

La motivation correspond au comportement d'un collaborateur qui est lié à un motif, une énergie et une direction. L'entreprise va donc mettre en place un certain nombre d'outils pour susciter ce comportement.

Exemple : la rémunération, les avantages en nature (voiture, téléphone, ordinateur, carte d'essence, télépéage…) constituent une source de motivation à court terme. Ils vont encourager le collaborateur pendant un temps, mais vont assez rapidement montrer leurs limites.

Une source de motivation à long terme sera davantage basée sur une promotion avec des titres honorifiques tels que vendeur junior, confirmé, expérimenté, sénior qui montre et instaure une position au sein de l'équipe car elle valide une compétence et une expérience. Cela vient aussi en complément d'un plan de carrière avec une évolution vers des postes d'encadrement.

2. Les éléments qui composent la rémunération

La rémunération d'un commercial n'est pas établie de manière linéaire comme dans la plupart des métiers. Le système de rémunération peut s'avérer très complexe s'il veut récompenser au plus juste et de manière efficace les collaborateurs commerciaux.

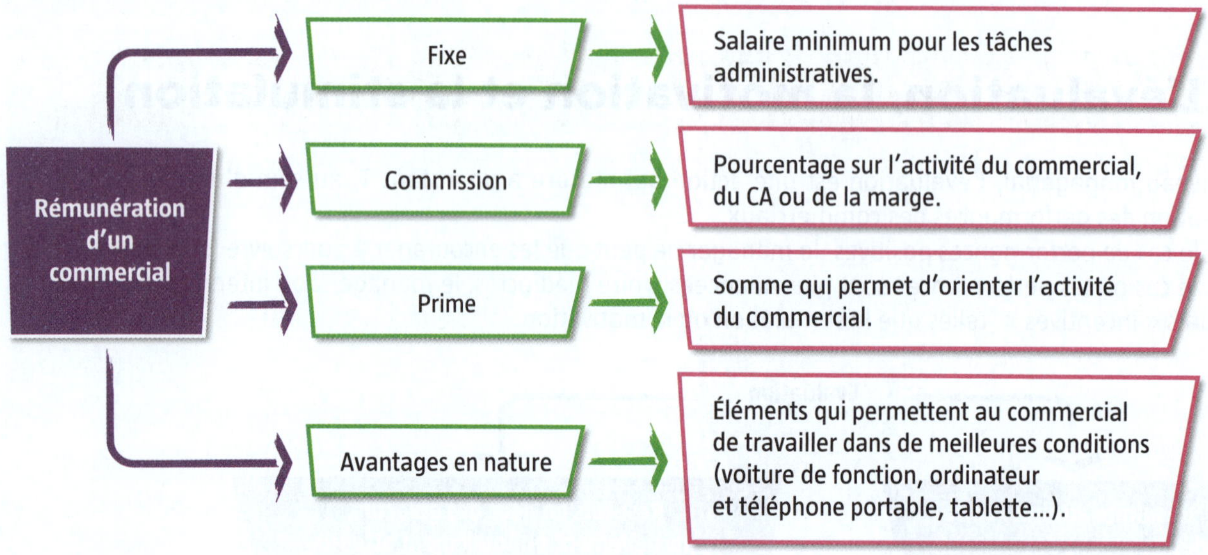

A. Le fixe

Il correspond souvent à une somme minimale pour assurer la rémunération des tâches administratives. Ce salaire va aussi dépendre de l'ancienneté du salarié. Il peut correspondre au salaire minimum (SMIC) ou au salaire minimum prévu dans la convention collective, mais il peut être inférieur dès lors qu'avec les commissions, l'ensemble de la rémunération atteint le minimum prévu.

Exemple : le salaire minimum selon la convention collective est de 1 600 €. Le commercial touche un salaire fixe de 800 € par mois et sa commission pour ce même mois est de 980 €. Cela lui fait un salaire mensuel de 1 780 €, donc tout ceci est légal. En revanche, si le commercial ne perçoit que 490 € de commission, cela ne fait que 1 290 € de salaire et donc une différence de 310 € avec le salaire minimum. L'employeur devra faire une avance sur commission afin de compenser par rapport au salaire minimum conventionnel.

B. Les commissions

Il s'agit d'un pourcentage calculé sur l'activité du commercial. Ce pourcentage peut être basé sur X % du chiffre d'affaires hors taxes ou bien sur la marge gagnée.

Exemple : le commercial a réalisé 15 000 € de chiffre d'affaires et son taux de commission est de 12 %. Il percevra la somme de 1 800 € au titre des commissions.

C. La prime

C'est une somme qui est fixée par avance en fonction du degré d'atteinte d'un résultat prévisionnel. Ce mode de rémunération permet d'orienter l'activité du commercial.

Exemple : une entreprise veut inciter ses commerciaux à prospecter. Elle décide d'instaurer un système graduel en fonction du taux de transformation des prospects : de 2 à 6 prospects, une prime de 200 € ; de 7 à 10 prospects, une prime de 450 € et de 11 à 15 prospects, une prime de 800 €. Le commercial qui réalisera 12 transformations pourra prétendre à la prime de 800 €.

D. Les avantages en nature

Ce sont des éléments de la rémunération qui permettent au commercial de travailler dans de meilleures conditions. Les avantages les plus connus sont la voiture de fonction, l'ordinateur ou la tablette, le téléphone. La carte d'essence ou bien le badge d'autoroute sont aussi des éléments importants quand le commercial effectue beaucoup de kilomètres sur la route.

MOTS-CLÉS

★ évaluation des équipes ★ incentives ★ motivation ★ rémunération ★ stimulation

voir lexique page 189

FICHE 3 Réseau de vente directe

Créer et animer un réseau de vente directe

- Prospecter, organiser des rencontres et vendre en réunion
- Recruter et former des vendeurs à domicile indépendants
- Impulser une dynamique de réseau

Partie 1 Mise en activité professionnelle

Créée par Ahmed Brimé en septembre 2020 à Toulouse, Bibou Jouets est une société qui fabrique et commercialise des jouets en bois 100 % français. Passionné de jeux et de menuiserie, Ahmed a décidé de suivre ses rêves en ouvrant cette entreprise. Il propose des gammes pour les 0-3 ans, les 3-12 ans et les adultes, toutes en matières naturelles et respectueuses de l'environnement. En distribuant au départ ses produits dans des magasins spécialisés et des librairies avec une équipe de 3 commerciaux, il a maintenant décidé de surfer sur la vague de la vente à domicile. Son objectif d'ici N+1 est de renforcer sa force de vente avec 100 nouveaux VDI nommés les Bibou's.

Objectif : diplômé d'un BTS NDRC, vous avez été embauché(e) il y a 6 mois pour vos compétences d'animateur des ventes. Votre mission est de construire le réseau de VDI, le piloter et l'animer.

Travail à réaliser : en binôme, à partir d'un tableur ou d'un logiciel de traitement de texte ou encore d'un logiciel de planification de projet, réalisez un tableau de répartition des tâches et un diagramme de Gantt précisant toutes les missions à réaliser.

ACTIVITÉ 1 Organiser une vente en réunion pour Bibou Jouets

ANNEXE 1

L'entreprise étant lancée dans la vente à domicile depuis quelques mois déjà, vous décidez de mettre en place de nouveaux outils pour aider votre réseau de vendeurs à réussir leur prospection.

1.1 Justifiez le choix de la vente directe comme mode de distribution pour l'entreprise Bibou Jouets.

1.2 Proposez trois méthodes de prospection pour rechercher de nouveaux hôtes. Sélectionnez celle qui vous semble la plus pertinente. Justifiez votre réponse.

1.3 Rédigez un SMS à envoyer dans le cadre d'une prospection. Réalisez une capture d'écran et insérez-la dans votre dossier.

1.4 En vous appuyant sur la méthode CROC, préparez un guide d'entretien téléphonique afin de prospecter une liste d'invités ayant répondu favorablement par e-mail.

1.5 Créez une base de données sur un tableur, afin de réaliser le suivi de vos appels téléphoniques. Insérez 5 prospects dans ce tableau.

PRÉPARER L'ÉPREUVE E6

ACTIVITÉ 2 Recruter et manager les vendeurs à domicile

ANNEXES 1, 2, 3

L'équipe s'étant développée, trois nouveaux vendeurs travaillent dans l'entreprise depuis 6 mois. Au cours de chaque réunion, les Bibou's doivent présenter leur métier afin d'avoir de nouvelles recrues et d'étendre le réseau.

2.1 Construisez un argumentaire de type CAP/SONCAS sur le métier de VDI chez Bibou Jouets à utiliser en entretien de recrutement.

2.2 Préparez le traitement de cinq objections sur ce métier.

Ahmed souhaiterait faire le point : il vous demande d'évaluer les performances et de proposer à chacun des solutions pour s'améliorer.

2.3 Analysez les performances de l'équipe.

2.4 À partir de l'annexe 2 et de vos expériences professionnelles, proposez des axes d'amélioration à chacun des vendeurs.

ACTIVITÉ 3 Mettre en place une opération de stimulation pour les Bibou's

ANNEXE 4

Suite à une série d'entretiens avec l'équipe commerciale, un point principal a été relevé : la démotivation. En effet, selon les vendeurs, leur rémunération est quasiment la même chaque mois et il n'y a pas suffisamment de primes en jeu. En concertation avec Ahmed, vous décidez de mettre en place un challenge pour remobiliser toute l'équipe.

3.1 Préparez le cahier des charges concernant le challenge en abordant ces points à partir d'une présentation sur un diaporama : type d'opération, objectifs, durée, thème, présentation de l'opération, communication, récompense.

3.2 Préparez l'affiche présentant le challenge aux VDI. Vous pouvez utiliser le site Canva pour la création de designs gratuits (affiche, animation sur les réseaux sociaux, vidéo, logo...).

ANNEXE 1
Concept de Bibou Jouets

Les Bibou's, nos vendeurs à domicile, sont chargés d'organiser des Bibou Party le temps d'une après-midi « shopping à domicile » afin de faire découvrir nos diverses gammes de jouets en bois, mais aussi pour créer un moment de joie et de partage. C'est l'occasion de sortir nos jeunes de leurs écrans et de rendre pratique l'achat de cadeaux. En effet, les clients peuvent prendre leurs temps et tester les jeux pendant 90 minutes, bébé peut continuer de dormir dans sa chambre, et les plus grands peuvent s'occuper à leur guise. Actuellement, nos vendeurs se déplacent dans le Gard, l'Hérault et la Haute-Garonne, mais nous envisageons de nous étendre sur toute la France. Enfin, notre force est notre dernier prix « Jeune entreprise de l'année 2020 » reçu de la Fédération de la Vente Directe (FVD) dont nous sommes membre.

ANNEXE 2
Les formations de la Vente Directe Académie

La FVD propose un dispositif de formation e-learning appelé Vente Directe Académie à toutes ses entreprises adhérentes. L'objectif est de professionnaliser les forces de ventes à travers une formation métiers opérationnelle.

 # site
www.fvd.fr
foucherconnect.fr/22rcar66

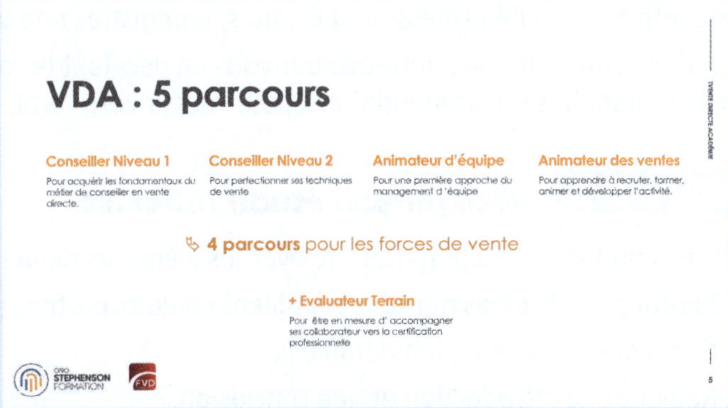

www.fvd.fr

ANNEXE 3
Les performances commerciales de l'équipe

	Julie/ Toulouse (31)	Yasmina/ Nîmes (30)	Gaston/ Montpellier (34)
CA réalisé (en €)	7 031	967	3 413
Nombre de nouveaux clients	10	5	12
Nombre de réunions programmées	15	6	10
Nombre de réunions réalisées	14	6	8
Nombre moyen de participants/réunion	8	4,5	7,75
CA moyen/réunion (en €)	550	180	420

ANNEXE 4
E-mail d'Ahmed concernant le Bibou Challenge de janvier

De : direction@biboujouets.fr — lun. 20/12/N 10:21
À : servicecommercial@biboujouets.fr
Objet : Mise en place Challenge CA – Janvier N+1 — Brochure semaine ClubMed.pdf

Bonjour,

Comme indiqué lors de notre visio du 27/10, j'ai constaté que notre CA a stagné et tu m'as indiqué avoir également décelé une certaine démotivation chez les vendeurs. J'ai donc décidé de remobiliser toute l'équipe de VDI en proposant un challenge sur 6 mois. L'objectif est qu'ils multiplient leur CA actuel par 1,5 au minimum. Le commercial ayant le plus évolué se verra récompensé par le gain d'une semaine au Club Med de Cancún au Mexique pour 2 personnes. Valeur du gain : 2 300 €. Peux-tu me préparer la communication autour de cet événement ?

Bien cordialement,

Ahmed

Partie 2 Concevoir sa fiche descriptive d'activité professionnelle

Travail à réaliser : afin de travailler sur la communication orale de cette épreuve, choisissez une animation réalisée au sein du réseau Bibou Jouets.

1. En vous appuyant sur les annexes ainsi que les outils que vous avez créés, complétez chaque rubrique de votre fiche descriptive d'activité professionnelle, puis, enregistrez une vidéo de présentation de cinq minutes maximum. Voir p. 186
2. À l'issue de ce travail, auto-évaluez-vous en décelant les forces et les points à améliorer dans cette présentation. Concluez en formulant des recommandations pour réussir votre oral.

Partie 3 Rédiger son étude réflexive

1. Terminez le tableau préparatoire avec les éléments de la fiche n°3.
2. Regroupez vos idées qui se ressemblent en deux parties, puis deux sous-parties.
3. Complétez la fiche « Plan détaillé ».
4. Rédigez une introduction et une conclusion.
5. Rédigez le développement. Rappel : l'étude doit tenir sur une page recto-verso.

 # document
Plan détaillé
foucherconnect.fr/22rcar67

Partie 4 Présenter sa fiche à l'oral

Pour réussir une présentation orale, il convient de maîtriser parfaitement plusieurs clés :

1. La communication verbale

Vous devez argumenter vos propos (grâce à la méthode IAE : Idée - Arguments – Exemples) et maîtriser le vocabulaire employé.

2. La communication non verbale

Tout communique et l'habit fait plus souvent le moine qu'il n'y paraît ! Tout comme votre tenue, votre posture et vos gestes devront être adaptés.

3. La communication paraverbale

Votre élocution doit retenir l'attention : l'articulation, le débit, le ton, la gestion des blancs, etc.

Application

1. L'habit fait le moine

Après avoir appris à décoder le langage non verbal, en binôme, observez-vous à tour de rôle pendant 1 minute. Analysez le langage corporel et la tenue vestimentaire de votre camarade. Exemples de questions possibles : où sont ses mains ? Ses bras ou ses jambes sont-ils/elles croisé(e)s ? Son regard est-il fuyant ? Son dos est-il droit ou courbé vers l'avant ?

 # vidéo
6 moyens de détecter un mensonge - 8,02 min
foucherconnect.fr/22rcar68

2. Diction

Les virelangues sont des phrases à la fois amusantes et difficiles à prononcer. Ils ont pourtant le pouvoir de vous aider à vous améliorer à l'oral et sont un véritable échauffement avant de parler en public.
Répétez ces trois virelangues le plus vite possible et de plus en plus fort :

Son sage chat, son sage chien, son sage singe.

Le fisc fixe exprès chaque taxe fixe excessive exclusivement au luxe et à l'exquis.

Je suis extraordinairement exaspérée, vous cherchez à vous excuser, malgré vos explications exposées, vous êtes sans excuses.

La fixation du prix

Outil mobilisé dans le chapitre 2

FICHE OUTIL 1

QU'EST-CE QUE C'EST ?

Le prix peut notamment être fixé à partir des coûts et de la demande. Dans ce dernier cas, la fixation du prix peut passer par la mesure de l'élasticité de la demande par rapport au prix.

À QUOI ÇA SERT ?

La détermination du prix permet à l'entreprise de calculer sa marge et ainsi de prévoir sa rentabilité. L'étude de l'élasticité de la demande par rapport au prix mesure l'impact d'une variation du prix sur la demande. De manière générale, lorsque le prix diminue, la demande augmente et inversement.

COMMENT PROCÉDER ?

Les principales formules d'une fixation du prix à partir des coûts

PVTTC **Prix de vente TTC**	• Indique la valeur monétaire du produit toutes taxes comprises (TTC).	$PVHT \times (1 + \text{taux de TVA})$
PVHT **Prix de vente HT**	• Indique la valeur monétaire du produit hors taxes (HT).	$\frac{PVTTC}{(1 + \text{taux de TVA})}$
Marge commerciale	• Représente la différence entre le prix de vente HT et le prix d'achat ; • Est toujours exprimée en HT.	$PV - PA$
Taux de marge	• Représente la marge exprimée en pourcentage du prix d'achat.	$\frac{\text{marge}}{PA} \times 100$
Taux de marque	• Représente la marge exprimée en pourcentage du PVHT.	$\frac{\text{marge}}{PVHT} \times 100$
Coefficient multiplicateur (CM)	• Permet de passer directement du PA au PVTTC.	$\frac{PVTTC}{PA}$

L'élasticité de la demande par rapport au prix (e)

Calcul de l'élasticité de la demande par rapport au prix : $e = \frac{\text{\% variation de la demande}}{\text{\% variation du prix}}$

L'élasticité est exprimée en valeur absolue : le signe indique le sens de la variation.

Interprétation des résultats

e < - 1	Le produit est élastique : une variation du prix entraîne une variation de la demande. Si le prix diminue, la demande augmente, et inversement.
- 1 ≤ e < 0	Le produit est peu élastique : une variation du prix entraîne une faible variation de la demande.
e = 0	La demande est inélastique : une variation du prix n'a aucun effet sur la demande. Il est donc possible d'augmenter les prix sans diminution de la demande (produits tels que l'eau, le pétrole...).
e > 0	Le phénomène est rare : la demande augmente généralement avec le prix. Deux explications sont possibles : • on parle de l'effet Giffen, concernant la consommation de produits de première nécessité notamment ; • on parle de l'effet Veblen, concernant les produits de luxe notamment : le prix doit refléter le positionnement du produit.

FICHE OUTIL

2 La planification des tâches

Outil mobilisé dans les chapitres 5, 8, 12

QU'EST-CE QUE C'EST ?

La planification des tâches consiste à prévoir et à organiser les tâches qui doivent être réalisées pour une mission précise. Cette planification passe par la réalisation d'un **tableau d'ordonnancement des tâches**.

À QUOI ÇA SERT ?

Le tableau d'ordonnancement des tâches permet de visualiser l'ensemble des tâches déterminées et la construction d'un **réseau PERT** et d'un **diagramme de Gantt** (Fiche outil 3).

La planification des tâches a pour principaux objectifs : de programmer et coordonner les activités, de déterminer les délais de réalisation, d'allouer des ressources, de contrôler l'avancement d'un projet.

L'enjeu est donc d'optimiser la réalisation des tâches.

COMMENT PROCÉDER ?

Étape 1 : Lister les tâches

Les tâches à réaliser doivent être clairement définies et organisées.

Étape 2 : Mentionner la durée

Chaque tâche doit préciser sa durée (exprimée en jours ou en heures).

Étape 3 : Ordonnancer les tâches

Les tâches présentent un enchaînement logique entre elles.

Étape 4 : Préciser les antériorités potentielles

Le projet peut comporter des tâches qui ne peuvent débuter que lorsqu'une autre tâche est réalisée : on parle d'antériorités.

Étape 5 : Indiquer les ressources humaines

Chaque tâche est associée à un (ou des) individu(s) responsable(s) de sa réalisation.

Remarques :
– Chaque tâche peut être intégrée à un ensemble de tâches ayant un objectif commun.
– L'intégration de jalons dans l'organisation générale permet de s'assurer du respect des délais annoncés. Les jalons correspondent à des tâches-clés dans la conduite du projet : leur respect conditionne sa réussite.

Exemple de tableau d'ordonnancement des tâches

L'entreprise dans laquelle vous évoluez en alternance constate une baisse de son CA. Afin d'en comprendre les raisons et de proposer une solution adaptée, vous réalisez un tableau d'ordonnancement des tâches.

Tâches	Intitulé	Durée	Antériorité	Ressources humaines
A	Entretien avec la force de vente	5 jours		Mohamed
B	Étude de marché	8 jours	A	Ella, Isaaq
C	Étude de la clientèle	15 jours	A	Mohamed, Isaaq
D	Étude de la concurrence	7 jours	C	Ella
E	Étude du plan média	11 jours	B	Isaaq
F	Étude des performances	6 jours	D	Mohamed, Ella
G	Rédaction du compte rendu d'étude	15 jours	E ; F	Ella, Mohamed, Isaaq

3

FICHE OUTIL

Le diagramme de Gantt

Outil mobilisé dans les chapitres 5, 8

QU'EST-CE QUE C'EST ?

Le diagramme de Gantt est une représentation graphique qui permet de suivre l'avancement d'un projet dans le temps.

À QUOI ÇA SERT ?

Couramment utilisé dans la gestion de projet, cet outil permet de planifier les tâches qui doivent être réalisées afin de mener à bien un projet précis.

COMMENT PROCÉDER ?

Tout comme la réalisation du réseau PERT, le diagramme de Gantt se construit à partir de l'élaboration d'un **tableau d'ordonnancement des tâches** (Fiche outil 2). Le diagramme de Gantt peut être enrichi par la notification des ressources humaines affectées à chacune des tâches.

Différents logiciels peuvent être utilisés tels que GanttProject® ou Microsoft Project®.

Exemple de diagramme de Gantt

L'entreprise dans laquelle vous effectuez votre stage souhaite développer une action de fidélisation auprès de sa clientèle, plus précisément en réalisant une soirée « ventes privées ».

À partir du tableau de répartition des tâches préalablement réalisées, voici la représentation de la planification par le diagramme de Gantt.

	Tâches	Jour 1	Jour 2	Jour 3	Jour 4	Jour 5	Jour 6	Jour 7	Jour 8	Jour 9	Jour 10
1	Détermination et validation des dates de la manifestation										
2	Inventaire des moyens humains et matériels										
3	Sélection de la clientèle conviée à l'événement										
4	Élaboration des publipostages électroniques d'invitation et validation										
5	Envoi des publipostages électroniques et confirmation de la participation des clients										
6	Réunion avec l'équipe commerciale (briefing) et élaboration des plannings										
7	Recherche et sélection d'un traiteur pour le buffet										
8	Réception du buffet et préparation de la surface de vente – Jour « J »										

Le projet a une durée de 10 jours : il convient donc de le débuter 10 jours avant le jour J.

FICHE OUTIL

4 L'animation commerciale

Outil mobilisé dans le chapitre 8

QU'EST-CE QUE C'EST ?

L'animation commerciale est une technique promotionnelle qui « pousse » (stratégie *push*) un produit, une marque ou un service vers le consommateur. On recherche la proximité avec ce dernier en lui proposant une expérience au contact de la marque.

Les principales techniques d'animation sont : la vente flash, la démonstration, la dégustation avec distribution d'échantillons et de bons de réduction.

Elle est souvent organisée et financée par un animateur de la marque ou de l'enseigne dans un point de vente.

À QUOI ÇA SERT ?

L'animation commerciale sert à déclencher l'acte d'achat, à augmenter le panier moyen, à travailler son image et à créer une proximité avec le consommateur pour séduire de nouveaux clients.

L'animation commerciale permet de multiplier par deux les ventes en valeur chaque jour animé.

COMMENT PROCÉDER ?

La mise en place d'une animation doit être planifiée, budgétée (outil Gantt) et implique l'utilisation de différents moyens.

Moyens d'une animation

Moyens humains
- Animateurs ou animatrices : préparer l'animation, monter et maintenir le stand propre et approvisionné pendant l'animation ; faire déguster, distribuer des échantillons et réaliser des ventes.
- Employé du magasin ou du fournisseur : recevoir, mettre en place les produits et réapprovisionner le stand.
- Manager du rayon ou employé de la marque : encadrer et superviser l'animation.

Moyens matériels
- Produits : ceux de l'offre.
- Matériel de l'animation : les produits à faire déguster, les box de présentation, les bons de réduction, les cadeaux à offrir, les échantillons, la musique et les éléments de décoration du stand.
- Moyens de communication : PLV, ILV, affiches, annonces micro.

Moyens de suivi
- Tableaux de bord avec indicateurs commerciaux et financiers.
- Compte rendu indiquant clairement les résultats quantitatifs et qualitatifs de l'animation.

Le seuil de rentabilité

Outil mobilisé dans le chapitre 11

5

FICHE OUTIL

QU'EST-CE QUE C'EST ?

Le seuil de rentabilité représente le niveau d'activité pour lequel une entreprise ne réalise ni perte, ni bénéfice : le résultat comptable de l'entreprise est alors nul. Il s'agit donc du montant de chiffre d'affaires qu'elle doit atteindre pour pouvoir couvrir toutes ses charges.

À QUOI ÇA SERT ?

Le seuil de rentabilité permet de connaître le montant de chiffre d'affaires à partir duquel l'entreprise commencera à réaliser des bénéfices.

C'est un indicateur important pour l'entreprise puisqu'il influence notamment la décision de mise sur le marché d'un produit ou son retrait.

COMMENT PROCÉDER ?

Le calcul du seuil de rentabilité suppose, en amont, d'isoler les charges variables (qui varient en fonction du volume d'activité) et les charges fixes (dont le montant n'est pas modifié par une variation du niveau d'activité) de l'entreprise.

Le coût variable recense l'ensemble des charges variables : achats de marchandises, de matières premières, commissions des commerciaux, etc.

Le coût fixe recense l'ensemble des charges fixes : salaires, loyers, assurance, amortissement des immobilisations, etc.

On calcule alors la marge sur coût variable (MSCV) et le taux de marge sur coût variable (TMSCV) :

Chiffre d'affaires		
– Coût variable	= Marge sur coût variable	
	– Coût fixe	= Résultat

$$\text{MSCV} = \text{Chiffre d'affaires} - \text{Coût variable}$$

$$\text{TMSCV} = \frac{\text{MSCV}}{\text{Chiffre d'affaires}} \times 100$$

Le seuil de rentabilité (SR) peut être calculé en valeur (montant de chiffre d'affaires) ou en volume (nombre de produits à vendre) :

$$SR_{valeur} = \frac{\text{Coût fixe}}{\text{TMSCV}}$$

$$SR_{volume} = \frac{SR_{valeur}}{\text{Prix de vente unitaire HT}}$$

Si l'on considère que l'activité de l'entreprise est régulière sur l'année, on peut calculer le nombre de jours nécessaires pour atteindre le seuil de rentabilité : c'est le point mort. Au-delà de cette date virtuelle, l'entreprise réalise du bénéfice.

$$\text{Point mort} = \frac{SR_{valeur}}{\text{Chiffre d'affaires de la période (l'année par exemple)}} \times 360$$

FICHE OUTIL

6 Le tableau de bord

Outil mobilisé dans les chapitres 8, 11

QU'EST-CE QUE C'EST ?

Un tableau de bord a pour fonction de permettre la visualisation, le suivi et l'exploitation facile de données pertinentes sous forme de chiffres, de ratios et de graphiques.

À QUOI ÇA SERT ?

La finalité principale d'un tableau de bord est de piloter une activité, c'est-à-dire prendre des décisions pour agir à partir de résultats constatés. Il peut également être utilisé pour analyser une situation : comprendre les raisons d'un échec (ou même d'un succès), anticiper des menaces, etc. On relève donc trois finalités :

– **le pilotage opérationnel** : il assure le suivi de l'exécution de tâches au niveau des opérations (ex. : nombre de nouveaux clients pour les vendeurs, taux de décrochés pour un *call-center*, etc.) ;

– **le pilotage stratégique** : il donne une vision globale des activités de l'entreprise au comité de direction (ex. : progression du chiffre d'affaires, nombre de clients, parts de marché, etc.) ;

– **l'analyse** : cet outil est moins conventionnel que les autres. Son objectif n'est pas de délivrer de l'information synthétique et opérationnelle, mais au contraire de donner de la matière pour la compréhension des chiffres.

COMMENT PROCÉDER ?

Le tableau de bord fournit en continu les **écarts entre objectifs et réalisation** : il permet de relever les écarts significatifs entre les valeurs souhaitées et les valeurs constatées.

Exemple de structure simplifiée d'un tableau de bord.

TABLEAU DE BORD DU RÉSEAU Période : ....

Indicateurs de performance choisis : quantités vendues et chiffre d'affaires

Objectifs	Réalisé	Écart
Objectifs fixés (pour la période considérée)	**Résultats obtenus** (sur la période et en cumul)	**Écarts de performance** différence entre l'objectif et le réalisé

Dans un tableau de bord, l'**indicateur** est l'instrument de mesure de la performance. Les indicateurs (appelés aussi **KPI***) sont reliés à des objectifs dans le but de prendre des décisions.

- Les **indicateurs de résultats** mesurent le degré de performance atteint ou la réalisation d'un objectif (ex. : nombre de nouveaux clients, niveau de CA, etc.).
- Les **indicateurs de suivi** servent de jalons à l'action et permettent de mesurer la progression : ils permettent d'anticiper, de réagir au travers d'actions correctrices (ex. : pourcentage d'abonnements signés au bout d'un mois par rapport à l'objectif).
- Les **indicateurs commerciaux** peuvent être **quantitatifs** et/ou **qualitatifs**.

Pour construire un « bon » tableau de bord, les indicateurs doivent être :

– simples	– mesurables	– actionnables
– répétitifs	– tenables	– limités

* **KPI**, pour ***Key Performance Indicator***, signifie « indicateur de performance-clé ». Ce sont des mesures qui permettent aux entreprises d'évaluer la performance d'un domaine. **Les KPI sont liés à un objectif.** Exemple en marketing et en qualité : un taux de satisfaction de client cible. Les décideurs les utilisent pour s'assurer de l'atteinte des objectifs stratégiques et opérationnels.

PRÉSENTATION DE L'ÉPREUVE

E6

Relation client et animation de réseaux

• Coef. 3 • Épreuve orale

1 Objectif

L'objectif de l'épreuve est d'apprécier la capacité du candidat à analyser le contexte commercial et réaliser le diagnostic d'un réseau, à mettre en œuvre des actions d'animation de ce réseau et à analyser le résultat des actions menées auprès des différentes cibles (revendeurs, distributeurs, entreprises, particuliers).

2 Contenu

Le dossier support à l'épreuve E6 comprend :

- 3 fiches descriptives d'activités professionnelles dont au moins une réelle et vécue : une fiche sur le réseau distributeur, une fiche sur le réseau partenaire et une fiche sur le réseau vente directe ;
- une étude réflexive qui prend appui sur une thématique de nature à traiter l'expérience réseau de manière transversale. Le candidat doit y dégager une problématique et répondre à celle-ci par un développement structuré n'excédant pas une page recto-verso ;
- les attestations de stage (et le cas échéant, les attestations d'activités réalisées hors stage) ou les certificats de travail attestant de la réalité de la ou des activités professionnelles.

3 Critères d'évaluation

Les critères d'évaluation correspondent aux critères de performance exprimés en regard de chaque compétence du bloc « Relation client et animation de réseaux » figurant dans le référentiel de certification :

- la rigueur dans le suivi de l'application des accords de référencement ;
- l'utilisation pertinente des techniques d'implantation et de valorisation des produits ;
- le repérage des opportunités de référencement ;
- la qualité du diagnostic (rayon, réseau et zone de prospection) ;
- la pertinence des propositions et des actions pour développer la présence de la marque/produit ;
- la pertinence de la sélection de partenaires ;
- l'efficience et la rentabilité des actions de dynamisation du réseau ;
- le développement du fichier des conseillers ;
- le professionnalisme et l'efficacité commerciale lors des ventes en réunion ;
- la pertinence et l'efficacité des actions de recrutement et de formation ;
- la cohérence de l'animation réseau avec les orientations commerciales ;
- le respect de la réglementation et de l'éthique.

4 Modalités d'évaluation (CCF / Ponctuel)

L'épreuve orale en CCF (contrôle en cours de formation)

En deuxième année, le professeur ou le formateur du bloc 3 va effectuer 2 oraux.

- **Situation A : exposé et entretien relatifs à une expérience réelle vécue au sein d'un réseau** (15 minutes maximum) :
  - 10 minutes de présentation de la fiche réelle vécue ;
  - 5 minutes d'échange avec la commission d'interrogation.
- **Situation B : exposé et entretiens relatifs aux autres expériences réseau et à l'étude réseau réflexive** (25 minutes maximum)
  - 15 minutes de présentation des deux autres fiches et d'échange avec la commission ;
  - 5 minutes de présentation de l'étude réflexive et 5 minutes d'échange avec la commission.

L'épreuve orale ponctuelle

Les candidats qui se trouvent dans des établissements non habilités au CCF présentent l'épreuve en ponctuel (en une seule fois). Le temps consacré est le même mais toutes les activités s'enchaînent pour un temps de 40 minutes maximum.

I. Méthodologie de la fiche descriptive d'activité professionnelle

Cette fiche va prendre appui sur une activité exercée dans l'un des trois réseaux (distributeur, partenaire, vente directe). Le choix doit être précisé en cochant la case correspondante et en indiquant bien si l'activité est réellement vécue.

BTS Négociation et Digitalisation de la Relation Client – Session N

Fiche descriptive d'activité professionnelle

E6 – Relation Client et animation de réseaux			
N° :	❑ Animation de réseau de distributeurs	❑ Animation de réseau de partenaires	❑ Animation de réseau de vente directe
Titre :			Activité(s) réelle(s) vécue(s) : OUI ❍ NON ❍
Nom :		Prénom :	N° Candidat :

Choisissez **un titre évocateur** pour votre activité qui situe immédiatement votre action.

Cadre de l'activité réseau	
Nom de l'organisation	
Adresse/Code postal/Ville	
Type de Structure	
Offre commerciale	
Acteurs du réseau (y compris les clients)	

La première partie concerne le **cadre de l'activité réseau.** Il s'agit de présenter succinctement l'entreprise ou l'organisation ainsi que les acteurs faisant partie de son réseau.

Analyse de l'activité réalisée au sein du réseau	
Périodes	Il faut indiquer la période durant laquelle s'est déroulée l'activité.
Présentation générale du réseau	Il convient de présenter le réseau ainsi que son organisation générale, et notamment le rôle de ses différents acteurs, de la tête de réseau aux animateurs, partenaires, hôtes, etc.
Contexte	Les conditions dans lesquelles cette activité est apparue. Les raisons qui ont poussé le réseau à mettre en place cette activité doivent être indiquées dans cette rubrique : objectifs, stratégie de l'entreprise, évolution du marché, concurrence, etc.

La deuxième partie concerne l'**analyse de l'activité réalisée au sein du réseau**.

Analyse de l'activité réalisée au sein du réseau	
Diagnostic du réseau	Le diagnostic du réseau doit faire état de la situation de l'entreprise, tant au niveau interne qu'externe. Différents outils doivent être mobilisés tels que : – la matrice SWOT, pour analyser les opportunités/les menaces et les forces/les faiblesses ; – l'analyse PESTEL, pour traiter le côté externe en opportunités/menaces ; – les 5 forces de Porter, pour traiter avant tout le micro-environnement.
Animation(s) du réseau	L'animation peut avoir été réalisée en tant que participant (animé), si la tête de réseau l'a mise en place ; ou bien en tant qu'organisateur (animateur) si vous la mettez en œuvre au niveau local ou si vous êtes vous-même la tête de réseau. Dans cette rubrique, il convient de décrire l'animation choisie (dates, durée, lieu, matériel et outils commerciaux utilisés…) et de présenter ses objectifs quantitatifs et qualitatifs.
Méthodologie(s) d'animation (démarche suivie)	La démarche employée est le pilier de votre présentation, elle doit être traitée avec le plus grand soin. Il s'agit de détailler la préparation et le déroulement de l'animation, à travers différentes étapes : – avant : organisation ; planification ; ressources humaines, matérielles, immatérielles, financières nécessaires ; communication ; préparation matérielle de l'animation, etc. ; – pendant : mise en place et gestion de l'animation ; activités réalisées le jour J, etc. ; – après : reporting ; communication ; réunion avec l'équipe, etc. Ainsi, afin d'être le plus convaincant possible, il est recommandé de : – développer les activités réalisées en tâches ; – justifier le choix des actions réalisées ; – mettre en parallèle les outils et supports utilisés pour réaliser la tâche abordée. **Des exemples de thèmes :** • **Réseau de distributeurs** : implantation de votre produit en rayon, valorisation de l'offre, mise en place d'actions de communication, animation commerciale en magasin, négociation avec le distributeur, etc. • **Réseau de partenaires** : prospection de nouveaux partenaires, mise en place d'opérations pour challenger les partenaires et dynamiser le réseau, formation, communication au sein du réseau, fidélisation des partenaires, etc. • **Réseau de vente directe** : prospection des clients, animation à destination des clients, recrutement de vendeurs à domicile indépendants (VDI), mise en place d'opération de stimulation des VDI au sein du réseau, etc.
Résultats	Il convient de préciser si les objectifs quantitatifs et qualitatifs fixés précédemment ont été atteints ou non. Le but est d'analyser si cette action a été un succès franc ou mitigé, voire un échec.
Préconisations	Dans cette rubrique, il faut présenter les points positifs afin de relever les bonnes pratiques à maintenir pour les prochaines actions, mais également d'aborder les points à améliorer si l'action n'a pas été un succès. Cette analyse doit permettre de tirer des leçons, afin, d'une part, d'éviter de reproduire les mêmes erreurs dans le futur, mais d'autre part, de conclure sur des préconisations à envisager afin d'apporter un rebond face aux résultats et ainsi améliorer les performances futures.
Liste de ressources et supports	Lors de votre présentation orale, vous devrez faire état des documents et outils qui ont été utilisés pour réaliser cette animation. Différents outils peuvent être mobilisés : répartition des tâches entre les acteurs, diagramme de Gantt, planning, budget, tableau de bord, planogramme, argumentaire, fiches produits, catalogue, captures d'écran des publications sur les réseaux sociaux, photos diverses de l'animation, outils de communication (e-mail, sms, messagerie interne…).

II. Méthodologie de l'étude réflexive

L'étude réflexive porte sur une thématique et une problématique qui laissent la possibilité de traiter le sujet de manière transversale sur les trois réseaux. Le thème porte sur un point commun au travers des trois fiches, permettant de réinvestir l'ensemble des expériences réseau.

Exemples de thèmes récurrents

Recrutement des commerciaux, fidélisation, satisfaction client, communication, digitalisation, utilisation des réseaux sociaux, formation, prospection d'une nouvelle clientèle, performances commerciales, stimulation du réseau, etc.

Exemple de thème et problématique associée

Thème : la communication sur les réseaux sociaux

Problématique envisagée : dans quelle(s) mesure(s) la communication sur les réseaux sociaux permet-elle de dynamiser les ventes ?

La rédaction de l'étude réflexive

La rédaction de cette analyse demande une certaine rigueur dans l'approche. Lorsque votre choix de thème est arrêté et que votre problématique est posée, c'est là que tout commence.

La problématique est une question à laquelle il faut répondre de manière précise et concise en une page recto-verso maximum.

Tout d'abord, il faut réfléchir à un plan, généralement en deux parties, qui soit dynamique, c'est-à-dire sous la forme « causes-conséquences » ou bien « intérêts-limites » ou encore « avantages-inconvénients » ou enfin « pourquoi-comment ».

Organisez vos idées dans vos différentes parties afin de vérifier si l'ensemble est équilibré et si vous avez bien des éléments qui traitent de chacun des réseaux : il faut rappeler que cette analyse doit être transversale et doit donc aborder l'ensemble des réseaux.

Pour la rédaction, réinvestissez des techniques de méthodes vues lors de votre enseignement de Culture Générale et Expression.

Étapes du développement structuré

- **Introduction** : une fois vos idées organisées, rédigez une introduction en pensant à une accroche, à la définition des différents termes abordés et à la présentation de la problématique et du plan.
- **Développement** : organisez vos idées de manière cohérente et structurée en proposant des liaisons avec les paragraphes. Pensez à rédiger une transition avec la deuxième partie.
- **Conclusion** : elle doit synthétiser l'ensemble de votre réflexion et ouvrir vers un autre thème ou une autre problématique envisageable.

Derniers conseils !

- Rédigez des phrases courtes (sujet, verbe, complément).
- Employez des temps simples afin d'éviter les lourdeurs de style.
- Relisez-vous et utilisez *a minima* le correcteur d'orthographe et grammatical.
- N'hésitez pas à faire relire votre étude à d'autres personnes.
- Même si ce n'est qu'un support et qu'il n'est pas noté, le dossier reflète votre personnalité, votre image, alors soignez-le !

Lexique

A

Accords de référencement : Ils matérialisent la relation entre le producteur et le distributeur concernant une offre déterminée dans le cadre du référencement conclu. Ils portent principalement sur le produit, le prix et les conditions commerciales, les délais de livraison, le retour des invendus le cas échéant, les prestations (implantation en tête de gondole, animations commerciales...), le matériel (mobiliers, gondoles...), etc.

Allée pénétrante : Allée par laquelle les clients pénètrent dans un point de vente et par laquelle ils sont obligés de passer. C'est la plus importante, elle permet de visualiser tous les rayons.

Allée principale (ou centrale) : Allée de circulation se situant au centre du magasin et qui est parallèle à la ligne de caisses.

Allée secondaire : De dimensions plus réduites que l'allée principale, elle permet aux clients d'entrer dans les rayons. Située entre deux rayons, elle donne accès à une famille de produits.

Animateur d'équipe : Il a pour mission de former et d'accompagner des vendeurs directs. Il prend aussi le nom de manager ou responsable d'équipe.

Animateur des ventes : Il est en charge des animateurs d'équipe auprès d'une force de vente interne (points de vente, agences, commerciaux) ou externe (agents commerciaux, distributeurs). L'animateur des ventes travaille sous l'autorité d'un directeur des ventes, d'un responsable local des ventes ou d'un directeur commercial.

Animateur réseau : Il assure l'interface entre la direction de l'enseigne et les points de vente sur un secteur géographique donné (régional ou national). Il a pour missions de contrôler, superviser, accompagner et animer les points de vente dont il a la responsabilité.

Animation commerciale : Technique promotionnelle qui « pousse » (*push*) le produit vers le consommateur. Elle vise à développer les ventes d'un produit ou d'un service dans un point de vente. Elle est orchestrée par un animateur de la marque ou de l'enseigne et peut prendre différentes formes : dégustation, démonstration, etc.

Apporteur d'affaires : Personne physique ou morale qui met en relation la société pour laquelle elle travaille avec un prospect. Son rôle consiste notamment à informer la société désireuse de vendre ses produits ou ses services de l'existence d'un prospect ayant besoin desdits produits ou services. En outre, il informe le prospect de l'existence de l'entreprise capable de répondre à ses besoins.

Association loi de 1901 : La loi de 1901 définit l'association comme « la convention par laquelle deux ou plusieurs personnes mettent en commun, d'une façon permanente, leurs connaissances ou leurs activités dans un but autre que de partager des bénéfices ».

C

Canal de distribution : Il correspond à la voie d'acheminement du produit, du producteur au client final. On retrouve les canaux direct, court et long.

Category management : Le category management ou « management par catégories de produits » organise les points de vente en univers de consommation. L'assortiment est ainsi départementalisé. Menée conjointement entre distributeurs et industriels, cette méthode d'optimisation des ventes a pour objectif de mieux répondre aux besoins de la clientèle, cette dernière retrouvant dans un seul univers toute une offre spécifique.

Challenge commercial : Il permet de récompenser par des dotations monétaires ou plus souvent matérielles (cadeaux, voyages, etc.) les meilleurs vendeurs pour une période donnée et pour un périmètre de produits ou services donné.

Circuit de distribution : Il s'agit de l'ensemble des canaux empruntés par le produit.

Communication hors média : Elle regroupe l'ensemble des véhicules de communication dont l'objectif principal est la communication mais qui n'empruntent pas les six médias de masse. Il s'agit du marketing direct, de la promotion des ventes, de la communication institutionnelle, des foires, exposition et salons.

Communication média : Elle regroupe l'ensemble des médias utilisés pour transmettre des messages commerciaux : télévision, radio, affichage, presse, cinéma, internet.

Concession : Contrat commercial liant un commerçant indépendant (le concessionnaire) à un fabricant ou un grossiste (le concédant). Par cet acte, les deux parties tirent un avantage réciproque : le concédant s'attache les services d'un revendeur et de son entreprise de distribution alors que le concessionnaire bénéficie d'un monopole sur la zone d'exclusivité territoriale qui lui est attribuée, tout en profitant de la notoriété du fabricant.

Concours (de vente) : Technique de stimulation d'un réseau de distributeurs ou d'une force de vente qui consiste à récompenser les vendeurs obtenant les meilleurs résultats (sur le plan quantitatif mais également parfois qualitatif) sur une période donnée.

Conditions générales de vente (CGV) : Elles correspondent au cadre dans lequel va être réalisée la relation commerciale entre producteur et distributeur. Elles visent à informer l'acheteur préalablement à toute transaction et représentent le socle des négociations. Les CGV mentionnent notamment le processus de vente, le barème de prix et de remises ainsi que les divers engagements des parties : logistique, conditions de règlement, etc.

Coopération commerciale : Elle correspond aux opérations marketing réalisées conjointement entre un distributeur et un fabricant fournisseur. Ces opérations, généralement imposées, sont le plus souvent financées par le producteur et constituent une partie des marges arrière.

Coopérative : Société à objet civil ou commercial, reposant sur une vision démocratique du pouvoir, chaque associé disposant du même poids. Elle permet la mise en commun de moyens de production, le partage d'une enseigne, la production de produits ou services en commun. Dans ce genre de société, il n'est pas distribué de bénéfices. Les membres reçoivent éventuellement des ristournes sur les résultats bénéficiaires.

Cooptation : Mode de recrutement basé sur la recommandation des connaissances de son réseau. Dans le cas de la vente directe, c'est l'action de recruter ou parrainer un nouveau vendeur.

D

Demande globale : Elle correspond à l'ensemble des biens et services achetés par les agents économiques.

Diagnostic externe : Il permet d'étudier l'évolution de l'organisation pour mettre en évidence les opportunités que l'entreprise doit saisir et les menaces auxquelles elle doit faire face.

Diagnostic interne : Élément du diagnostic stratégique, il permet d'analyser les forces et les faiblesses de l'entreprise du point de vue humain, matériel, immatériel et financier.

E

Efficient Consumer Response (ECR) : Démarche de partenariat entre industrie et commerce visant, par la connaissance en temps réel des ventes au point de consommation, à gérer en commun les approvisionnements, les promotions et les nouveaux produits.

Évaluation des équipes : Elle mesure la performance globale mais aussi la performance individuelle de chaque membre de l'équipe à l'aide de critères définis au préalable et connus de tous.

F

Facing : Surface visuelle totale occupée par un produit dans un rayon ou nombre de conditionnements d'une même référence vue de face.

Franchise : Contrat par lequel un franchiseur autorise un franchisé à exploiter son enseigne, son savoir-faire, son offre, en contrepartie d'une compensation financière.

Franchisé : C'est un entrepreneur qui souhaite utiliser un concept développé par une autre entreprise (le franchiseur) et appliquer le savoir-faire, les méthodes techniques et commerciales, les procédures du franchiseur en échange d'une contribution financière.

Franchiseur : C'est le dirigeant de l'entreprise à l'origine de la franchise. Il est propriétaire d'un concept (une idée, une marque, une enseigne, un bien, un service...) et il accorde au franchisé le droit de créer et d'exploiter une entreprise conforme à son concept.

G

Géomarketing : Technique de marketing qui prend en compte le contexte géographique, socio-comportemental et socio-démographique dans l'élaboration de la stratégie commerciale d'une entreprise.

Géomerchandising : Technique géomarketing utilisée par les points de vente qui consiste à adapter les assortiments en fonction des spécificités de la zone de chalandise (catégories socio-professionnelles, type d'habitat, habitudes de consommation). Il permet aux distributeurs d'adapter le merchandising aux spécificités locales de leurs points de vente.

Gestion partagée des approvisionnements (GPA) : Stratégie de réapprovisionnement continu qui privilégie une démarche collaborative : le fournisseur devient coresponsable de l'approvisionnement de ses entrepôts sur la base des données qui lui sont transmises.

Groupement d'intérêt économique (GIE) : Structure, à mi-chemin entre l'association et la société, permettant à des entreprises indépendantes et déjà constituées de mettre en commun des moyens afin de favoriser leur développement.

H

Hôte : Consommateur qui accueille à son domicile une réunion de vente animée par un vendeur direct.

I

Îlot promotionnel : Emplacement isolé et généralement situé au milieu d'une allée d'un point de vente. Il est favorable à la vente car il crée un effet de masse propre à attirer l'attention du consommateur.

Incentives : Ils servent à motiver ses collaborateurs et plus spécifiquement sa force commerciale pour augmenter leurs performances dans le travail. Il peut s'agir de séminaires, de jeux ou d'actions de *team building* destinés à développer le sentiment d'appartenance du salarié. Il peut également s'agir de gratifications et de cadeaux qui visent à récompenser l'implication et les résultats.

Indicateurs : Ce sont des instruments de mesure de la performance.

Indicateurs qualitatifs : Il s'agit d'informations, non mesurables directement, qui ont (ou auront) un impact significatif sur les ventes. Il s'agit de l'image de marque, de l'amabilité du personnel d'accueil, de l'intention de réutiliser un produit, etc.

Indicateurs quantitatifs : Ils mesurent de façon directe la performance commerciale. Ils sont exprimés en grandeur de différents types : en monnaie ou en volume, en données brutes ou en pourcentages.

Information sur le lieu de vente (ILV) : Elle comprend la signalétique permettant de guider le consommateur vers les produits recherchés, mais également des informations pratiques qui peuvent être proposées par le distributeur sur un univers produit donné.

L

Linéaire au sol : Largeur totale occupée par un produit dans un rayon sur un niveau et exprimé en mètres linéaires (ML).

Linéaire développé : Largeur totale occupée par tous les niveaux (ML × nombre de niveaux) et exprimé en mètres linéaires (ML).

M

Marge arrière : Elle correspond aux avantages financiers versés par un fournisseur à un distributeur en échange de services (espace dans le linéaire, action de mise en avant en magasin ou sur prospectus, action de collecte ou de recyclage par le distributeur...). Elle est souvent source de conflits entre producteur et distributeur. Marge arrière = Prix d'achat facturé par le fournisseur – Prix réel payé par le distributeur.

Marge avant : Elle correspond à la marge commerciale réalisée par le distributeur. Marge avant = Prix de vente HT – Prix d'achat HT.

Marketing de réseau multiniveau : Le marketing de réseau multiniveau, ou MLM (*Multi Level Marketing*), désigne un système de commercialisation par lequel des vendeurs indépendants sont rémunérés à la commission sur leurs ventes et sur celles des vendeurs qu'ils ont eux-mêmes recrutés et formés.

Marketing global : Politique marketing indifférenciée, quel que soit le pays ciblé. La stratégie est déclinée à l'identique sur tous les marchés où sont commercialisés les produits d'une entreprise.

Marketing glocal : Stratégie qui réalise un compromis entre le marketing global et le marketing local : *think global, act local*. La stratégie présente des adaptations en fonction des pays (caractéristiques et nom des produits, communication...) tout en conservant une politique globale.

Marketing local : L'entreprise prend en compte les spécificités locales. Elle adapte ainsi sa stratégie aux particularités des pays cibles.

Marketing mix : Stratégie qui représente l'ensemble des décisions marketing prises pour assurer le succès d'un produit, d'un service ou d'une marque sur son marché. Il s'agit des « 4 P » : *Product* (produit), *Price* (prix), *Promotion* (communication), *Place* (distribution).

Merchandising : Ensemble des méthodes visant à présenter les produits dans les meilleures conditions possible en magasin, mises en place conjointement ou séparément par les producteurs et les distributeurs. Il sert à soigner la présentation des produits dans le point de vente pour attirer les clients et ainsi favoriser l'écoulement des stocks.

Merchandising sensoriel : Il correspond à une dimension du merchandising qui capitalise sur la mobilisation des sens (vue, ouïe, odorat, toucher et goût) des consommateurs pour augmenter les ventes et optimiser l'expérience d'achat.

Méthode RFM : La méthode RFM (récence, fréquence, montant) est une technique de segmentation qui permet de cibler et d'adapter l'offre à une clientèle déterminée.

Méthode SMART : La méthode SMART (spécifique – mesurable – atteignable – réaliste – défini dans le temps) permet de fixer un objectif de manière pertinente et efficace.

Missions : Tâches à accomplir, confiées ou reçues. Parmi les missions d'un commercial se trouvent la prospection, la négociation et la fidélisation.

Motivation : Elle correspond à l'ensemble des facteurs déterminant l'action et le comportement d'un individu pour atteindre un objectif ou réaliser une activité.

N

Non consommateurs absolus (NCA) : Ils correspondent à des individus qui ne consommeront jamais le produit pour des raisons physiques, religieuses, morales, etc.

Non consommateurs relatifs (NCR) : Ils correspondent à des individus qui ne consomment pas le produit soit volontairement (raisons identifiées), soit involontairement (susceptibles de consommer le produit une fois les freins levés).

O

Objectif : Il exprime le but déterminé d'une action qu'un individu ou un groupe souhaite atteindre.

P

Partenariat commercial : Forme d'accord commercial située à mi-chemin entre la franchise et la concession avec l'esprit managérial de la coopérative. L'accord entre les partenaires indépendants repose sur un intérêt commun. Chaque contractant est au même niveau, ce qui implique un mode de fonctionnement horizontal et non plus vertical comme en franchise. Le mode de décision dans le cadre d'un contrat de partenariat est de fait participatif : chaque expérience est validée de façon transversale.

Partner Relationship Management (PRM) : Les outils de PRM désignent des progiciels destinés à gérer les réseaux de commercialisation indirecte. Le PRM consiste à traiter le partenaire – revendeur, grossiste, concessionnaire, etc. – comme un véritable client. Le logiciel de PRM assure des fonctions spécifiques. Par exemple, il permet d'assurer la gestion des divers partenaires dans toute leur complexité dans une base de données unique, d'effectuer des prévisions des ventes, la gestion des encours, de rédiger des comptes rendus, de suivre des campagnes de marketing, de gérer des programmes de formation ou de certification.

Plan d'action commerciale (PAC) : Document interne à l'entreprise qui regroupe et détaille l'ensemble des actions commerciales et marketing à entreprendre sur une période donnée pour atteindre les objectifs commerciaux de l'entreprise. Il constitue une feuille de route pour les dirigeants de l'entreprise.

Prescripteur : Individu qui, par son activité, est en position de recommander l'achat d'un produit, d'une marque ou d'un service.

Présentation horizontale : Présentation qui consiste à placer chaque produit en largeur sur une seule étagère.

Présentation verticale : Présentation qui consiste à présenter les produits d'une même famille les uns en dessous des autres sur toutes les étagères.

Processus de recrutement : Le recrutement est un élément fondamental de la gestion des ressources humaines qui répond à un besoin d'une organisation en termes de qualifications et de compétences. Ce processus comprend plusieurs étapes (analyse du besoin, recherche de candidats, sélection des candidats) et se termine par la phase d'intégration du candidat.

Processus d'intégration : L'intégration d'un collaborateur est la dernière phase du processus de recrutement. Elle consiste à mettre en œuvre des conditions favorables à l'accueil du nouveau collaborateur et a pour objectif de créer des liens et de lui faire partager la culture d'entreprise afin de le fidéliser.

Prospect : Il s'agit d'un client potentiel de l'entreprise. Une action de prospection consiste donc à entrer en contact avec des individus ou personnes morales qui ne sont pas encore clients de l'entreprise mais qui peuvent le devenir.

Publicité sur le lieu de vente (PLV) : Elle indique les opérations commerciales et peut être fournie par le producteur.

R

Redevance initiale forfaitaire : Appelées également « droit d'entrée », la redevance initiale forfaitaire permet de rétribuer le franchiseur pour la création de son concept et sert à financer les frais engagés pour le développement du réseau.

Redevances périodiques : Appelées également « royalties », les redevances périodiques sont versées par le franchisé au franchiseur afin de couvrir les frais engendrés par la mise en place de services en faveur du franchisé (animation, formations, centrale d'achats...). Ces redevances peuvent être forfaitaires ou proportionnelles au chiffre d'affaires réalisé par le franchisé.

Rémunération : Un salaire est une somme d'argent versée à un salarié en contrepartie du travail qu'il effectue pour un employeur. Le salaire est constitué d'une rémunération fixe à laquelle peuvent s'ajouter des commissions, des indemnités, des avantages en nature (véhicule, repas...).

Répartition des tâches : Il s'agit d'attribuer les tâches à réaliser entre les différents collaborateurs, selon la charge de travail mais aussi selon les compétences de chacun.

Réseau associé : Les unités commerciales qui composent le réseau sont financièrement et juridiquement indépendantes. Il s'agit de l'association de commerces indépendants (chaînes volontaires, franchises, concessions, groupements de commerçants).

Réseau de partenaires : Ensemble d'entreprises indépendantes qui entretiennent des relations – sous forme de contrats de franchise, de concession ou autres – sans que des liens financiers les unissent. Ce sont des réseaux professionnels qui ont pour vocation de permettre à leurs adhérents de réaliser des objectifs dans l'intérêt commun de tous et qu'il serait difficile, voire impossible, de réaliser par des actions individuelles et séparées.

Réseau formel : Réseau dont la démarche est formalisée et fixée par un contrat. Un réseau formel peut se fixer des objectifs concrets en matière de performance économique ou de développement commercial.

Réseau informel : Réseau qui n'impose pas des rapports de subordination à ses membres, qui ont justement choisi l'indépendance. Pour décompresser, se changer les idées ou en trouver de nouvelles, etc., un chef d'entreprise a intérêt à échanger régulièrement avec des professionnels qui sont dans la même situation que lui et partagent les mêmes préoccupations.

Réseau intégré : L'ensemble des points de vente appartiennent à la tête de réseau, qui assume les fonctions de gros et de détail. La centrale d'achats commune au réseau approvisionne tous les points de vente. On parle de réseau succursaliste. L'ensemble du personnel est salarié.

Réseau mixte : Des unités commerciales de type succursaliste cohabitent avec des unités commerciales indépendantes relevant du commerce associé.

Réseau sectoriel : Réseau, club ou groupement fédérant des entreprises et des professionnels d'un secteur d'activité particulier.

Réseau transversal : Il peut prendre différentes formes, mais, de façon générale, il s'agit d'une structure permettant d'accéder à des domaines variés, en dehors de son cœur de métier. Les membres viennent en règle générale de secteurs d'activité divers et leur point commun est d'être dans une même région et d'avoir des objectifs partagés : l'envie de réseauter ou de progresser dans leur pratique du management, de l'organisation, etc.

S

Segmentation : Elle consiste à découper un ensemble hétérogène en sous-ensembles homogènes selon des critères définis (socio-démographiques, besoins, comportements d'achat...).

Seuil de rentabilité : Chiffre d'affaires hors taxes que l'entreprise doit réaliser afin que son résultat soit nul. En dessous du seuil de rentabilité, l'entreprise est déficitaire. Au-dessus du seuil de rentabilité, elle est bénéficiaire. Le seuil de rentabilité est le chiffre d'affaires minimum à réaliser pour couvrir l'ensemble des charges.

Seuil de revente à perte (SRP) : Il correspond au seuil en dessous duquel il est interdit de vendre et intègre les marges arrière dans le calcul du prix d'achat distributeur.

Stimulation : Elle désigne l'ensemble des actions entreprises pour stimuler le réseau de vente (vendeurs maison ou distributeurs). La stimulation comprend notamment les concours de ventes ou les challenges commerciaux, mais également les événements de type séminaires.

Stratégie de développement de réseau : Le développement d'un réseau est une décision stratégique qui consiste à augmenter le nombre de partenaires présents dans le réseau. Il vise à augmenter le chiffre d'affaires ou la part de marché et à renforcer la couverture d'un territoire. Il existe plusieurs stratégies de développement de réseau : stratégie d'expansion contiguë, stratégie dite « tête de pont », stratégie d'effet de grappe, stratégie d'acquisition de réseau et stratégie d'écrémage.

Stratégie de distribution : En cohérence avec les autres éléments du marketing mix, elle correspond à l'ensemble des décisions prises dans le cadre de la commercialisation des produits ou des services de l'entreprise sur le marché. La stratégie peut être intensive, sélective ou exclusive.

SWOT : La méthode SWOT (*Strengths* – forces, *Weaknesses* – faiblesses, *Opportunities* – opportunités, *Threats* – menaces) est un outil d'analyse stratégique qui permet la prise de décision à partir de l'étude des éléments internes et externes d'une entreprise.

T

Tableau de bord : Il s'agit d'un outil de mesure et de suivi de la performance. Le tableau de bord fournit en continu les écarts entre objectifs et réalisation : il permet de relever les écarts significatifs entre les valeurs souhaitées et les valeurs constatées.

Team building : Il signifie littéralement « construction d'équipe ». L'objectif recherché par la direction d'une entreprise est de resserrer la cohésion d'une équipe, d'en raffermir les liens, pour augmenter ensuite la productivité au travail.

Tête de gondole (TG) : Extrémité des meubles présentoirs en magasin qui ont un intérêt pour les promotions en raison de l'importance du trafic à proximité. Les producteurs louent les têtes de gondole aux distributeurs pour leurs opérations promotionnelles.

Théâtralisation de l'offre : Démarche ponctuelle ou permanente qui consiste à mettre en scène l'offre commerciale d'une enseigne ou d'une marque. Le but est de favoriser l'acte d'achat par la création d'une ambiance favorable.

Trade marketing : Il consiste à rechercher des domaines dans lesquels les intérêts d'un producteur et d'un distributeur ne sont pas antagonistes mais au contraire convergents, et à mener en commun des actions qui servent à la fois les intérêts de l'un et de l'autre.

U

Urbanisme commercial : Ensemble des décisions relatives à l'aménagement des villes dans le cadre de l'implantation de points de vente et d'ensembles commerciaux.

V

Veille informationnelle : Stratégie qui vise à surveiller l'environnement technologique et commercial notamment afin d'anticiper les évolutions et ainsi prendre des décisions adaptées.

Vendeur à domicile indépendant (VDI) : C'est une personne qui effectue la vente de produits ou de services. Il s'agit des actes de vente par démarchage de personne à personne ou par réunions, à l'exclusion du démarchage par téléphone ou par tout moyen technique assimilé, auprès de particuliers. Outre son activité de vente, le vendeur à domicile indépendant peut avoir une activité d'animation de réseau en recrutant ou en parrainant d'autres VDI et en animant une équipe de VDI.

Vendeur direct : Il s'agit d'une personne salariée ou indépendante à qui une entreprise confie la commercialisation de ses produits auprès des consommateurs.

Vente directe : Mode de distribution par lequel une entreprise commercialise ses produits ou ses services via ses propres canaux. Elle met en relation un vendeur et un consommateur, hors points de vente.

Vente en réunion : Forme de vente réalisée par des particuliers « ambassadeurs » qui invitent un cercle d'amis ou de connaissances à des réunions de vente à leur domicile ou au domicile d'un « invitant ». Cette technique de vente repose en grande partie sur un processus d'engagement psychologique à l'égard de l'hôte vendeur.

Z

Zone chaude : Elle se trouve généralement sur l'itinéraire habituel suivi par les clients (proche de l'entrée et des caisses). C'est une zone destinée aux produits à achat d'impulsion, où il y a beaucoup de circulation.

Zone de chalandise : Elle correspond à la zone d'attraction de l'unité commerciale. Composée de trois zones (primaire, secondaire, tertiaire), elle détermine la clientèle actuelle et/ou potentielle d'un magasin.

Zone froide : Elle ne se trouve généralement pas sur l'itinéraire habituel suivi par les clients (fond du magasin). C'est une zone généralement destinée aux produits d'appel, où il y a peu de circulation.

Crédits photographiques

© stock.adobe.com

PAPIER À BASE DE FIBRES CERTIFIÉES

FOUCHER s'engage pour l'environnement en réduisant l'empreinte carbone de ses livres. Celle de cet exemplaire est de : 1.6 kg éq. CO_2
Rendez-vous sur www.editions-foucher-durable.fr

Conception graphique : Primo & Primo
Mise en page et infographies : STDI

Achevé d'imprimer en Italie par L.E.G.O. S.p.A. - Lavis (TN)
Dépôt légal n° 16533-9/01 - Avril 2022